权威·前沿·原创

皮书系列为

“十二五”“十三五”国家重点图书出版规划项目

印度洋地区蓝皮书

BLUE BOOK OF THE INDIAN OCEAN REGION

印度洋地区发展报告（2019）

ANNUAL REPORT ON THE DEVELOPMENT OF THE INDIAN OCEAN REGION (2019)

印度洋国际环境评估

主　编 / 朱翠萍

社会科学文献出版社
SOCIAL SCIENCES ACADEMIC PRESS (CHINA)

图书在版编目(CIP)数据

印度洋地区发展报告. 2019：印度洋国际环境评估 / 朱翠萍主编. -- 北京：社会科学文献出版社，2019.9
（印度洋地区蓝皮书）
ISBN 978-7-5201-5577-9

Ⅰ. ①印… Ⅱ. ①朱… Ⅲ. ①南亚-研究报告 ②国际环境合作-研究报告-南亚 Ⅳ. ①D735 ②X32

中国版本图书馆 CIP 数据核字（2019）第 195204 号

印度洋地区蓝皮书
印度洋地区发展报告（2019）
——印度洋国际环境评估

主　　编 / 朱翠萍

出 版 人 / 谢寿光
组稿编辑 / 恽　薇　冯咏梅
责任编辑 / 冯咏梅

出　　版 / 社会科学文献出版社 · 经济与管理分社（010）59367226
地址：北京市北三环中路甲 29 号院华龙大厦　邮编：100029
网址：www.ssap.com.cn
发　　行 / 市场营销中心（010）59367081　59367083
印　　装 / 天津千鹤文化传播有限公司

规　　格 / 开 本：787mm × 1092mm　1/16
印 张：21　字 数：311 千字
版　　次 / 2019 年 9 月第 1 版　2019 年 9 月第 1 次印刷
书　　号 / ISBN 978-7-5201-5577-9
定　　价 / 158.00 元

主编简介

朱翠萍　云南财经大学印度洋地区研究中心副主任，教授、博士生导师，中国南亚学会副秘书长、常务理事，《印度洋经济体研究》编辑部主任、执行主编，《印度洋地区发展报告》（蓝皮书）主编。近年来出版专著 *India's Ocean: Can China and India Co-exist?*（2018 年，斯普林格出版社）、《印度洋与中国》（2014 年，社会科学文献出版社），译著《莫迪的世界：扩大印度的势力范围》（2016 年，社会科学文献出版社）以及中英文编著《孟中印缅经济走廊建设：中印视角》（2015 年，社会科学文献出版社）。研究专长为印度洋战略、南亚问题与中印关系。

摘　要

在国际体系中，任何一个国家的地缘战略必然受其所处体系中环境的影响。一般而言，一国制定对外战略或调整对外战略的动机主要取决于本国国家利益的需要，而如何调整对外战略则更多地受制于自身能力的大小以及国际环境的变化。事实上，中国的印度洋战略走向不仅受到内因的驱动，即取决于自身的战略诉求，而且受到外力的牵引，即主动应对世界格局与印度洋国际环境变化所带来的机遇和挑战。

进入 21 世纪，大国对印度洋重要性的认识不断提高，这一方面源于西方以罗伯特·卡普兰为代表的战略家对印度洋将成为世界战略竞争中心的预测；另一方面源于美日等国意欲借助印度洋地区大国印度来阻碍中国不断上升的影响力，从而助推主要利益相关者将印度洋纳入海洋战略考量。2013 年中国提出“一带一路”倡议以来，国际社会反应强烈，虽积极支持参与者众多，但也不乏怀疑观望者，更有像印度这样的消极抵触者。与此同时，美国继续渲染“中国威胁论”，并积极推动以美国为主导，以美日印澳为主体的“印太”战略，这不仅为中国与周边国家关系增添了不确定性，而且加剧了大国在印度洋的地缘战略竞争，并助推印度洋国际环境日趋复杂化。印度洋地区是“21 世纪海上丝绸之路”的重要区域，该地区国际环境的变化不仅与中国周边安全稳定密切相关，而且在一定程度上将影响“21 世纪海上丝绸之路”建设在印度洋沿岸推进的速度与成效。

从目前印度洋的国际环境来看，主要呈现四个新的变化与特点。其一，印度洋安全局势的动荡不仅没有缓解，而且出现了恶化的迹象；其二，大国在印度洋地区的战略竞争由弱向强呈现加剧态势；其三，美国依然是未来影响印度洋国际环境的最大变量；其四，域内大国印度正在成为影响印度洋国际环境变化的一个主要变量。此外，不可忽视的是，在大国战略博弈不断加剧的背景下，这一地区的中小国家基于“选边站”的两难困境，将不可避免地在中美印三边战略博弈中存在机会主义行为，进而增加这一地区国际关系的不确定性与反复性。当然，从中国在印度洋面临的国际环境来看，中国在印度洋面临的政治环境尚可，目前至少没有出现不利于中国的明显迹象；中国在印度洋面临的经济环境较好，与印度洋沿岸国家的经济合作潜力巨大；中国在印度洋面临的安全环境堪忧，需要积极主动地塑造有利于保障中国经济的安全环境。中国与印度洋主要国家在经济利益上具有相当高的一致性，但在安全利益和政治利益方面存在一定的不一致性。相比较而言，中国与美国在政治利益、经济利益和安全利益上均存在不一致性，而且中美由当前的经济利益对立可能转向战略对立。印度与美国在政治与安全方面具有利益一致性，特别是近年来安全利益的一致性不断提升，并且还存在进一步强化的趋势。印度洋地区的整体国际环境对中国来说是有利的，但存在一定的挑战。

中国虽然不是印度洋国家，但是需要印度洋战略。首先，印度洋战略是维护中国在印度洋的经济利益和安全利益的需求。维护印度洋通道安全以及保障中国不断上升的海外利益需要印度洋战略，这也是印度洋战略的主要目标。其次，中国帮助印度洋沿岸国家加强能力建设，是促进长期合作与地区繁荣的需要。对于印度洋沿岸国家和印度洋岛国来说，港口基础设施建设是提升海洋型国家发展能力的重要举措。最后，中国需要逐渐向印度洋提供与自身能力和责任相匹配的公共产品，并在印度洋地区安全治理中发挥建设性作用。中国虽不是印度洋国家，但中国是近印度洋国家，中国在西太平洋的核心利益区南中国海紧邻东印度洋，尤其是东北印度洋的环孟加拉湾地区属于中国的周边地区，而且中缅油气管道的起点皎漂港位于环孟加拉湾。东印度洋与中国的国家核心利益之间存在必然且不可忽视的关系，这对中国的战略意义是不言而喻的。中国需要在印度洋进行能力建设以保障交通线安全和确保海外经济利益安全，需要从战略上重视印度洋，尤其应从重视环孟加拉湾对中国周边安全的影响着手。随着未来中国在印度洋沿岸地区包括缅甸、巴基斯坦、斯里兰卡等经济利益投入的不断加大以及海外市场的不断拓展，印度洋地区也将不可避免地逐渐成为中国需要重视的战略利益区。

世界正在经历“百年未有之大变局”。既然是“大变局”，就一定在风险和挑战中蕴藏某种机遇。一个基本事实是，中国与印度洋沿岸各国的贸易水平不断提高，将促进印度洋海上贸易网络的形成，这一贸易网络会将中国南部沿海地区经由马六甲海峡一直延伸到中东和非洲的众多港口联结起来，未来印度洋贸易将迎来如同 14 ~ 15 世纪时期那样的活力，这一趋势目前来看不可逆转，也是中国在印度洋面临的最大机遇。从未来世界格局的发展趋势来看，多极化不可阻挡，世界将逐渐过渡成为一个没有霸权的世界，印度洋不再是冲突的中心，将逐渐成为繁荣的中心。印度洋地区的经济越繁荣，包括恐怖主义、海盗行为带来的冲突也会更加令人担忧，这也为大国之间的合作提供了机遇。在短期，一个不变的趋势是，美国依然掌握着印度洋的控制权，印度也将继续排斥中国对印度洋日益上升的经济影响力。无论是域内国家还是域外国家，不同程度地承担印度洋的安全责任并由此分享印度洋的繁荣与和平，应该是各利益相关者的共同期待。在长期，从美国对印度洋的完全管控到美中印三国共同治理印度洋的国际环境，应该是可能也是可期待的。

关键词： 印度洋　国际环境　“一带一路”　“印太”战略

目录

Ⅰ 总报告

Ⅱ 分报告

Ⅲ 附录

皮书数据库阅读**使用指南**

总 报 告

General Reports

B.1
印度洋国际环境变化与中国面临的战略选择

朱翠萍*

摘 要： 近两年，以美国和欧盟为主的西方经济体推行贸易保护主义政策，特别是特朗普政府基于“美国优先”而重新改写贸易规则，中国的对外贸易和投资方向将加速向印度洋拓展，中国将逐渐成为印度洋地区重要的经济与安全利益攸关方。而且，美国将战略重心从反恐转向制衡“战略竞争对手”，寄希望于印度洋地区域内国家印度和澳大利亚等承担更多安全责任的战略取向，引发了印度洋国际环境的新变化，大国在印度洋地区的战略竞争由弱向强呈现加剧的态势。同时，印度洋安全动荡局势不仅没有缓解，而且出现了进一步恶化

* 朱翠萍，云南财经大学印度洋地区研究中心教授。

的迹象。未来，美国依然是影响印度洋国际环境的最大变量，而域内大国印度也将成为影响印度洋国际环境的一个主要变量。在变化的印度洋国际环境中，中国在印度洋的安全需求大幅增长，助推中国将印度洋纳入战略视野，以适应中国在印度洋地区不断增长的经济利益与安全需求，并缓解大国战略竞争带来的压力。本报告认为，中国虽然不是印度洋国家，但中国是近印度洋国家，也就是说，中国是最接近印度洋的域外大国。由于近年来中国与印度洋沿岸国家的经济关系日益紧密，在印度洋地区面临的传统与非传统安全挑战日益突出，尤其是紧邻南中国海的东印度洋之于中国周边环境的战略重要性，主动塑造有利于中国的印度洋地区政治、经济和安全环境，是未来十年乃至更长时期中国对外战略的选择。中国在印度洋扮演的角色，始终是促进经济繁荣的建设者、制定国际规则的参与者和维护共同安全的贡献者。中国的印度洋战略的主要目标是维护其在印度洋的航行自由与确保海上交通线安全，并有能力向印度洋地区拓展经济利益，这需要中国具备相应的军事防御能力与远洋护航能力，并在印度洋安全治理中发挥与自身能力相匹配的建设性作用。

关键词： 印度洋战略　国际环境　战略博弈　“一带一路”

一　引言

21 世纪的第一个 10 年，国际局势波诡云谲。这一时期对国际环境最具影响力的标志性事件之一是“9・11”恐怖袭击。这场袭击不仅造成美国连续发动了两场反恐战争，致使伊拉克和阿富汗人民陷入水深火热之中，而且中东局势的持续动荡也对国际格局产生了重大影响。另一个标志性事件是以中印为代表的新兴国家的群体性崛起，使发达国家和发展中国家的力量对比发生了较为明显的变化。尤其是到了 2010 年，中国超过日本成为世界第二大经济体引发国际社会特别是美国政策和学术精英界的广泛关注，由此也出现了各大机构对中国经济超过美国的种种预测。正是这一标志性事件，使美国逐渐将战略目光从中东地区转向亚太地区，导致国际环境有利于中国的因素逐渐减少，中国面临的各种压力和挑战日益严峻。奥巴马时期，美国将中国视为“潜在的战略竞争对手”，并提出了“亚太再平衡”战略。特朗普上台后，直接将中国定位为“战略竞争对手”甚至是“修正主义国家”，试图以“印太”战略应对中国崛起并削弱中国在亚太地区不断上升的影响力。此外，美国为了巩固其世界霸权地位，奉行一切对外战略和决策以“美国优先”为原则，并相继退出了巴黎气候变化协定、联合国教科文组织、联合国人权理事会、伊朗核协议等，现有的国际秩序体系正在遭遇前所未有的冲击。受错综复杂的国际环境影响，中国面向印度洋地区开放与合作发展的国际环境也在发生变化。2013 年中国提出“一带一路”倡议以来，国际社会反应强烈，虽积极支持参与者众多，但也不乏怀疑观望者，更有像印度这样的消极抵触者。与此同时，美国继续渲染“中国威胁论”，并积极推动以美日印澳为主体的“印太”战略，这不仅为中国发展与周边国家关系增添了不确定性，而且加剧了大国在印度洋的地缘战略竞争，并助推印度洋国际环境日趋复杂化。印度洋地区是“21 世纪海上丝绸之路”的重要区域，该地区国际环境的变化不仅与中国周边安全稳定密切相关，而且在一定程度上将影响“21 世纪海上丝绸之路”建设在印度洋沿岸推进的速度与成效。中国如何积极主动地应对印度洋国际环境的变化？事实上，中国的印度洋战略走向不仅受到内因的驱动，即取决于自身的战略诉求，而且受到外力的牵引，即主动应对世界格局与印度洋国际环境变化所带来的机遇和挑战。

近年来，关于印度洋（地区）的研究，国内外学术界更多集中于印度洋地缘战略的重要性和面临的安全挑战，已经产生了不少有价值的观点。[①] 据此得出的一个基本判断是，印度洋将成为展示全球权力变化的舞台。由于印度洋地区与近东和亚洲中部接壤，因此构成了新的地缘政治大博弈。[②] 尤其是印度洋很可能成为亚洲两个新兴大国——中国和印度的重要竞争舞台。[③] 近年来，中国在印度洋的海外利益不断上升，加之这一地区地缘安全局势的持续动荡与具有的复杂性，更是增强了中国经略印度洋的安全诉求。可以预期，随着大国战略竞争导致的印度洋地缘战略地位的不断上升，域内外主要利益相关国将围绕印度洋的现实利益展开博弈，中国经略印度洋也必将面临更大挑战。为此，中国的海洋战略需要将印度洋纳入战略考量。一般而言，一国制定对外战略或调整对外战略的动机主要取决于本国国家利益的需要，而如何调整对外战略则更多地受制于自身能力的大小以及国际环境的变化。为此，本报告首先分析近年来印度洋国际环境的主要变化与特点，其次分别从政治环境、经济环境和安全环境三个维度评估中国在印度洋面临的国际环境，最后重点阐释中国在印度洋面临的战略选择。

---

① 张文木：《印度与印度洋——基于中国地缘政治视角》，中国社会科学出版社，2015；朱翠萍：《中国的印度洋战略：动因、挑战与应对》，《南亚研究》2012 年第 3 期；朱翠萍：《印度洋安全局势与中印面临的“合作困境”》，《南亚研究》2014 年第 3 期；叶海林：《中国崛起与次要战略方向挑战的应对》，《世界经济与政治》2018 年第 4 期；叶海林：《“印太”概念的前景与中国的应对策略》，《印度洋经济体研究》2018 年第 2 期；赵干城：《印度洋：中国海洋战略再定义的动因》，《南亚研究》2013 年第 1 期；宋德星、白俊：《“21 世纪之洋”——地缘战略视角下的印度洋》，《南亚研究》2009 年第 3 期；宋德星：《利用印度洋是 21 世纪中国实现战略拓展的重要选择》，《和平与发展》2014 年第 5 期；楼春豪：《印度洋新变局与中美印博弈》，《现代国际关系》2011 年第 5 期；冯传禄：《中国“西进”印度洋的战略逻辑》，《太平洋学报》2016 年第 3 期；陈新丽、冯传禄、罗国祥：《国际社会对中国“西进”印度洋错误认知之刍议》，《南亚研究》2016 年第 2 期；刘宗义：《冲突还是合作？——“印太”地区的地缘政治和地缘经济选择》，《印度洋经济体研究》2014 年第 4 期；李家胜：《印度洋相遇——印度对中国进入印度洋的行为逻辑》，《世界经济与政治》2017 年第 9 期；王历荣：《印度洋与中国海上通道安全战略》，《南亚研究》2009 年第 3 期。

② 〔美〕罗伯特·卡普兰：《印度洋与美国权力的未来》，吴兆礼、毛悦译，社会科学文献出版社，2013，第 15 页。

③ 比较有代表性的包括：〔美〕罗伯特·卡普兰：《印度洋与美国权力的未来》，吴兆礼、毛悦译，社会科学文献出版社，2013，第 14 页；〔澳〕大卫·布鲁斯特：《印度之洋：印度谋求地区领导权的真相》，杜幼康、毛悦译，社会科学文献出版社，2016，第 5 页；C. Raja Mohan, *Samudra Manthan*: *Sino-Indian Rivalry in the Indo-Pacific*, Published in India by Oxford University Press, 2013, pp. 89 – 132。

二　印度洋国际环境的主要变化与特点

印度洋是世界第三大洋，总面积为 7491.7 万平方公里。印度洋东南以通过塔斯马尼亚岛东南角至南极大陆的经线为界，与太平洋相连，西南以通过南非厄加勒斯角的经线与大西洋分界，南面向南极洲敞开，北部为陆地封闭。太平洋与印度洋的界线是北起马六甲海峡北口，沿苏门答腊岛西海岸、爪哇岛南海岸，经阿拉弗拉海、新几内亚岛（伊里安岛）南岸，再沿澳大利亚东海岸，通过巴斯海峡、塔斯马尼亚岛南部的东经 146°51′线至南极大陆的经线。[①] 印度洋从东到西共跨越 7 个时区，南北几乎占了整个纬度的一半。根据这一范围来界定，印度洋地区共有五大板块，印度洋沿岸共有 38 个国家或地区[②]（见表 1）。

表 1　印度洋五大区域所有国家或地区以及沿岸国家或地区分类

印度洋地区	印度洋五大区域所有国家或地区		印度洋五大区域沿岸国家或地区	
	国家或地区	数量(个)	国家或地区	数量(个)
东南亚	越南、老挝、柬埔寨、泰国、缅甸、马来西亚、新加坡、印度尼西亚、文莱、菲律宾、东帝汶	11	泰国、马来西亚、新加坡、缅甸、印度尼西亚、东帝汶	6
南亚	印度、巴基斯坦、孟加拉国、斯里兰卡、尼泊尔、马尔代夫、不丹、阿富汗*	8	印度、巴基斯坦、孟加拉国、斯里兰卡、马尔代夫	5
西亚中东	沙特阿拉伯、伊朗、伊拉克、科威特、阿拉伯联合酋长国、阿曼、卡塔尔、巴林、土耳其、以色列、巴勒斯坦、叙利亚、黎巴嫩、约旦、也门、塞浦路斯	16	沙特阿拉伯、也门、阿曼、阿拉伯联合酋长国、卡塔尔、巴林、科威特、伊朗、伊拉克、约旦、以色列	11

① 朱翠萍：《印度洋与中国》，社会科学文献出版社，2014，第 1 ~ 10 页。

② 印度洋沿岸 38 个国家或地区中没有包含英属印度洋领地。该领地最南端就是美国建有军事基地的迪戈加西亚岛，也是领地中最大的一个岛。由于该岛上大约有 3500 人是英美两国的军人，并无真正居民，因而没有统计在内。

续表

印度洋地区	印度洋五大区域所有国家或地区		印度洋五大区域沿岸国家或地区	
	国家或地区	数量(个)	国家或地区	数量(个)
非洲 (这里仅含北非、东非和南非)	北非:埃及、苏丹、南苏丹、利比亚、突尼斯、阿尔及利亚、摩洛哥、马德拉群岛(葡萄牙)、西属摩洛哥(西班牙)、休达(西班牙)、梅利利亚(西班牙)、加那利群岛(西班牙) 东非:埃塞俄比亚、厄立特里亚、索马里、吉布提、肯尼亚、坦桑尼亚、乌干达、塞舌尔、卢旺达、布隆迪 南非:博茨瓦纳、纳米比亚、安哥拉、南非共和国、斯威士兰、莱索托、马达加斯加、马拉维、科摩罗、毛里求斯、莫桑比克、赞比亚、津巴布韦、马约特岛(法国海外领地)、留尼汪岛(法国海外领地)	37	南非共和国、莫桑比克、坦桑尼亚、肯尼亚、索马里、吉布提、厄立特里亚、苏丹、埃及、毛里求斯、科摩罗、塞舌尔、马达加斯加、留尼汪岛(法国海外领地)、马约特岛(法国海外领地)	15
大洋洲	澳大利亚	1	澳大利亚	1

* 阿富汗的归属权还存在争议，有人认为属于南亚或中亚地区，也有人认为应该归类于西亚中东地区。

资料来源：笔者整理。

冷战迫使地区研究领域被人为地割裂开来，其中中东、印度次大陆和环太平洋地区都是独立单元。但是，通过贸易、能源和安全协议，中国和印度与东南亚和中东逐渐联合成一个整体。① 而且，印度洋地区东南亚、南亚和非洲的人口都在快速增长，经济增长速度也快于其他地区（见表2）。经济的繁荣反过来又促进了贸易的发展并助推能源交通线的重要性提升。根据世界银行的统计数据，2017 年世界 GDP 为 80.68 万亿美元。其中，美国为 19.36 万亿美元，占全球的 24.0%；中国为 13.17 万亿美元，占全球的 16.3%。印度洋地区东南亚和南亚的经济增速普遍快于全球平均增速，2017

① 〔美〕罗伯特·卡普兰：《印度洋与美国权力的未来》，吴兆礼、毛悦译，社会科学文献出版社，2013，第 15 页。

年印度洋五大区域 GDP 为 10.15 万亿美元，占全球的 12.6%；2017 年世界货物贸易总额为 35.8 万亿美元，印度洋五大区域贸易总额为 5.32 万亿美元，仅占全球的 14.8%。此外，印度洋五大区域之间的经济依存度较低，缺乏相互依存是创建泛印度洋组织的尝试没有取得成功的原因，从而使成员间没有足够的共同利益，无法联合在一起。①

表 2　2017 年印度洋五大区域沿岸主要国家或地区基本情况

国家或地区	人口（百万人）	面积（万平方公里）	GDP（百万美元）	人均 GDP（美元）	货物贸易（百万美元）			GDP 增长率（%）
					出口额	进口额	进出口总额	
南亚	1722.7	408.0	3247716.6	—	368374.0	582345.5	950719.5	—
印度	1339.2	298.0	2600818.2	1942.1	299275.4	448423.0	747698.4	6.7
斯里兰卡	21.4	6.6	87357.2	4073.7	11360.4	20979.8	32340.2	3.3
巴基斯坦	197.0	79.6	304951.8	1547.9	21569.0	57746.0	79315.0	5.7
孟加拉国	164.7	14.8	249723.9	1516.5	35850.9	52836.3	88687.2	7.3
马尔代夫	0.4	9.0	4865.5	11151.1	318.3	2360.4	2678.7	6.9
东南亚	423.6	343.3	2176527.9	—	1010247.8	920186.2	1930434.0	—
缅甸	53.4	67.7	67068.7	1256.7	13878.8	19253.4	33132.2	6.8
泰国	69.0	51.3	455302.7	6595.0	236634.7	221518.8	458153.5	3.9
马来西亚	31.6	33.1	314710.3	9951.5	217722.4	194749.7	412472.1	5.9
印度尼西亚	264.0	191.1	1015539.0	3846.9	168775.2	156975.5	325750.7	5.1
新加坡	5.6	0.1	323907.2	57714.3	373236.7	327688.8	700925.5	3.6
非洲	347.5	509.2	866045.9	—	135939.8	210306.0	346245.8	—
埃及	97.6	100.2	235369.1	2412.7	25604.0	61627.0	87231.0	4.2
肯尼亚	49.7	57.0	79263.1	1594.8	5747.4	16686.6	22434.0	4.9
毛里求斯	1.3	0.2	13266.4	10490.5	2341.7	5254.1	7595.8	3.8
莫桑比克	29.7	78.6	12645.5	426.2	4725.3	5745.4	10470.7	3.7
索马里	14.7	62.7	7052.0	478.3	260.0	1230.0	1490.0	—
南非共和国	56.7	121.9	348871.6	6151.1	88768.1	101328.9	190097.0	1.3
苏丹	40.5	—	117487.9	2898.5	4100.4	9133.7	13234.1	4.3
坦桑尼亚	57.3	88.6	52090.3	936.3	4392.9	9300.3	13693.2	7.1

① 〔澳〕大卫・布鲁斯特：《印度之洋：印度谋求地区领导权的真相》，杜幼康、毛悦译，社会科学文献出版社，2016，第 7 页。

续表

国家或地区	人口（百万人）	面积（万平方公里）	GDP（百万美元）	人均GDP（美元）	货物贸易（百万美元）			GDP增长率（%）
					出口额	进口额	进出口总额	
西亚中东	221.3	526.4	2532578.3	—	932688.3	705015.4	1637703.7	—
巴林	1.5	0.1	35307.1	23655.0	15376.1	10847.7	26223.8	3.9
伊朗	81.2	162.9	454012.8	5593.9	92764.0	49499.0	142263.0	3.8
伊拉克	38.3	43.4	192060.8	5018.0	63313.8	51325.2	114639.0	-2.1
科威特	4.1	1.8	120126.3	29040.4	54924.3	33598.6	88522.9	-2.9
阿曼	4.6	31.0	72642.7	15668.4	32904.0	26434.9	59338.9	-0.3
沙特阿拉伯	32.9	215.0	686738.4	20849.3	221834.9	134519.2	356354.1	-0.9
也门	28.3	52.8	31267.7	1106.8	1500.0	7500.0	9000.0	-5.9
阿拉伯联合酋长国	9.4	7.1	382575.1	40698.8	314000.0	268000.0	582000.0	0.8
卡塔尔	2.6	1.2	166928.6	63249.4	67433.3	30885.1	98318.4	1.6
约旦	9.7	8.9	40068.3	4129.8	7511.5	20498.2	28009.7	2.0
以色列	8.7	2.2	350850.5	40270.3	61126.4	71907.5	133033.9	3.3
大洋洲	24.6	769.2	1323421.1	53799.9	231071.7	228772.1	459843.8	2.0
澳大利亚	24.6	769.2	1323421.1	53799.9	231071.7	228772.1	459843.8	2.0
总　计	2739.7	2547.1	10146289.8	—	2678321.6	2646625.2	5324946.8	—

资料来源：世界银行数据库、联合国数据库、《国际统计年鉴》和东南亚国家联盟数据库。

当前，由于世界格局变化和大国战略竞争，印度洋地区国际关系错综复杂，地区冲突此起彼伏，该地区国际环境呈现以下新的变化与特点。

第一，印度洋安全局势的动荡不仅没有缓解，而且出现了恶化的迹象。在印度洋沿岸的东南亚，地区冲突主要表现在两个方面：一是历史问题导致的领土、宗教和民族冲突；二是国际化、组织化的非法活动如走私、贩毒和非法移民问题日益突出。尤其是非法移民数量日益增加，其中相当一部分始于或经过东亚水域，而且该地区毒品走私等犯罪行为在很大程度上与海洋密切相关。在南亚，除了美国逐渐撤离阿富汗导致南亚安全局势日趋复杂之外，这一地区的传统安全与非传统安全问题突出，宗教与民族问题始终是这一地区最大的安全隐患之一。其中，印度和巴基斯坦围绕克什米尔问题的冲突从未停止过。2019 年 2 月 14 日，巴基斯坦极端组织“穆罕默德军”在印控克什米尔地区高速公路上对一支印度中央警察部队的车队实施了自杀式爆炸袭击，造成45人死亡。2月26日，印度战机侵入巴控克什米尔领空，以打击恐怖组织为由对巴基斯坦进行了越境空袭。作为回应，27日巴方空军空袭了印控克什米尔地区，并声称巴方空军在“巴基斯坦领空”击落了两架印度战机（后确认为击落一架米格－21战斗机）并抓获一名印度飞行员。至此，印巴冲突升级。这是自1971年印巴战争以来两国首次相互越过克什米尔实控线进行的空袭，也是近20年来印巴面临的最为严重的危机。南亚局势骤然紧张，引发国际社会的广泛关注。在中东，美伊博弈不断升温。美国全面制裁伊朗，除“任性”地宣布退出伊朗核协议外，还于2019年4月8日宣布将伊朗伊斯兰革命卫队（IRGC）列入恐怖组织，这是美国首次将一国的国家武装力量列为“外国恐怖组织”①，此举必将加剧美伊冲突并严重影响中东乃至整个世界的和平与稳定。同时，叙利亚和也门内战不断，美国对叙利亚的干预以及多个地区强国的“插足”加剧了叙利亚危机；美国干预由来已久的阿以领土冲突，在阿以问题上大力偏袒以色列而打压阿方（包括巴勒斯坦在内的阿拉伯国家），不仅承认耶路撒冷为以色列首都，而且表示“完全承认”以色列对戈兰高地享有主权。尽管随后联合国发声表示“戈兰高地的地位未变”，但特朗普的“随性”行为必然为中东局势再添“火药”。同时，中东也是海盗问题、恐怖主义与宗教极端主义势力的集聚地。在非洲，近年来传统安全问题有所缓解，但非传统安全问题逐渐凸显，成为最严重的安全威胁。部族主义、“资源诅咒”、经济发展滞后、政府治理能力低下、外来势力干涉以及恐怖主义渗透等，是非洲安全问题产生的根源。② 虽然相比中东地区，近年来非洲的安全形势总体较为缓和，但非洲多国政党轮替带来的动荡、此起彼伏的部族冲突、有组织的国际犯罪、海盗以及恐怖主义活动的日趋活跃，使非洲地区安全风险的复杂性和不确定性亦呈现上升态势。总体上，印度洋地区的动荡局势不仅没有缓解迹象，而且呈现

① 《美国宣布将伊朗伊斯兰革命卫队列为恐怖组织》，百家号，2019年4月9日，https：//baijiahao.baidu.com/s? id=1630285782427476537&wfr=spider&for=pc。

② 李新烽、李祥峰：《非洲面临哪些安全威胁》，《人民论坛》2018年第10期。

进一步恶化的趋势。

第二，大国在印度洋地区的战略竞争由弱向强呈现加剧态势。这一变化主要体现在以下三个方面。一是美国全球战略重心从以中东和南亚的反恐为主转向集中力量制衡“战略竞争对手”。当前在伊拉克战争的后遗症和叙利亚危机的影响持续存在的情况下，美国从阿富汗撤军将使中东和南亚的反恐形势更加严峻，加剧地区安全局势的动荡和不确定性。从特朗普执政以来的对外举措特别是对各主要大国的政策看，他正在努力打破过去的“条条框框”，在大国关系中巩固美国的霸权地位。其主要做法包括，一方面将战略重心从反恐调整到大国竞争，并将竞争对象明确指向中国和俄罗斯；另一方面强调“美国优先”，几乎与所有大国或集团锱铢必较。① 二是特朗普政府主导并推动以美日印澳四国为主体的“印太”战略，尤其是重视印度在印度洋的作用，提升了印度洋在大国地缘战略中的地位。2017 年以来，特朗普政府推出新一轮“印太”战略，大国在印度洋的战略竞争轮廓逐渐清晰。与奥巴马时期倡导的“印太”构想以及亚太再平衡战略相比，共同点是意欲通过美日印澳四国同盟特别是倚重印度的作用，以平衡中国在亚太地区日益上升的影响力。相比较而言，特朗普政府的“印太”战略目标更直接，丝毫不隐藏其针对中国的主观意图，将中国视为“印太”地区首要的战略关切。当前种种迹象表明，这一战略构想已经开始初步实施。虽然目前还存在很多局限性与不确定性，特别是印度对“印太”战略的评估与应对具有可变性与可塑性的双重特点。② 按照布热津斯基的界定，法国、德国、俄罗斯、中国和印度等是战略棋手。③ 与其说美国的“印太”战略旨在拉拢印度，形成美日印澳联盟以制衡中国，不如说美国试图挑起中印竞争，在中印“战略对冲”中坐享“渔翁之利”。如此，美国的地缘战略手段是通过“操

① 季志业：《大国关系调整态势：美国强化霸主地位》，《现代国际关系》2019 年第 2 期。

② 朱翠萍：《“印太”：概念阐释、实施的局限性与战略走势》，《印度洋经济体研究》2018 年第 5 期，第 12 页。

③ 〔美〕兹比格纽·布热津斯基：《大棋局：美国的首要地位及其地缘战略》，上海世纪出版集团，2007，第 35 页。

纵”其中的一个地缘战略对手——印度，以对付另一个战略竞争对手——中国。归根到底，美国全球战略调整的核心旨在处理亚洲的新地缘政治经济格局，应对中印崛起、旧日盟友相对衰弱带来的不确定性，以继续保持美国对地区内国家的承诺，维护盟友和伙伴国的利益。① 三是美俄围绕叙利亚问题和伊朗核问题展开的战略竞争呈加剧态势。在冷战时期，中东就曾是美苏争霸的主战场。苏联解体之后，俄罗斯不仅军事力量受到重创，而且其在中东的战略影响力也随之大幅下降。但是，2011 年叙利亚爆发危机，给俄罗斯带来了重返中东的战略“契机”。俄罗斯借“反恐”之名出兵叙利亚，不仅强势回归中东而重获在中东的影响力，而且俄美围绕伊朗核问题的战略竞争进一步白热化，引发中东安全局势动荡与复杂性上升。

第三，美国依然是未来影响印度洋国际环境的最大变量。当前，没有任何一个地区像印度洋那样如此集中地汇集了包括美国、日本、印度、澳大利亚、俄罗斯和中国的利益关切。② 进入 21 世纪以来，尽管美国的相对实力有所下降，包括美国、欧盟、中国、日本和俄罗斯在内的域外大国或地区以及域内大国印度之间的权势较量导致的战略博弈不断升级，但美国依然是世界唯一的超级大国，也是影响印度洋国际环境的最大变量。一方面，美国作为世界霸权国，始终手握印度洋的控制权；另一方面，印度视印度洋为“印度之洋”，努力谋求在印度洋的主导权。之所以当前印度洋的战略冲突表面上更多地体现在中印之间，美印之间的战略冲突还未显现出来，是因为美印两国之间存在巨大的实力差距。随着美国相对实力的日益衰弱，其已经越来越无力独自承担维护整个世界安全的责任，也不愿意在安全方面为印度洋地区国家提供更多的“公共产品”，让利益相关者继续免费“搭便车”。特别是特朗普政府试图通过以“美国优先”的强势外交政策来强化美国的霸权地位，以最大限度地维护美国的利益。虽然美国想将责任推给盟国包括

---

① 钟飞腾：《超越地缘政治的迷思：中国的新亚洲战略》，《外交评论》2014 年第 6 期，第 23 页。

② 朱翠萍：《印度洋安全局势与中印面临的“合作困境”》，《南亚研究》2014 年第 3 期，第 3 页。

域内国家澳大利亚和印度，减少美国在这一地区的安全成本支出，特别是鼓励印度在印度洋发挥“净安全提供者”的作用，然而印度无论如何也没有能力像美国一样为印度洋地区提供所需的公共产品。为此，美国通过深化与印度的国防军事合作，帮助印度加强安全能力建设，使其能够在应对印度洋安全挑战方面发挥更大的作用以减轻美国的战略压力，这正好与印度希望控制印度洋而使印度洋最终成为“印度之洋”的战略诉求相契合。可以说，包括印度在内，未来将不会有哪个国家有能力独立控制这片海域。美国对印度洋的控制，有可能成为西方统治印度洋以来单一国家控制印度洋的最后阶段。

第四，域内大国印度正在成为影响印度洋国际环境变化的一个主要变量。在印度洋，印度除了谋求海权优势以期实现“印度之洋”的目标并强化其所期望的“具有影响力的世界大国”的身份认同之外，其在印度洋还有谋求更多经济利益和获得更多制度话语权的战略考量。为此，印度对域外大国参与印度洋事务怀有天然的警惕与防范。在西印度洋，中国在巴基斯坦的瓜达尔修建港口设施引发了印度的极大忧虑。事实上，印度的担忧不仅仅在西印度洋。近年来，印度对印度洋的担忧还来自东印度洋的环孟加拉湾。正如拉贾·莫汉所言，在 21 世纪的第一个 10 年，中国和印度在阿拉伯海、孟加拉湾、南海和西太平洋的海上利益与海军影响力都在增长。印度对孟加拉湾的担忧日益增长，因为中国正在孟加拉湾与达卡接触，并在缅甸海岸立足，以应对马六甲海峡被阻断这一假想的脆弱性。① 尤其是随着中印在印度洋战略竞争的加剧，印度将更加重视并强化在安达曼－尼科巴群岛的军事建设，以此应对中国“21 世纪海上丝绸之路”在印度洋的推进。其中，安达曼群岛的布莱尔港具有特殊的海洋意义，因为其邻近缅甸的可可岛，该岛是中国通向印度洋的“陆桥”，是具有重要战略意义的海上通道及战略阻塞点（如马六甲海峡）。② 由于孟加拉湾和安达曼海海域在东印度洋和南中国海之

① C. Raja Mohan, *Samudra Manthan*: *Sino-Indian Rivalry in the Indo-Pacific*, Published in India by Oxford University Press, 2013, p. 186.

② 〔德〕乔尔根·舒尔茨、维尔弗雷德·A. 赫尔曼、汉斯·弗兰克·塞勒：《亚洲海洋战略》，鞠海龙、吴艳译，人民出版社，2014，第 301 页。

间形成一个枢纽，对东印度洋和西太平洋地区海上交通线的安全将变得至关重要。可以肯定，未来孟加拉湾在中国和印度的海洋战略考量中的作用很可能会进一步凸显。

此外，不可忽视的是，在大国战略博弈不断加剧的背景下，这一地区的中小国家基于“选边站”的两难困境，将不可避免地在中美印双边和三边战略博弈中存在机会主义行为，进而增加这一地区国际关系的反复性与不确定性。

三　中国在印度洋面临的国际环境

在国际体系中，任何一个国家的地缘战略必然受其所处体系中环境的影响。当前，以美国为首的西方国家依旧以冷战思维来看待中国，中国从过去奥巴马政府时期美国的“潜在威胁者”转变成为特朗普政府时期美国的“现实威胁者”，并被美国冠以“修正主义国家”和“战略竞争对手”之名。虽然“中国威胁论”是西方强加给中国的一个“标签”，但对中国经营与周边国家的关系带来了极大的负面影响，而且短期内难以找到有效的途径来消除周边国家对中国的错误认知和不安全心理。随着中国经济利益在印度洋地区的不断拓展，中国虽然不会充当国际秩序的挑战者，但一定需要在经济和金融领域主动塑造有利于中国以及发展中国家追求国际权益与经济利益的话语权。这种矛盾性将使“21 世纪海上丝绸之路”以及中国的和平发展道路面临来自国际大环境的复杂而严峻的挑战，当然也必然隐藏着某种机遇。那么，中国应该被动接受印度洋国际环境变化所带来的各种挑战，还是应该有相应的地缘战略以主动应对？所谓“地缘战略”，是指基于地理因素、地缘政治地位和地缘经济地位国家的对外战略。国家地缘战略需要根据其所处的国际环境和自身发展需要进行调整。[①] 一国在国际体系中所面临的国际环境包括政治环境、经济环境和安全环境三个方面。中国在印度洋面临怎样的国际环境呢？

---

① 王缉思：《大国战略：国际战略探究与思考》，中信出版集团，2016，第 92 页。

（一）中国在印度洋面临的政治环境

无论是作为世界唯一霸权国家的美国，还是作为印度洋地区大国的印度，抑或是印度洋沿岸其他国家，都更多的是根据自身的利益来决定对中国的态度，把支持和反对的态度综合起来进行评估，可以在一定程度上反映出中国在印度洋面临的政治环境。但是，这很难做出较为准确的评估和较为客观的判断。此外，评估中国在印度洋面临的政治环境或者分析印度洋政治环境是否有利于中国，大致取决于三个方面的主要因素。首先是域内国家尤其是域内大国印度对中国进入印度洋的态度和接受程度。如果中国进入印度洋，没有引起该地区大国印度的较大警觉，能够维持正常关系，则说明印度洋的政治环境对中国是有利的，否则就是不利的。其次是域内大国是否有能力联合较多国家共同阻止中国在印度洋的活动。如果有能力这样做，会给中国带来极大的困难和挑战，则政治环境对中国是不利的。最后是世界唯一的霸权国家美国对中国进入印度洋的态度和反应。这取决于美国未来在印度洋的战略投入力度以及中美在印度洋利益冲突的大小。

第一，印度对中国进入印度洋一向保持警惕，印度是中国进入印度洋的最大挑战。一般而言，两国战略利益一致与否决定了两国政治关系是伙伴还是对手，而两国战略利益一致或冲突的程度则决定了双边政治关系好与坏的程度。[①] 虽然印度主导印度洋的战略目标基本无法实现，但印度往往“忽视”美国在印度洋的主导地位。2015 年莫迪执政之后，印度调整了海洋安全战略。2015 年出版的《确保安全海洋：印度海洋安全战略》对国家利益范围的界定是，整个印度洋除了东南印度洋区域（包括通向太平洋的海上航线与毗邻沿海地区）为印度海洋利益的次要区域外，其他涵盖西南印度洋（包括印度洋岛国和非洲东海岸区域）的广阔印度洋区域都是印度海洋

① 阎学通：《加大的政治影响力——非同步的中美政治与经济关系》，《国际贸易》2002 年第 12 期，第 17 页。

利益的重要区域。[①] 莫迪政府的印度洋政策不仅事关印度海洋战略的发展，而且影响印度洋局势的未来走向以及印度与其他国家在印度洋的关系变动。[②] 事实上，印度应该将中国的发展视为一种机遇，而不是把中国经济的强大视为对自己的“威胁”。目前的情形是，似乎中国越发展，对印度的“威胁”就越大，这主要源于中印之间长期存在的相互不信任。由于信任缺失，即便知道相互合作才是博弈的最优解，可以实现互利共赢的目标，但也难以推进合作，存在“合作困境”。[③] 如果印度在印度洋对来自“中国威胁”的认知被强化，则可能进一步增加印度的担忧。当前印度的主要忧虑包括：印度担心中国和南亚国家特别是中国与巴基斯坦的关系，也担心中国与斯里兰卡之间不断深化的经济合作关系（包括科伦坡港口城建设项目、汉班托塔港建设项目等），担心其在南亚次大陆和印度洋的影响力正在被中国削弱。特别是“21 世纪海上丝绸之路”进一步增加了印度的忧虑和不安，印度是唯一明确表态反对“一带一路”倡议的国家，也是中国深化与印度洋沿岸国家关系以及未来参与印度洋事务面临的最大挑战。

第二，域内国家不会联合起来，也没有能力联合起来阻止中国进入印度洋。首先，中国与南亚国家的关系虽受印度的影响较大，但总体趋向于积极发展的态势。在南亚，中巴政治关系牢固稳定，发展中巴关系基本不会受到印度因素的制约。虽然中国发展与斯里兰卡、马尔代夫、孟加拉国和尼泊尔的政治关系或多或少地会受到印度因素的影响，但这些国家并不想在政治和安全上更多依附于印度，每个国家与印度之间都不同程度地存在一定的“离心倾向”，除了不丹是南亚唯一与中国没有建交的国家，也是南亚国家中几乎完全依附于印度的唯一国家。其次，中国与东南亚国家的政治关系基本稳定，但中国与东南亚国家的关系会受到美国因素的影响，

① “Ensuring Secure Seas: Indian Maritime Security Strategy”, Naval Strategic Publication, October 2015, p. 32.

② 时宏远：《莫迪政府的印度洋政策》，《国际问题研究》2018 年第 1 期，第 105 页。

③ 关于这一观点，可参见朱翠萍《印度洋安全局势与中印面临的“合作困境”》，《南亚研究》2014 年第 3 期。

也会受到日本和印度等国不同程度的影响。再次，中国与中东和非洲的政治关系总体呈现上升态势。中国与非洲中部国家的关系较好，与非洲南部和北部国家的关系也总体正常。同时，中国与中东一些国家的关系也处于不断改善之中。但是，中国与中东和非洲国家的关系极易受到这些国家国内政局动荡以及不确定性地区安全局势的影响。最后，中国与澳大利亚的政治关系受美国因素的影响较大，中国与澳大利亚的经济关系趋好，双边贸易额不断上升。

第三，美国虽有能力在印度洋阻止中国，但印度洋不是美国制衡中国的重要区域。中国进入印度洋的国际接受程度既与中国与主要域内国家的关系相关，也受域外大国美国因素的影响。2018 年 5 月，美国国防部宣布将太平洋司令部改名为印度洋太平洋司令部，意味着美国意欲将印度洋和太平洋这一广阔的区域作为一个战略整体，通过倚重印度作用的发挥，以应对“一带一路”倡议在印度洋方向的发展。但这并不意味着美国会将战略重心从太平洋转向印度洋，将印度洋变为战略要地而对中国进行威慑，或在印度洋对中国形成牵制。美国并不需要将战略重心从太平洋移向印度洋，原因在于以下两个方面：一方面，美国对中东的石油依赖度已经大幅下降，而且美国在印度洋拥有迪戈加西亚军事基地，且仍然在印度洋拥有绝对控制权；另一方面，虽然美国有能力在印度洋阻止中国，但美国如果在印度洋排兵布阵以对付中国，将会分散其在太平洋的力量部署。因此，美国重视印度洋，只是想借助印度与中国在印度洋的战略冲突并利用印度想成为印度洋“净安全提供者”的心理，借力从印度洋方向对中国在西太平洋施加战略压力。因此，印度洋并不是美国制衡中国的重要战略区域。但是，不能忽视美国因素对中国与周边国家关系的影响。我们发现，近年来中国所面临的所有重大安全挑战包括周边安全问题，几乎都直接或间接与美国因素有关。特别是特朗普政府明确将中国定位为“战略竞争对手”，不仅增加了中美关系的复杂性，而且给中国与周边国家的政治关系增添了诸多不确定性，这种或明或暗的影响可能是长期的。

总体上，印度洋的政治环境肯定是最有利于印度的，这不仅因为印度在印度洋具有的独一无二的地理优势，印度在印度洋地区也是人口最多、经济体量最大的国家，而且受历史因素影响，印度对南亚次大陆拥有较大的政治影响力。特别是美印在印度洋拥有战略合作的相互需求，美国需要印度在印度洋的配合，印度需要美国对其大国地位的承认并借力阻止中国进入印度洋。在美印相互靠拢、安全合作不断深化的情况下，印度洋的政治环境存在诸多不利于中国的因素。特别是域内大国印度与中国之间的结构性矛盾难以化解，两国在印度洋的战略竞争呈加剧态势，但也不至于走向对抗。美国意欲联合日印澳实施“印太”战略，并利用南海问题搅局中国与东盟的关系，但美国难以从中东问题脱身，中东的动荡局势将长期困扰美国，而且美国国内治理中也存在诸多难题，这些因素都将使美国难以“集中精力”对付中国。域内国家除了澳大利亚在政治安全上完全倚重美国外，印度也不会心甘情愿充当美国制衡中国的棋子，将倾向于选择“以问题为导向”，也就是“基于问题”（Issue-based）的所谓“确定性”外交政策，包括对华政策。[①]这也说明中印关系的不确定性不仅表现在挑战方面，而且存在潜在的机遇。一旦国际环境发生变化，出现两国合作的收益远大于双方预期的情势之时，中印摆脱结构性矛盾的藩篱而相互走近也是可期待的。当然，美国的强势外交政策不仅使大国关系充满不确定性，而且中国与印度洋沿岸中小国家的政治关系也是挑战与机遇并存，这一地区的中小国家如斯里兰卡、孟加拉国、缅甸等将选择在大国之间保持战略平衡。由此，中国在印度洋的政治环境并不那么糟糕，印度洋的政治环境之于中国总体上还是有利的，且存在诸多向前发展的积极因素。

（二）中国在印度洋面临的经济环境

中国在印度洋面临的经济环境，是指是否有利于中国在印度洋扩大海外经济利益，包括中国寻求并扩大海外出口市场、扩大海外投资等。确定中国

---

① 笔者在 2019 年初与新德里主要智库的交流中发现，包括谢钢（Srikanth Kondapalli）在内的多位学者提到印度的外交政策不是充满“不确定性”，而是“基于问题导向”的“确定性”的对外政策。

在印度洋面临的经济环境，取决于两个重要方面。一是中国在印度洋存在哪些需要维护的重要经济利益以及经济利益的大小。如果经济利益处于不断上升之中，则说明印度洋的经济环境有利于中国。其中，出口增长和投资增速越快，说明经济环境越有利于中国。二是中国与其他主要国家对这一地区的经济影响力。如果大国在这一地区与中国存在激烈的经济利益竞争，则经济环境总体上不利于中国。

1. 中国在印度洋的经济利益

中国在印度洋最大的国家利益是经济利益。其中，西亚、北非是重要的石油来源地，南亚、东南亚、非洲是中国对外拓展经济利益的主要市场。中国在印度洋的经济利益主要包括以下几个方面。

首先，中国的能源进口不断上升，且严重依赖印度洋海上交通线安全。表3数据显示，2008～2017年，中国的能源进口数量大幅提升，主要进口来源地为中东和非洲。2017年，中国从中东和非洲进口的原油数量占全部原油进口数量的近70%，而这些进口原油中的80%都需要经由印度洋航线运输。

表3　2008～2017年中国石油进口及来源

单位：百万吨

年份	中南美洲	俄罗斯等	中东	北非	西非	中南非洲	澳大利亚	日本	新加坡
2008	16.5	22.4	92	4.2	39.1	10.6	0.9	4.9	4.5
2009	17.7	26.6	103	8.9	41.7	12.2	1.6	3.6	6.6
2010	24.1	33.3	118	10.1	43.7	12.7	7.2	2.7	7.0
2011	27.1	48.6	137.8	6.0	42.2	13.0	7.9	2.1	7.1
2012	31.5	59.7	144.4	11.0	51.6	3.0	7.7	1.8	6.7
2013	30.6	43.4	153.9	6.0	53.0	5.9	3.3	1.7	6.7
2014	37.2	45.8	171.7	3.2	57.4	8.2	3.0	1.8	6.7
2015	41.7	47.7	170.4	3.9	52.3	8.3	2.4	+	+
2016	51.0	56.7	184.1	1.7	59.5	6.7	3.2	—	+
2017	57.2	63.6	184.0	5.6	72.3	4.7	2.1	—	—

注：+代表数值小于0.05。

资料来源：《BP世界能源统计年鉴》。

从国别来看，2018 年中国从中东进口石油的前五个国家依次为沙特阿拉伯、伊拉克、阿曼、伊朗和科威特，分别占 15.61%、9.26%、5.56%、4.96%和3.41%；从非洲进口石油最多的国家是安哥拉和委内瑞拉，分别占 11.68%和4.01%（见表4）。

表4　2018 年中国原油进口来源国及其份额

地区	地区份额(%)	国别及其份额
中东	42.34	沙特阿拉伯(15.61%)、伊拉克(9.26%)、阿曼(5.56%)、伊朗(4.96%)、科威特(3.41%)、阿拉伯联合酋长国(1.67%)、利比亚(1.65%)、也门(0.22%)
非洲	25.10	安哥拉(11.68%)、委内瑞拉(4.01%)、刚果(布)(3.03%)、加蓬(1.75%)、赤道几内亚(1.09%)、加纳(0.70%)、南苏丹(0.59%)、厄瓜多尔(0.56%)、尼日利亚(0.50%)、埃及(0.49%)、乍得(0.36%)、刚果(金)(0.34%)
亚太	14.71	巴西(10.21%)、哥伦比亚(2.22%)、马来西亚(0.85%)、加拿大(0.39%)、澳大利亚(0.36%)、美国(0.25%)、越南(0.22%)、蒙古国(0.15%)、泰国(0.06%)
中亚	0.52	哈萨克斯坦(0.52%)
欧洲	17.33	俄罗斯(14.78%)、英国(2.55%)

资料来源：国家海关总署数据库。

其次，中国与印度洋地区的双边贸易额大幅上升。中国在印度洋的经济利益还包括日益扩大的对外贸易（见表5）。2008～2017 年，中国与印度洋五大区域的贸易总额从4700.68 亿美元增加到8683.05 亿美元，增长了近1 倍。

表5　中国与印度洋五大区域的贸易额及其增长率

单位：亿美元，%

地区	指标	2008 年	2009 年	2010 年	2011 年	2012 年	2013 年	2014 年	2015 年	2016 年	2017 年
南亚	贸易额	653.13	564.18	796.47	959.65	905.81	936.43	1032.63	1099.60	1093.58	1252.10
	增长率	29.25	-13.62	41.17	20.49	-5.61	3.38	10.27	6.49	-0.55	14.50
东南亚	贸易额	1814.77	1693.44	2314.76	2855.98	3071.14	3318.18	3429.40	3216.74	2991.36	3324.85
	增长率	16.40	-6.69	36.69	23.38	7.53	8.04	3.35	-6.20	-7.01	11.15
非洲	贸易额	283.06	260.29	383.30	617.00	823.07	914.55	917.18	796.82	648.39	683.41
	增长率	30.22	-8.04	47.26	60.97	33.40	11.11	0.29	-13.12	-18.63	5.40

续表

地区	指标	2008 年	2009 年	2010 年	2011 年	2012 年	2013 年	2014 年	2015 年	2016 年	2017 年
西亚中东	贸易额	1352. 90	1039. 64	1454. 85	2098. 65	2278. 73	2492. 83	2751. 71	2084. 84	1781. 07	2058. 22
	增长率	51. 09	-23. 15	39. 94	44. 25	8. 58	9. 40	10. 38	-24. 23	-14. 57	15. 56
大洋洲	贸易额	596. 82	600. 84	883. 25	1165. 77	1223. 03	1365. 08	1367. 76	1138. 16	1081. 77	1364. 47
	增长率	36. 27	0. 67	47. 00	31. 99	4. 91	11. 61	0. 20	-16. 79	-4. 95	26. 13
贸易总额		4700. 68	4158. 39	5832. 63	7697. 05	8301. 78	9027. 07	9498. 68	8336. 16	7596. 17	8683. 05

注：表中数据只包括印度洋沿岸国家（不包含内陆国），不包括留尼汪岛和马约特岛的数据（无法获取）。

资料来源：联合国数据库。

最后，中国企业在印度洋地区的投资不断增加。中东和非洲除了是中国重要的能源来源地区之外，也是中国企业拓展市场的主要区域。从投资情况看，中国对印度洋五大区域的投资流量总额从 2008 年的近 94 亿美元增加到 2017 年的约 184 亿美元，同样也增长了近 1 倍（见表 6）。

可以预期，随着“一带一路”倡议被更多的国家所认可和接受，以及中国企业“走出去”步伐的加快，中国与印度洋沿岸国家的贸易与投资将继续呈现大幅上升的趋势。这说明中国在印度洋面临较为有利的经济环境。

2. 主要大国对东盟的经济影响力对比

以印度洋地区的东盟为例，通过贸易与投资来比较大国对东盟的经济影响力（见表 7）。

第一，世界各主要大国或地区与东盟的双边贸易额总体呈现上升趋势，但中国与东盟的双边贸易额上升幅度最大。2008 年，东盟最大的贸易伙伴是日本，其次是欧盟、中国和美国。但是，2008 ~ 2017 年，日本与东盟的双边贸易额一直处于平稳状态，几乎没有发生大的变化。从 2009 年开始，中国超过日本成为东盟最大的贸易伙伴。根据联合国贸易与发展组织公布的数据，中国与东盟的双边贸易额由 2008 年的 2044 亿美元上升到 2017 年的 4348 亿美元，双边贸易额翻了一番。从 2014 年开始，欧盟超过日本成为东盟的第二大贸易伙伴。

表 6　2008～2017 年中国对印度洋五大区域的投资流量和存量总额

单位：万美元

地区	指标	2008 年	2009 年	2010 年	2011 年	2012 年	2013 年	2014 年	2015 年	2016 年	2017 年
南　亚	流量	38079	6122	41441	60491	41552	42683	144229	107465	73985	107388
	存量	161493	175547	244813	305963	369854	524305	767055	876971	885648	1158802
东南亚	流量	203736	212059	305883	440421	430664	544455	579927	1316473	792741	1122958
	存量	517662	752143	1096254	1658445	2173560	2712669	3623990	5014055	5592698	7107876
非　洲	流量	490175	32097	69603	156155	－14612	68518	103111	119068	68845	156105
	存量	441537	409967	626896	772236	893015	965782	1194905	1194670	1379990	1561821
西亚中东	流量	18537	30044	103154	125831	122583	195340	184350	156152	159206	32687
	存量	134030	161377	309252	449669	599337	755608	969423	1237576	1742053	1848974
大洋洲	流量	189215	243643	170170	316529	217298	345798	404911	340131	418688	424196
	存量	335529	586310	786775	1104125	1387305	1744968	2388226	2837385	3335056	3617531
合　计	流量	939742	523955	690251	1099427	797485	1196794	1416528	2039289	1513465	1843334
	存量	1590251	2085349	3063990	4290438	5423071	6703332	8943599	11160657	12935445	15295004

注：表中数据只包括印度洋沿岸国家（不包括内陆国）。

资料来源：根据相关年份《中国对外直接投资统计公报》数据计算。

表7　东盟与中国、印度、日本、美国、欧盟进出口贸易额比较

单位：百万美元

国家或地区	指标	2008 年	2010 年	2012 年	2014 年	2016 年	2017 年
中国	进出口总额	204382.46	243572.96	324263.33	367321.29	370558.17	434844.73
	进口额	115649.44	129160.21	182259.54	218571.47	229353.88	254504.87
	出口额	88733.02	114412.75	142003.79	148749.82	141204.29	180339.86
印度	进出口总额	53295.20	57076.92	74315.12	68597.04	59818.39	75525.84
	进口额	21050.18	21037.19	29783.41	25398.35	22059.22	30508.33
	出口额	32245.02	36039.73	44531.71	43198.69	37759.17	45017.51
日本	进出口总额	216072.89	220089.66	262176.09	228181.93	199760.92	218498.60
	进口额	111487.80	118433.51	135774.25	109497.21	104776.16	114830.13
	出口额	104585.09	101656.15	126401.84	118684.72	94984.76	103668.47
美国	进出口总额	187409.40	183965.82	200565.02	210936.64	213489.02	234977.72
	进口额	82591.89	81721.06	88283.17	87012.39	79495.21	88738.46
	出口额	104817.51	102244.76	112281.85	123924.25	133993.81	146239.26
欧盟（28 国）	进出口总额	211449.69	207505.65	244090.16	248105.09	236456.94	263974.88
	进口额	92991.97	89054.78	114804.38	113223.39	103502.05	112950.47
	出口额	118457.72	118450.87	129285.78	134881.70	132954.89	151024.41
世界	进出口总额	1929928.95	2005216.80	2475601.53	2521631.64	2237966.36	2570437.25
	进口额	942420.52	952666.24	1221495.23	1230713.23	1089752.26	1259289.91
	出口额	987508.43	1052550.56	1254106.30	1290918.41	1148214.10	1311147.34

注：表中数据以东盟为报告国，这与以中国为报告国的数据存在差异，但不影响对比分析。
资料来源：UNCTAD 数据库。

第二，近年来印度经济增长率明显上升，但印度与东盟之间的双边贸易额有限，且与中国相比存在较大的差距。虽然长期以来印度谋求在南亚与东南亚甚至非洲增强地区影响力，但从各方面的表现来看不尽如人意，印度显得力不从心。根据联合国贸易与发展组织公布的数据，印度洋域内大国印度与东盟的贸易额有限，从 2008 年的 533 亿美元上升到 2017 年的 755 亿美元。其中，东盟从印度进口 305 亿美元，东盟对印度出口 450 亿美元。东盟对印度的进口额占其进口总额的比重约为 2.4%，对印度的出口额占其出口总额的比重约为 3.4%。相比较而言，2017 年，中国与东盟的贸易额为 4348 亿美元。其中，东盟从中国进口 2545 亿美元，东盟对中国出口 1803

亿美元。东盟对中国的进口额占其进口总额的比重约为 20.2%，对中国的出口额占其出口总额的比重约为 13.8%。东南亚是“一带一路”沿线中国最大的出口目的地。此外，印度与域内南亚国家之间的贸易额也颇为有限，南亚的区域一体化程度较低。2017 年，印度对南亚七国的贸易总额约为 230 亿美元。印度对南亚各国的出口额占其出口总额的比重仅为 6.86%，对南亚各国的进口额占其进口总额的比重约为 0.63%，进出口额都很低。相比较而言，中国与南亚的贸易总额为 1267.7 亿美元（其中中印双边贸易额为 844 亿美元，中国对除印度以外的南亚七国的贸易总额为 423.7 亿美元），印度是中国在南亚最大的贸易伙伴。

事实上，衡量一国经济的地区影响力，归根到底还是要看其国内的经济增长情况。2015 年，印度经济增长率明显上升并超过中国成为全球增长最快的经济体（见图 1）。虽然这一数据被普遍质疑“水分”过大，但印度加快基础设施建设和发展制造业的战略与举措，无疑对刺激经济增长具有积极意义。之后的三年，印度经济增长依然令人瞩目，但印度要想保持经济增长的可持续性，依然面临很多结构性难题与不确定性，包括基础设施落后、贫困问题严重、城市化推进缓慢、就业问题严峻、民族宗教矛盾突出等。而且，印度提升地区影响力的政治意图与安全考量往往大于经济利益考量，这也是印度与中国的经济合作水平较低、对东南亚的经济影响力颇为有限的一个主要原因。

第三，从主要国家或地区对东盟的投资看，除了域内的新加坡是东盟最大的投资来源国（占 14%）之外，中国是域外对东盟投资的最大来源国，占东盟外来投资总额的 14%（其中中国内地占 8%，中国香港占 6%），日本对东盟的投资占 10%（见图 2）。

总体上，印度洋地区的经济环境有利于中国扩大海外经济利益，原因主要有以下几个方面。第一，近年来，中国与印度洋五大区域的进出口贸易总额呈现明显的上升趋势。其中，中国对东南亚的贸易额上升速度最快，2008～2017 年，贸易总额翻了一番。第二，中国企业在南亚、东南亚、非洲的投资不断上升。其中，中国（包括香港）是域外对东南亚投资最大的国家，

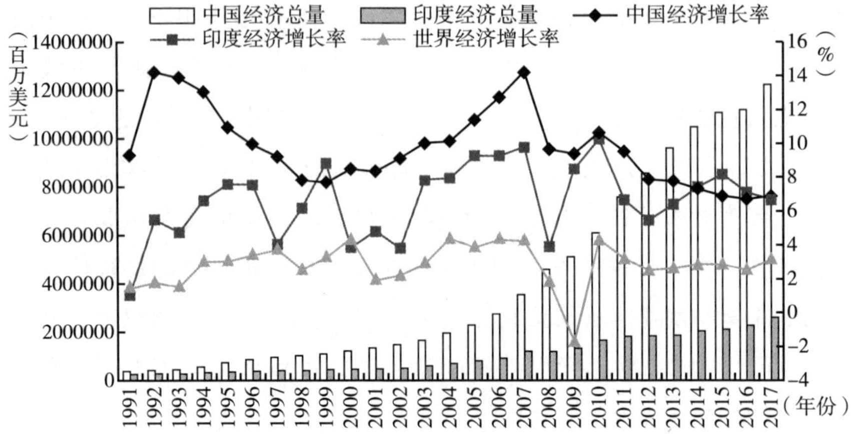

图1　1991～2017年中印经济总量与增长率对比

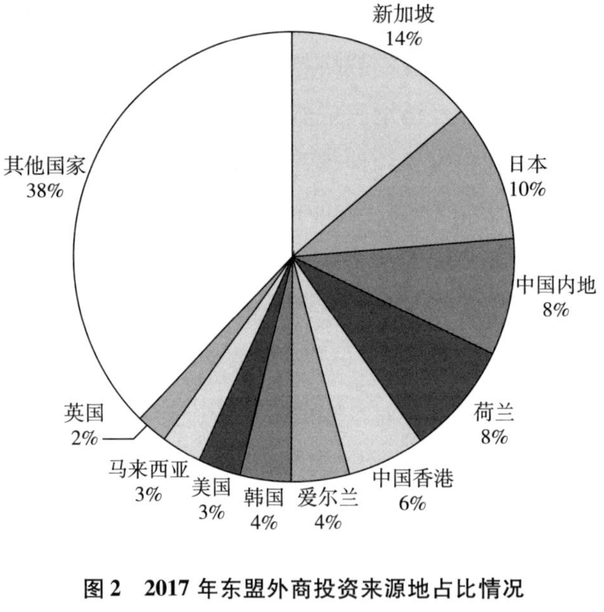

图2　2017年东盟外商投资来源地占比情况

资料来源：东盟投资数据库。

但是日本对东南亚的投资超过中国内地。第三，无论是从贸易还是从投资来看，域内大国印度对印度洋地区的经济影响力不足。中印共同崛起是不争的事实，中国是印度追赶的目标，印度对赶超中国经济充满信心。莫迪执政以来，印度经济加速增长甚至超过了中国的经济增速，但中印之间的经济差距也是显而易见的，而且中国对南亚、东南亚的经济影响力远大于印度。同时，域内大多数国家支持“一带一路”倡议，希望与中国开展经济合作，中国与印度洋沿岸国家开展经济合作的潜力巨大。

（三）中国在印度洋面临的安全环境

在全球相互依赖日益加深、国际贸易快速发展的今天，商船的航海自由非常重要。世界各国都依赖商品和原料交易，因此也都直接或间接地受益于海上交通线的开放。如果这些航线中断或受阻，各国的贸易将蒙受损失。就印度洋到东南亚地区，再到远东地区的广阔区域来讲，尤其如此。①

首先，中国在印度洋面临的安全环境的好坏，主要取决于其卷入战争或存在军事冲突的风险大小。卷入战争或存在军事冲突的风险大小基本上可以反映安全环境是否对一国发展有利，风险越小，安全环境越有利。中国不属于印度洋地区国家，中国与印度洋沿岸其他国家不存在海洋争端。但是，在南中国海的5个主权声索国越南、菲律宾、马来西亚、印度尼西亚和文莱中，马来西亚和印度尼西亚位于印度洋和太平洋的交汇区，既属于太平洋也属于印度洋。虽然这一区域的安全环境堪忧，但是依然可以排除中国在印度洋卷入战争和存在军事冲突的风险。

其次，印度洋的安全环境是否有利于中国，还取决于中国在印度洋是否存在通道安全的巨大风险。中国是印度洋航线的最大消费国，中国严重依赖印度洋海上通道进口能源和进行海上贸易，可以说，印度洋海上交通线是中国经济的生命线。虽然目前来看基本上可以排除印度洋海上交通线被切断的可能，但是海上运输被短期阻断的风险总是存在的，因此考虑如何保护能源和贸易通道是非常必要的。如前文所述，中国进口的石油70%来自西印度洋地区的中东和非洲，而这里也是海盗猖獗和恐怖主义的集聚

① 〔德〕乔尔根·舒尔茨、维尔弗雷德·A. 赫尔曼、汉斯·弗兰克·塞勒：《亚洲海洋战略》，鞠海龙、吴艳译，人民出版社，2014，第30页。

地。根据国际海事局（IMB）的全球海盗行为报告，2018 年全球海盗活动有增无减，共计发生了 201 起海盗袭击和武装劫持船舶事件，比 2017 年的 180 起有所上升，但与以往不同的是，海盗袭击从东非的索马里转移到了西非的几内亚湾。[①] 一个主要原因是，近年来在索马里海域，各国轮番派海军前往索马里护航，对中东和非洲的非法武装分子构成了极大的震慑和威胁，致使索马里海域的海盗事件大幅下降。由此也折射出，西非沿海由于缺少大国海军威慑和护航，为海盗袭击留下了空间。如果未来美国减少对印度洋地区的安全支出，随着中国未来对安哥拉、刚果（布）、尼日利亚等国石油进口的增加，保护通道安全的需求也随之上升。从这个角度看，中国未来需要建立像吉布提这样的海军护航停靠点。中国还需要加强与西印度洋岛国马尔代夫、塞舌尔以及非洲沿岸国家肯尼亚、坦桑尼亚、安哥拉、南非等的海军交流与合作，以确保这一广泛区域的石油通道和贸易通道安全。

最后，印度洋的安全环境是否有利于中国，还要看中国在印度洋的海外利益安全以及中国公民的人身安全。中国作为世界第一大贸易国，在“一带一路”倡议下，与印度洋沿岸国家通过贸易与投资促进共同发展，首先就需要加强包括港口在内的基础设施建设。基础设施具有投资周期长、投资风险大的特点，随着更多的中国企业“走出去”进行投资，保护企业的海外投资以及海外人员的人身安全也将越来越重要。中国在印度洋沿岸的缅甸、斯里兰卡、巴基斯坦等国投资商业港口建设，随着参与投资企业数量和投资额的不断增加，投资风险带来的安全需求也不断增长。在印度洋地区的西亚和非洲等地区，不仅政局动荡频繁发生，而且包括民族宗教冲突和恐怖主义威胁在内的各种非传统安全事件层出不穷，对中国在这些地区的海外权益和中国公民的人身安全均构成了巨大威胁。根据《2018 年全球和平指数报告》，2018 年印度洋地区的中东和北非仍然是世界上最不和平的地方，索

① 《IMB：2018 海盗活动增加，几内亚湾尤为突出》，信德海事网，2019 年 1 月 18 日，http：//www. xindemarinenews. com/topic/hangyunanquan/2019/0118/9814. html。

马里、伊拉克、南苏丹、阿富汗和叙利亚是5个最不和平的国家。阿拉伯联合酋长国、沙特阿拉伯、埃及、巴林的政治和经济抵制导致与邻国关系恶化及政治动荡，卡塔尔则经历了最大的和平恶化。同时，南亚地区各国的和平情况差距继续扩大，阿富汗和巴基斯坦的和平指数继续下降。东印度洋地区缅甸的和平也出现了恶化。①

除此之外，中国与印度在印度洋的海洋竞争呈现加剧态势，由此导致的安全困境也是潜在冲突和安全风险的一个主要来源。如果一个国家在经济和军事上走向强大，但同时又能避免让邻国担心，甚至要能避免让美国担心，这几乎是不可能的。但是，如果一方有所作为，被另一方视为挑战甚至威胁，而通过加大军事投入力度来构建可置信的威胁予以应对，就会产生安全困境。也许印度会说，你如何让我相信，未来中国不会对印度造成威胁？但显然中国无法自证，而且即便自证，印度方面也未必相信，只有依赖于印度方面的评估与判断。错误的评估与判断不仅会影响政治互信，而且会浪费合作的机遇。这也是多年来中印合作虽潜力巨大，但两国政治关系发展缓慢、合作障碍始终不能有效清除的关键所在。

综上所述，中国在印度洋面临的政治环境尚可，目前至少没有出现不利于中国的明显迹象；中国在印度洋面临的经济环境较好，与印度洋沿岸国家的经济合作潜力巨大；中国在印度洋面临的安全环境堪忧，需要积极主动地塑造有利于保障中国经济的安全环境。中国与印度洋主要国家在经济利益上具有相当高的一致性，但在安全利益和政治利益方面存在一定的不一致性。相比较而言，中国与美国在政治利益、经济利益和安全利益上均存在不一致性，而且中美由当前的经济利益对立可能转向战略对立。印度与美国在政治与安全方面具有利益一致性，特别是近年来安全利益的一致性不断提升，并且还存在进一步强化的趋势。印度洋地区的整体国际环境对中国来说是有利的，但存在一定的挑战。

① 《2018年全球和平指数报告》，搜狐网，2018年7月1日，http://www.sohu.com/a/238679749_263856。

四　中国在印度洋面临的战略选择

历史地看，整个印度洋历来都只是国际关系的次要区域。进入 21 世纪以来，大国对印度洋重要性的认识不断提高，这一方面源于西方以罗伯特·卡普兰为代表的战略家对印度洋将成为世界战略竞争中心的预测；另一方面源于美日等国意欲借助印度洋地区大国印度来阻碍中国不断上升的影响力，从而助推主要利益相关者将印度洋纳入海洋战略考量。海洋战略是对政治行动的指令，以期在符合海洋政策的前提下实现一国的海上利益，是一国在战时、危机时期以及和平时期总体战略的一部分。① 海洋战略不同于海权战略，海洋战略的总体目标是实现一国的海上利益。而海权战略的目标要么是确保自身获得制海权，要么是阻止敌军获得制海权。② 一国海洋战略的存在是为了服务于国家利益。对一国国家利益的主次和轻重缓急的定位，始终是战略选择的出发点和归宿。长期以来，中国对印度洋事务特别是印度洋安全治理的态度更多是被动的，这一方面源于中国不是印度洋国家，另一方面源于中国实施防御性的国防政策。

（一）中国为什么需要印度洋战略?

中国虽然不是印度洋国家，但是需要印度洋战略。③ 这是维护中国在印度洋合法的海洋利益的需要，与中国的和平发展目标并无矛盾之处。中国需要印度洋战略存在以下“三大需求”和“三个原因”。

首先，印度洋战略是维护中国在印度洋的经济利益和安全利益的需求。维护印度洋通道安全以及保障中国不断上升的海外利益需要印度洋战略，这

---

① 〔德〕乔尔根·舒尔茨、维尔弗雷德·A. 赫尔曼、汉斯·弗兰克·塞勒：《亚洲海洋战略》，鞠海龙、吴艳译，人民出版社，2014，第 16 页。

② 〔德〕乔尔根·舒尔茨、维尔弗雷德·A. 赫尔曼、汉斯·弗兰克·塞勒：《亚洲海洋战略》，鞠海龙、吴艳译，人民出版社，2014，第 19 页。

③ 关于该观点，笔者在《印度洋地区发展报告（2013）》中也曾对此进行过讨论。

也是印度洋战略的主要目标。印度洋是国际贸易的重要通道，利益上升导致安全需求上升，安全需求上升促使相应的安全战略产生，后者要求国家建设相应的能力，以满足战略规划的要求。[①] 海上通道安全体现为一种能力，是指当海上航行面临海盗、恐怖主义等各种威胁冲击时，具备较强的抗衡和抵御能力，以使经济利益免受破坏和威胁的状态。中国利用合适的方式与印度洋沿岸国家开展合作，抓住合作的商业机会，不仅顺应了全球化和区域经济一体化的发展潮流，而且对印度洋地区的经济繁荣做出了巨大贡献。过去几十年，包括巴基斯坦、斯里兰卡、缅甸等国在内均受益于中国在印度洋的经济活动。印度洋要融入世界经济，不仅需要域内大国印度发挥领头羊的作用以拉动经济，而且需要颇具经济活力的域外大国中国的贡献。历史上，中国曾为印度洋地区的商贸繁荣做出过巨大贡献。包括在古典时代晚期的世界中，锡兰位于孟加拉湾和阿拉伯海之间的枢纽地带，是中国和中东之间的贸易中心。[②] 随着中国与印度洋沿岸国家经济合作的不断拓展，中国对印度洋的安全需求必然随之上升。中国参与印度洋的立场和态度也需要随之改变。一方面，随着中国经济的发展与国力的增强，对外战略的使命越来越突出，不仅体现在中国对和平国际环境的渴求，而且体现在中国需要对现行国际体系的发展和演变做出贡献。[③] 另一方面，任何重视海洋利益的国家都需要海洋战略。在中国经历改革开放并不断融入世界的今天，海洋安全问题已从过去的“一般事件”上升为中国不能回避的国家风险。应对国家风险，需要战略。中国在印度洋具有重要的经济利益和安全利益，维护这些合法权益需要明确的战略目标和较为清晰的战略意图。随着中国对印度洋地区经济和安全的依赖性日益提升，无论是西方强国还是域内大国，抑或是中小国家，都在猜测中国的战略意图。仅从地缘经济的视角，中国的海洋战略就需要将印

---

① 赵干城：《印度洋：中国海洋战略再定义的动因》，《南亚研究》2013 年第 1 期，第 29 页。

② 〔美〕罗伯特·卡普兰：《印度洋与美国权力的未来》，吴兆礼、毛悦译，社会科学文献出版社，2013，第 244 页。

③ 赵干城：《和谐世界的理念与实践：十年来中国对外战略成就与展望》，《国际展望》2013 年第 2 期，第 41 页。

度洋纳入战略考量，加之这一地区地缘安全局势的动荡与复杂性，更是增加了中国经略印度洋的战略需求。可以肯定，中国不追求海洋强权，但必须维护合法的海洋权益。也就是说，中国作为利益攸关者，必须将目光转向海洋，积极参与印度洋安全稳定与海洋格局的重塑，这不仅是因为中国经济持续增长带来的世界第二大经济体的因素使然，而且是因为能源需求上升和贸易迅速增长产生了对港口发展和货物运输的强烈需求。

其次，中国帮助印度洋沿岸国家提升能力建设，是促进长期合作与地区繁荣的需要。对于印度洋沿岸国家和印度洋岛国来说，港口基础设施建设是提升海洋型国家发展能力的重要举措。除了能源需求，印度洋也是中国拓展海外经济利益的重要方向。中国作为世界第二大经济体，过去40年对外开放以及经济快速增长的经验，要求中国必须保持持续的对外开放政策。面向印度洋这一大多是欠发达地区的“西向开放”，不仅对中国是有益的，而且对整个地区乃至世界的繁荣都是有益的。但是，中国面临的风险和挑战也是巨大的。推动中国与印度洋沿岸国家的贸易自由化与投资便利化，首先需要解决印度洋沿岸国家基础设施包括港口设施落后的问题。中国与巴基斯坦、斯里兰卡、孟加拉国、缅甸等印度洋地区国家合作进行港口基础设施建设，可以帮助提升各国的建设能力，以促进中国与这些国家的长期合作，而非西方国家宣扬的以遏制印度为主要目标的“珍珠链战略”。暂不说美国掌握着印度洋的控制权，印度基于自身在南亚次大陆和印度洋得天独厚的地理位置以及人口规模和经济体量，虽然难以在印度洋获得支配地位或对印度洋的控制权，但无疑将在印度洋扮演其他国家所无法取代的重要角色。

最后，中国需要逐渐向印度洋提供与自身能力和责任相匹配的公共产品，并在印度洋地区安全治理中发挥建设性作用。未来如果美国逐渐减少在印度洋的公共产品供给，希望盟国支付更多成本，特别是期望印度成为印度洋地区的“净安全提供者”，将导致这一地区在安全上出现一定的“责任真空”。中国没有填补美国在印度洋释放出的“责任真空”的主观愿望和能力，但需要为印度洋“责任真空”注入与自身能力相匹配的力量。而且，印度洋地区存在的安全脆弱性与安全治理机制的低效，增大了中国参与印度洋事务的必要性。事实上，中国提升护航能力，保障在印度洋海域的能源和贸易通道安全，本身也是提供公共产品的一种重要形式。印度洋安全治理是全球安全治理的重要组成部分，中国作为“大体量”的发展中国家，特别是中国作为印度洋航线的最大消费国，也是距离印度洋最近的最大国家，理应在地区安全稳定与世界和平发展中承担相应责任，并发挥与自身能力相匹配的作用。

除了以上“三大需求”之外，至少在目前来看，中国需要印度洋战略还存在以下不可忽视的“三个原因”。

第一，中国不是印度洋国家，中国在西太平洋的核心利益区南中国海紧邻东印度洋。从地理属性来看，中国是西太平洋的地区大国，西太平洋是中国的首要战略区，属于中国的核心利益区，与中国的国家安全息息相关。印度洋虽然是中国的次要战略区，但属于中国的战略周边，环孟加拉湾地区是中国战略周边中的近邻。在南中国海与中国有主权争议的5个国家是越南、菲律宾、马来西亚、印度尼西亚和文莱，其中越南、菲律宾属于西太平洋沿岸国家，文莱属于南太平洋岛国，而马来西亚和印度尼西亚则既属于东印度洋国家又属于西太平洋国家。东盟中属于东印度洋沿岸国家的还包括缅甸、新加坡、泰国和东帝汶。从战略意义上来看，马六甲海峡连接南中国海和印度洋，马六甲海峡沿岸国家包括新加坡、马来西亚和印度尼西亚，其中新加坡位于马六甲海峡的最窄处，是沟通印度洋和太平洋的“咽喉”。中国的核心利益区紧邻东印度洋，这一区域具有历史意义和战略意义的重要性以及安全局势的复杂性，决定了中国必须从战略上予以高度重视。

第二，东南亚属于中国的周边，是“21世纪海上丝绸之路”的首要区域。东南亚在地理上位于印度洋和太平洋之间，也是美国主导的“印太”战略的一个重要区域。目前，东南亚国家普遍在经济上选择与中国合作，在安全上依赖美国的庇护，不太可能在中美之间“选边站”。未来随着中美在东南亚战略竞争的常态化，中国与部分东南亚国家的政治关系也会出现一定的反复，一些国家不免会在中美之间左右逢源，增大中国经营周边关系的难度和不确定性，这一趋势也将成为一种常态。作为东南亚的近邻，中国不仅具有地缘优势，而且与东南亚国家拥有良好的经济合作基础，但是中日在东南亚的竞争与合作也是影响这一地区国际环境的一个主要变量。虽然西太平洋地区是中国海洋战略的首要关注区，但由于东北印度洋地区属于中国的周边，周边安全稳定与中国的国家安全息息相关。作为中国的周边近邻，东北印度洋沿岸中小国家基于大国博弈和自身利益的战略选择存在很大的不确定性。这主要基于两个方面的考量：一是中小国家通过与大国开展合作以提升经济建设能力与安全治理能力；二是中小国家通过在大国之间选择"骑墙战术"而收获更多的经济利益。同时，受西方国家"中国威胁论"以及"国强必霸"逻辑的影响，印度洋沿岸不少国家对中国存在较大的不信任和战略疑虑，导致中小国家对华政策存在不确定性。在当前中国与关键大国美国之间的战略竞争日趋激烈的情况下，处于首要地位的周边需要纳入印度洋战略视野进行布局与经营。

第三，东北印度洋的环孟加拉湾地区同样属于中国的近邻，特别是中缅油气管道的起点皎漂港位于环孟加拉湾，这对中国的战略意义是不言而喻的。中国的印度洋战略要服务于中国的国家利益和安全边界，这首先需要重视与利益相关者的经济与安全合作。中缅油气管道不仅要考虑服务于中国的经济利益，而且要考虑如何利用中缅油气管道的战略意义与经济意义，努力与环孟加拉湾国家建立安全合作机制，在合作中实现利益共享与风险共担。毕竟，中国在印度洋地区拥有重要的经济利益和安全利益，有必要成为印度洋地区经济繁荣的贡献者、安全治理的参与者和维护地区稳定的建设者，尤其是主动成为安全治理的参与者，这事关中国的周边安全与稳定。安全治理不仅包括由恐怖主义、海盗等引发的航运安全，而且包括由环境保护、宗教种族冲突、枪支毒品走私、人口贩卖等引发的安全治理问题。在印度洋区域治理中，无论是主权国家治理主体还是国际组织治理主体，都负有维护区域安全、履行安全治理的职责。它们之间构成平等关系，各治理主体通力合作，共同履行维护区域安全的使命，合作治理方式具有平等性、主动性和协商性的特点。[①] 虽然印度在印度洋占据得天独厚的地理位置，是域内体量最大、实力最强的国家，必然将在印度洋安全治理中扮演重要角色，但是印度洋的海洋安全治理需要多边的机制化制度安排，印度作为“净安全提供者”的想法是好的，却是不切实际的。

（二）中国如何确定印度洋战略的边界？

中国需要一个什么样的印度洋战略，首先需要界定中国对印度洋的定位，也就是确定印度洋在国家利益中的排序。中国的印度洋战略的定位取决于自身在印度洋的战略需求与利益诉求，而这需要在印度洋国际环境背景以及中国与印度洋地区国家关系互动和演进的维度加以考量。确定印度洋在国家利益中的排序，实际上也是回答中国需要以什么样的方式保障在印度洋的通道安全和经济安全，如何释放在印度洋地区的市场潜力以助力中国经济可持续发展以及如何确定印度洋战略的边界。

近年来，随着印度洋重要性的提升和中印作为地区大国的迅速崛起，已经有不少针对未来中美印在印度洋“三国演义”的预测与分析。美国的全球战略和印度洋战略非常清晰，印度的印度洋战略也是明确的。在美国追求稳固的全球霸权地位、印度追求对南亚次大陆的控制权以及印度洋独一无二的影响力并意欲阻止任何域外大国介入印度洋事务的背景下，中国在“三国演义”中应该发挥怎样的作用，才能既符合自身的战略需求又不至于引起美印的过激反应而助推美印进一步靠拢甚至走向盟友？如果说印度在印度洋想要扮演的是“净安全提供者”的角色，并意欲发挥“稳定器”和“力量平衡者”的作用，那么中国应该扮演什么样的角色并发挥怎样的作用？这也是如何确定印度洋战略边界的问题。

首先，需要弄清印度洋在中国国家利益中的重要性排序。确定中国在印度洋地区国家的利益大小，是制定战略的基本原则所在。国家对外关系中的核心利益至少包括主权、安全和发展三个方面。“把发展作为第一要务”

① 李文良：《印度洋区域安全治理中的中国因素》，《国际安全研究》2017 年第 5 期，第 100 页。

“始终把国家主权和安全放在第一位”“稳定压倒一切”，都是中国政府反复重申的原则。[①] 2011 年《中国的和平发展》白皮书归纳了中国的和平发展道路，既要通过维护世界和平发展自身，又要通过自身发展维护世界和平。中国坚决维护国家的核心利益，中国的核心利益包括国家主权、国家安全、领土完整、国家统一、中国宪法确立的国家政治制度和社会大局稳定、经济社会可持续发展的基本保障。[②] 同时，中国奉行防御性的国防政策。中国拥有广阔的领土和辽阔的海洋，陆地边界线长 2.2 万公里，大陆海岸线长 1.8 万公里。推进国防现代化是中国合理的国家安全需求，是中国实现和平发展的必要保障。[③] 从这些基本原则出发，中国的印度洋战略的基本原则既取决于中国在印度洋所要追求的国家利益的大小，又取决于中国的战略能力。[④] 毕竟，中国在海洋领域的核心利益更多地集中在西太平洋，这决定了中国海洋战略力量的重心或战略优先方向在西太平洋。但是，紧邻南中国海的东印度洋与中国的国家核心利益之间存在必然且不可忽视的关系，中国在印度洋需要能力建设以保障交通线安全和确保海外经济利益安全，需要从战略上重视印度洋，尤其是从重视环孟加拉湾对中国周边安全的影响着手。随着未来中国在印度洋沿岸地区包括缅甸、巴基斯坦、斯里兰卡等经济利益投入的不断加大和海外市场的不断拓展，印度洋地区也将不可避免地逐渐成为中国需要重视的战略利益区。

其次，中国在印度洋应该或能够发挥怎样的作用，还取决于自身的能力。无障碍地利用海上交通线的能力关系到一国的繁荣发展。[⑤] 一国的稳定与发展直接或间接地取决于该国的海上交通线，海洋战略是一国和平与繁荣

---

① 王缉思：《大国战略：国际战略探究与思考》，中信出版集团，2016，第 58 页。

② 《〈中国的和平发展〉白皮书》，国务院新闻办公室网站，http://www.scio.gov.cn/tt/Document/1011394/1011394.htm。

③ 《〈中国的和平发展〉白皮书》，国务院新闻办公室网站，http://www.scio.gov.cn/tt/Document/1011394/1011394.htm。

④ 〔美〕罗伯特·卡普兰：《印度洋与美国权力的未来》，吴兆礼、毛悦译，社会科学文献出版社，2013，第 350 页。

⑤ 〔德〕乔尔根·舒尔茨、维尔弗雷德·A. 赫尔曼、汉斯·弗兰克·塞勒：《亚洲海洋战略》，鞠海龙、吴艳译，人民出版社，2014，第 21 页。

的基石，这一理念已深入人心。[①] 虽然目前来看海上交通线被阻断或诸如马六甲海峡这样的交通要塞被封锁的可能性不大，但像中国这样能源进口依存度和对外贸易依存度非常高的国家依然需要在保护海上通道安全上下功夫，以保障中国的经济利益和安全利益。而且，经济利益越向中东、非洲等海外拓展，印度洋海上交通线安全就越重要。中国在印度洋作用的发挥，除了具备保护能源和贸易等海外经济利益的能力外，还需要有能力向印度洋地区拓展经济利益，这种能力还体现在有效提供公共产品和保护海外公民安全包括紧急情况下的撤侨等。

最后，中国在印度洋能够发挥多大作用，还取决于国际环境变化带来的挑战和牵制力的大小。中国需要一个什么样的印度洋战略，不仅有赖于自身地理属性与海外利益的战略需求，而且取决于印度洋国际环境变化以及中国与主要国家之间关系的变化所带来的挑战与牵制力。这也是为什么在过去关于中国是否需要经营印度洋以及是否需要印度洋战略的研究非常有限，而且在有限的研究中也存在很大分歧，致使中国在印度洋的战略考量一度陷入战略“惰性”。其一，中国的印度洋战略面临的最大阻力是来自域内大国印度的抵制。长期以来，印度一直认为自己是印度洋的天生领导者，并希望实现印度洋是“印度之洋”的目标。新德里一些人认为，控制印度洋是防止印度被敌对势力“包围”的必要之举；还有一些人认为，印度在印度洋地区的势力范围是其最终成为全球大国必不可少的基础。然而大多数印度人会强烈反对印度在印度洋的任何霸权野心，把印度看作一个友好的“警察”，能为这个动荡的地区提供安全保障，并阻止不受欢迎的外来者进入。[②] 这与印度独立以来其战略思维中根深蒂固的“印度门罗主义”信条密切相关，即强烈反对域外国家介入南亚事务特别是南亚内部冲突，南亚国家如果需要外界帮助，应该从包括印度在内的邻国寻求帮助。印度在印度洋的海上力量虽

① 〔德〕乔尔根·舒尔茨、维尔弗雷德·A. 赫尔曼、汉斯·弗兰克·塞勒：《亚洲海洋战略》，鞠海龙、吴艳译，人民出版社，2014，第2页。

② 〔澳〕大卫·布鲁斯特：《印度之洋：印度追求地区领导权的真相》，杜幼康、毛悦译，社会科学文献出版社，2016，第1页。

不占支配地位，但印度一直都在建立“蓝水海军”方面不懈努力以形成足够的威慑力量，不仅用以有效抵御域内威胁势力，包括来自巴基斯坦和域内外恐怖主义、海盗等非传统安全威胁对印度洋安全构成的威胁，而且用以抵抗任何干涉印度洋事务的域外力量，尤其是中国。在印度洋，虽然印度真正担忧的是美国而不是中国，对印度在印度洋实现地区霸权最直接的威胁是美国以迪戈加西亚等基地为依托的军事存在。但在印度看来，印度的安全取决于印度洋的安全，印度在印度洋面临来自中国方面日益加剧的海上威胁。印度虽然并不具备支配印度洋的能力和控制权，但印度长期以来都追求对印度洋的控制权且有时候自认为拥有对所谓“印度之洋”的控制权，对除美国以外的其他域外大国进入印度洋以及发展与印度洋地区国家的关系怀有天然的警惕，这成为中印双边关系发展中的一个难题。更为重要的是，印度对印度洋地区合作机制建设具有虽非绝对但较大的话语权。有关印度洋的合作机制包括“印度洋海军论坛”“环印度洋地区合作联盟”“环孟加拉湾合作组织”等，中国都被排除在外。随着中国与印度洋沿岸国家经济合作的不断深化，印度的海洋战略也在不断调整，除了谋求在印度洋的主导地位，阻碍除美国之外的任何大国涉足印度洋外，还对南中国海表现出越来越浓厚的兴趣，其主要意图是通过“染指”南中国海以及深化与越南等与中国存在海洋争端国家的关系，以此对冲中国在印度洋的影响力。但是，以印度目前的实力甚至在可预见的未来，印度均不具备追求在西太平洋扩大战略影响力的能力。其二，美国因素也是中国经略印度洋不可忽视的阻力。美国为了应对其相对实力下降所带来的主导国际体系能力下降的趋势，以继续维持其在全球独一无二的领导地位，一方面，美国希望发挥域内国家印度和澳大利亚的作用来分担印度洋安全的成本；另一方面，美国推进“印太”战略以期形成美日印澳四国联盟，不仅在战略上对中国施压，而且未来还有可能加大在东南亚的经济投入力度，对中国在东南亚提升经济影响力带来阻力。由此，中国的印度洋战略将受到来自美国和印度的较大牵制力。

（三）中国的印度洋战略的主要目标与战略选择

关于中国的印度洋战略的目标，张文木认为，在短期，中国的印度洋战略的重点是威慑性防御。在中长期，可选择的目标是向印度洋实行经济和政治辐射。具体应以印度洋北岸为重点，形成“三点一面”的守势战略，即以印度为中点，东西两侧以缅甸和伊朗高原国家（伊朗、巴基斯坦和阿富汗）为战略支点，向印度洋北岸成扇面辐射。[①] 宋德星认为，中国的印度洋战略将在两个方面发挥重要作用：一是在经济上使之成为中国崛起的重要战略依托；二是其海上力量能够对印度洋关键海域实施有效的海洋控制，以确保中国国家利益的拓展和维护。[②] 本报告认为，中国的印度洋战略的主要目标是维护在印度洋的航行自由与确保海上交通线安全，并有能力向印度洋地区拓展经济利益，这需要中国具备相应的军事防御能力与远洋护航能力，并在印度洋安全治理中发挥与自身能力相匹配的建设性作用。这与中国的对外政策一直坚持和平发展的理念并无矛盾，毕竟和平发展并不意味着不需要能力建设，也不意味着不需要提升国防能力，而是以能力实现和平发展的目标。

中国经略印度洋的基本目标和原则明确，一方面要有利于深化“亲诚惠容”的理念，塑造“开放、合作、包容、稳定”的地区共识与价值认同；另一方面要有利于让周边中小国家逐步相信中国的崛起不是威胁，与中国的合作有利于各国发展和地区安全，有利于推动符合发展中国家利益的更为合理的地区秩序。中国制定和实施印度洋战略的基本原则是在“构建共同价值观、寻找共同利益、促进共同发展”的基础上，主动塑造和努力经营一个“和平、合作、共赢”的印度洋。[③] 中国在印度洋扮演的角色是促进经济繁荣的建设者、制定国际规则的参与者和维护共同安全的贡献者。

鉴于印度对中国进入印度洋的警惕与敏感，中国需要在长期的大国战略博弈中推动中印海上互动，并在长期的互动、相互试探与磨合中寻找一个战略或政策平衡点。印度需要认识到，随着中国深化与印度洋沿岸国家的经济

① 张文木：《印度与印度洋——基于中国地缘政治视角》，中国社会科学出版社，2015，第328页。

② 宋德星：《印度海洋战略研究》，时事出版社，2016，第337页。

③ 朱翠萍：《中国的印度洋战略：动因、挑战与应对》，《南亚研究》2012年第3期，第12页。

合作，中国在印度洋影响力的提升是不可避免的，也有其存在的必然性和合理性。毕竟，印度洋航道安全之于中国的重要性是不言而喻的，即利益上升导致安全需求上升，安全需求上升促使相应的安全战略产生，后者要求国家提升相应的能力，以满足战略规划的要求。这一逻辑完全符合国家在世界体系中维护自身利益的必然规律。[①] 当前，美国正日益将西太平洋和印度洋捆绑在一起进行战略布局，以维护其地缘政治中的绝对优势。中印在推动海上亚洲的和平与合作中扮演什么样的角色，在一定程度上决定了这一地区国际体系的变化。一个国家在海上的举措不能局限于该国的领海，而是要延伸到更远的区域。海上安全计划还要将邻国、地区性强国的合作方式纳入考虑范围。[②]

第一，探索中印关系相处之道，塑造有利于中国的印度洋国际环境至关重要。中国需要投入力量深化与这一地区主要国家的政治关系，也需要研究如何合理优化中国与这一地区主要国家的经济合作包括贸易结构和投资结构，还需要参与印度洋地区安全治理，这不仅因为维护整个印度洋的能源与贸易通道安全之于中国经济的重要性，而且因为处于近邻地区的环孟加拉湾对维护中国周边安全至关重要。由于印度是中国经略印度洋的一大挑战，因此首先需要琢磨中印两个相邻地区大国之间的相处之道。中印之间存在难以改善的结构性矛盾，但两国关系不进则退。稳定双边关系，避免产生大的冲突，本身也符合两国的根本利益。而且，经营大国关系本质上就是一个相互磨合、相互包容的过程。中印两国关系要向前发展，需要政策上的配合、机制上的联动、外交上的互动、利益上的互赢和战略上的互信。中国在印度洋的存在是挡不住的，中国在印度洋最大的利益是市场利益。中国支持印度在印度洋的安全治理与经济繁荣中发挥积极的作用，印度发展越快，中国的市场空间或经济利益就越大。事实上，中印作为两个最大的发展中国家，在反对霸权和推进世界向多极化方向发展方面拥有共同的愿望与合作的需求。这也是中印在地区和全球治理等一系列重大国际问题上容易达成一致并能加强

---

① 赵干城：《印度洋：中国海洋战略再定义的动因》，《南亚研究》2013 年第 1 期，第 29 页。

② 〔德〕乔尔根·舒尔茨、维尔弗雷德·A. 赫尔曼、汉斯·弗兰克·塞勒：《亚洲海洋战略》，鞠海龙、吴艳译，人民出版社，2014，第 2 页。

合作的一个主要原因。过去，中印一直在地区层面的合作中表现积极，包括在二十国集团（G20）峰会、东亚峰会、金砖国家等国际和地区层面的合作机制中互动积极，在反恐、应对全球气候变化、粮食价格和能源安全等问题上配合密切，努力为发展中国家争取话语权和拓展权力空间，共同推动重塑地区和全球经济秩序。当前，全球经济失衡特征明显，美欧经济缓慢复苏且增长乏力，在以美国为代表的西方国家贸易保护主义甚嚣尘上的背景下，中印作为世界经济发展的“火车头”，有责任相互合作并带领其他发展中国家共同推进全球经济的再平衡。与此同时，世界变得越来越相互依存，不仅地缘政治和地缘经济相互交织，为世界秩序增加了更多不确定性，而且世界主要大国在海洋领域的利益冲突也不断凸显。由此带来的一个可能结果是，战略竞争加剧，战略互疑增加，军备竞赛愈演愈烈，并进一步恶化海洋安全局势。特别是印度是印度洋地区的大国，中国是太平洋地区的大国。如何照顾彼此的利益关切，如何管控分歧和冲突，中印合作就显得非常重要。除此以外，一些负面因素在一定程度上也是中印合作解决问题的机遇。出于对国内经济可持续发展的考量，两国都需要持续开放，不断走向世界。与中国一样，印度也处在市场化改革和积极融入世界的过程中，需要贸易自由化。特朗普贸易保护主义损害的不仅仅是中国的利益，印度也将深受影响。特朗普重塑最有利于美国利益的秩序和规则的想法，并不符合包括中印在内的发展中国家的利益。这是中印共同的挑战，也是中印合作的机遇。

第二，在印度洋地区，中国应该集中深化与中国合作意愿强的那些国家之间的合作，形成集聚效应和示范效应，重塑中国与印度洋地区国家海上贸易的繁荣。海上贸易不仅是印度洋经济繁荣与和平的象征，而且是印度洋沿岸各国之间不同文明交流的手段和媒介。历史地看，人类对印度洋的兴趣，绝大部分是不可分割地与海上贸易的涨落相联系的。贸易是港口存在的主要理由，是维持大多数长距离旅游的经济动力，也是文化交往的首要方式。[①]

① 〔澳〕肯尼斯·麦克弗森：《印度洋史》，耿引曾、施诚、李隆国译，商务印书馆，2015，第 101 页。

早在15世纪，印度洋的海上贸易就因南亚与中东和其他航线运输的大宗货物的增加而著名。在马六甲，这种依靠对外贸易的情形由其作为东南亚的转运港及其与中国的贸易联系所决定。而且，到15世纪，印度洋的贸易维持了从东非到南中国海各港口之间不同种族、文化和宗教的相互融合。[①] 到18世纪，与中国的贸易正在成为印度洋航海贸易的主要方向。[②] 因此，深化与中国合作意愿强的那些国家之间的合作，不仅有利于形成海外经济发展的集聚效应，避免分散经济资源甚至造成资源错配，进而影响投资效率甚至造成资源浪费，而且能够以“点”的示范效应推动“一带一路”倡议背景下中国与印度洋沿岸国家的贸易及投资合作。这些“示范点”可以是一个国家，如巴基斯坦、斯里兰卡、缅甸等，也可以是一个大型经济项目，如瓜达尔港、科伦坡港口城、皎漂港建设等。相信最终能够将中国与印度洋沿岸国家联系在一起的关键要素，还是共同的经济利益。

第三，中国应该从参与印度洋安全治理着手，主动在应对印度洋海上非传统安全威胁方面发挥积极作用。印度洋是安全威胁最大、安全脆弱性最突出的区域，沿岸国家在应对来自海上的共同威胁方面不仅能力差别很大，而且能力非常有限。这也是类似印度洋安全论坛这样的机制虽一直致力于让印度洋地区各国海军之间加强海洋事务合作，但成效非常有限的一个主要原因。中国作为域外印度洋航线的消费大国，加强与印度洋沿岸国家之间的安全合作不仅有助于实现共同安全的目标，而且有助于提升印度洋沿岸中小国家自身的治理能力。当前乃至未来大国战略博弈的中心不仅仅在西太平洋，也不仅仅在印度洋，而是在西太平洋和整个印度洋地区。中国海军的主要力量必然在西太平洋地区，相对而言印度洋只是次要战略考量方向，但并非不需要投入海军力量，否则将无法有效保护中国在印度洋的通道安全与海外经济利益安全。无论如何，由于中国不是印度洋国家，中国在印度洋并无涉及

---

① 〔澳〕肯尼斯·麦克弗森：《印度洋史》，耿引曾、施诚、李隆国译，商务印书馆，2015，第122~125页。

② 〔澳〕肯尼斯·麦克弗森：《印度洋史》，耿引曾、施诚、李隆国译，商务印书馆，2015，第168页。

国家主权的核心利益。但是，中国是距离印度洋最近也是最大的亚洲国家，中国在印度洋拥有重要的安全关切和拓展经济利益的战略诉求。印度洋地区是“21 世纪海上丝绸之路”倡议的重要区域，中国的印度洋战略不仅取决于自身战略诉求的内因拉动，而且源于世界格局与印度洋国际环境变化所带来的外力牵引。因此，通过与印度洋沿岸国家开展经济合作、海军合作以及提供公共产品等方式，致力于营造一个和平稳定的印度洋国际环境，不仅符合中国的利益，而且符合印度洋沿岸各国的利益。

第四，中国要通过国家形象与外交信誉的塑造，提升印度洋沿岸国家特别是东南亚国家对中国的信心指数。虽然中国是东南亚最大的贸易伙伴，中国和东盟之间建立了较为稳定的经济基础，但部分东南亚国家对中国依然存在疑虑和不信任。中国对东南亚国家信心建设的可能途径包括：加大外交力度；积极主动地在反恐、反海盗以及打击毒品和枪支走私等方面发挥建设性作用；海军（舰队）互访以及人员交流与培训；提升中国与东南亚国家教育合作的质量并增强对政府官员培训项目的针对性和实效性；等等。类似的“间接安全合作”可以促进各相关方之间的信任，从而弱化各国对来自“中国威胁”的认知。毕竟，印度洋的海洋自由与安全不仅关乎域内每个国家的利益，而且关乎域外利益攸关者的利益，需要各国合作来捍卫共同的安全与各自的利益。在美国制衡中国、印度防范中国和周边一些国家猜疑中国的情况下，特别是在大国和相关国家在印度洋存在海权竞争的背景下，虽然中国无意挑战印度在印度洋的海权，但中国的经济实力和军事实力不断上升，不仅被美国而且被印度视为对其海上主导地位的挑战。因此，通过经营和提升中国与周边国家的关系，逐渐增强周边国家对与中国合作不仅能够获得合作收益而且能够提升能力建设的合理预期，减少行为体在决策选择中的机会主义行为，以合作促进相互信任，以合作谋求共同获利，以合作增进共同安全。

五　结语

21 世纪以来，印度洋国际环境的复杂性和不确定性都在不断上升，贸易摩擦与投资风险并存，经济发展落后与贫困问题依然存在，需要探索互利共赢的经济合作模式；对于恐怖主义、宗教和种族冲突等安全问题，需要各国安全政策的相互配合；而气候变化、环境问题等也需要各国通力合作，在地区乃至全球范围内寻找解决方案。对于中国而言，第一，中国在印度洋不断增加的经济利益导致安全需求不断上升。从地缘经济的视角，中国的海洋战略需要将印度洋纳入战略考量，为保障中国在印度洋地区的经济利益和拓展海外市场提供保障。第二，国际格局的变化、美国战略重心从反恐转向大国战略竞争以及美国在中东和南亚的战略调整，增加了印度洋安全局势的动荡与复杂性，使中国经略印度洋的战略需求上升。中国需要将印度洋纳入战略考量，建设防御性力量。第三，基于“21 世纪海上丝绸之路”倡议，中国需要经营与印度洋沿岸国家的政治关系，这些国家的重要性排序以及如何经营政治关系，需要将印度洋纳入战略考量。

当然，印度洋是中国国家利益的次要方向，中国需要在印度洋安全领域释放出的“责任真空”中发挥与自身能力相匹配的作用。一方面，作为一个地区大国，中国在印度洋拥有重要的利益诉求和安全关切，需要承担与自身实力相匹配的责任，包括提供公共产品；另一方面，保护中国不断上升的海外经济利益要求中国具备远洋能力，但是没有必要过度投射力量。为此，中国的印度洋战略或政策应该“有所为，有所不为”。“有所为”不仅要投入防御性力量，致力于保障印度洋海上交通线的安全，而且需要能力建设以拓展中国在印度洋地区的海外利益和市场空间，但同时也要“有所不为”，以避免造成“战略透支”①，包括过度透支经济能力和战略资源。事实上，中国追求“海洋强国”是为了提升威慑能力，服务于维护国家在西太平洋领域主权与领土完整的国家核心利益，而非竞争印度洋的海洋权力。正如

① 关于“战略透支”问题的相关研究，可参见以下文献。时殷弘：《传统中国经验与当今中国实践：战略调整、战略透支和伟大复兴问题》，《外交评论》2015 年第 6 期；高程：《中国作为崛起大国的“战略透支”问题探析》，《战略决策研究》2017 年第 3 期；周方银：《美国的亚太同盟体系与中国的应对》，《世界经济与政治》2013 年第 11 期；冯传禄：《“战略透支”抑或“战略生长”——对中国“西进”印度洋的定性分析》，《印度洋经济体研究》2017 年第 5 期。

习近平总书记所强调的，“中国始终是维护地区与世界和平稳定的坚定力量，我们坚定捍卫国家主权安全、领土完整，致力于通过友好谈判，和平解决同邻国的领土、领海、海洋权益争端，我们永远不争霸，永远不称霸，既通过维护世界和平发展自己，又通过自身发展维护世界和平，这就是中国和平发展道路的题中应有之义”。①

习近平总书记多次指出，当今世界正处于百年未有之大变局。② 其实质是世界秩序的重塑，体现为大国力量对比均衡化、经济全球化遭遇“反全球化”、社会信息化充满变数。文化多样性催生“模式之争”、国际行为体多元化、国际危机常态化。③ 尤其是美国将中国视为“战略竞争对手”，不仅想借助盟国的力量，而且从中国的周边国家着手，这给中国带来的战略压力是空前的。因此，不管中国的主观愿望如何，都将不可避免地陷入中美战略竞争导致的“安全困境”。但是，既然是“大变局”，就一定在风险和挑战中蕴藏某种机遇。一个基本事实是，中国与印度洋沿岸各国的贸易水平不断提高，将促进印度洋海上贸易网络的形成，这一贸易网络会将中国南部沿海地区经由马六甲海峡一直延伸到中东和非洲的众多港口联结起来，未来印度洋贸易将迎来如同 14 ~ 15 世纪那样的活力，这一趋势目前来看不可逆转，也是中国在印度洋面临的最大机遇。从未来世界格局的发展趋势来看，多极化趋势不可阻挡，世界将逐渐过渡成为一个没有霸权的世界，印度洋将逐渐成为冲突和繁荣的中心。印度洋地区的经济越繁荣，包括恐怖主义、海盗行为带来的冲突也会更加令人担忧，这也为大国之间的合作提供了机遇。特朗普上台以来，以“美国优先”为原则，在安全上，让盟国承担起相应的责任，特别是印度成为“净安全提供者”，其转移责任的背后是减少美国在全球的安全成本支出；在经济上，特朗普奉行“单边主义”，实施“贸易保护

① 《习近平：中国永远不争霸不称霸　捍卫和平发展道路》，中国网，2012 年 9 月 21 日，http：//news. china. com. cn/txt/2012 - 09/21/content_ 26591500. htm。

② 李杰：《深刻理解把握世界“百年未有之大变局”》，求是网，2018 年 9 月 3 日，http：//www. qstheory. cn/llwx/2018 - 09/03/c_ 1123369881. htm。

③ 李向阳：《世界大变局与中国的应对思考》，《现代国际关系》2018 年第 11 期，第 1 页。

主义”，通过获得更多的经济利益来增强美国的硬实力，以硬实力夯实美国的世界霸权地位。在短期，一个不变的趋势是，美国依然掌握着印度洋的控制权，印度也将继续排斥中国对印度洋日益上升的经济影响力。无论是域内国家还是域外国家，不同程度地承担印度洋的安全责任并由此分享印度洋的繁荣与和平，应该是各利益相关者的共同期待。在长期，从美国对印度洋的完全管控到美中印三国共同治理印度洋的国际环境，应该是可能也是可期待的。

B.2

中国应对美国再版“印太”概念的策略性思考

叶海林*

摘　要：　本报告回顾了一年多来美日印澳四边安全机制在美国再版“印太”概念框架下军事、经济互动的基本情况，提出“印太”概念及美日印澳四边互动已经成为中国全球战略和周边战略面临的关键挑战。中国在制定应对美日印澳四边安全机制的策略时应该将印度作为重点，但应注意印度对中国释放信号的解读和认知方式，以及印度国内政局变化对印度外交路线及行为的影响。在此基础上，本报告讨论了印度大选对印度国内政局走势的影响并分析了印度大选后可能的政策走向，特别是对华态度的发展变化趋势。

关键词：　美日印澳四边安全机制　美国再版“印太”概念　战略认知

自2017年美国总统特朗普将“印太”概念纳入美国国家安全战略并将之置于美国的首要战略方向以来，美国再版“印太”概念四个主要成员美日印澳之间的互动日渐频繁，军事合作动作频频，经济联系不断加强，外交协同态势明显，美日印澳四方正在深化“印太”概念下的战略合作，使之从一个含混不清的概念表述朝具体的战略框架方向深化。

---

* 叶海林，中国社会科学院亚太与全球战略研究院研究员、南亚研究中心主任。

业界普遍认为，美日印澳四边安全机制和“印太”战略具有明显的中国指向。如何应对美国再版“印太”战略，是中国当前周边外交和大国外交的重要课题。中国所采取的策略，将与美日印澳四边安全机制形成互相建构的过程，中国既要防止反应过度，从而引发四边的强烈反弹，加速四边以遏制和围堵中国为目标的战略同盟的形成，同时也要注意避免采取过多的战略退让动作，导致中国在实现大国战略及周边战略目标的过程中付出过多代价，甚至导致美国再版“印太”概念在没有对中国形成实质性的威胁时就已经收获了抑制中国对外战略目标实现、挫伤中国对外战略意志的利益。

在中国应对美国再版“印太”概念的策略当中，印度毫无疑问地占据了非常重要的地位。理论上，中国可以通过争取印度，以分化美日印澳四边安全机制，但是中国在争取印度的过程中，应该关注印度国内政治局势对印度外交路线的影响，特别要关注印度对中国释放善意信号的解读和认知，以免中国背负过高的外交负担，进而影响中国整体对外战略目标的推进。

一　当前国内学术界对中国“印太”概念应对策略的主要观点

目前国内学术界有关“印太”概念的研究大多集中在概念本身的辨析和厘清、“印太”战略的发展前景及其对中国的影响评估等方面，而有关美日印澳四边合作的相关研究较少，学者大多从四个国家的角度出发，探讨其参与“印太”战略的动因和战略手段，兼论中国的应对策略，着重讨论中国如何应对“印太”战略的相关文献较少。在既有研究中，学术界关于中国如何应对“印太”战略主要有以下几种思路：一是保持战略定力，冷静谨慎地应对“印太”战略以及美日印澳四边合作；二是利用美日印澳内部的差异性和矛盾进行分化；三是利用中国的经济优势促进中印、中澳、中国－东盟的经济合作，共建和平、发展、合作、共赢的地区秩序；四是承认“印太”战略对中国的积极作用，主动塑造“印太”政治，让中国进入印度洋这一现实被更广泛接受。

中国学术界和政策界普遍认为，美国再版“印太”概念所针对的国家就是中国。不过，在“印太”概念推出以来的一年多时间里，人们看到的更多是“印太”概念实施进程步履蹒跚，特别是美国“印太”概念主要战略伙伴战略意图和战略意志的犹豫不决。整体而言，“印太”概念在军事安全协作、经济合作以及外交协同等各个方面的进展都还没有达到一个宏大的地缘战略架构所应有的水平和程度。针对并不成熟的“印太”概念及其实施，有学者认为应保持战略定力，冷静谨慎地应对美日印澳四边安全机制在“印太”概念下推动战略协调的具体动作，不急于进行预防性外交，特别是不急于进行所谓分化瓦解工作。① 当然，保持战略定力不意味着不作为，中国应抓住要害，分清利弊和主次。“印太”战略的关键是印度，但这并不意味着一味地笼络、讨好印度就会减轻中国自身的压力。印度领导人肯定也认识到自身的战略优势，采取左右逢源捞取战略资源的策略。况且，就目前的中印关系来看，中国可用来安抚印度的战略资源并不多。因此，也有学者主张，基于制度制衡理论，中国应该采取广泛撒网的应对策略，积极发展与日本和澳大利亚的双边关系②，通过分化政策、制度制衡战略等应对正在形成的“印太”机制和“四国安全对话”机制。有学者进一步分析了中国与四国机制具体成员的关系，指出从中国与澳大利亚的经济关系角度看，中澳经济相互依赖具有不对称性，中国只需要继续保持国内经济的稳定增长，切切实实地让澳大利亚感受到与中国的对抗得不偿失③，就足以化解美日印澳的战略联动。

除了试图从正面直接化解美日印澳的战略联动以外，许多学者也认为，中国需要从间接方向入手，发挥比较优势，采取迂回战略，化解美国通过在中国周边地区构建“印太”联盟体系以围堵中国的企图。2010 年，中国成

---

① 叶海林：《“印太”概念的前景与中国的应对策略》，《印度洋经济体研究》2018 年第 2 期。

② 贺凯：《美国印太战略实质与中国的制度制衡——一种基于国际关系理论的政策分析》，《现代国际关系》2019 年第 1 期。

③ 章节根、李红梅：《澳大利亚对“印太”战略的认知、原因及应对》，《印度洋经济体研究》2018 年第 3 期。

为世界第二大经济体，经济、军事实力快速增强，在周边地区和全球范围内可以投送及使用的物质力量不断增加，中国有能力通过经济手段增进与其他国家的友好关系，可利用“一带一路”、中国－东盟合作等机制加强与印太国家的合作，推动战略互信。多年来，中国以经济手段化解周边安全挑战和大国战略压力的策略偏好已经形成，并在中国外交具体实践中反复得到应用。这种思维方式自然也会体现在中国应对美国再版“印太”概念的对策建议当中。

针对东盟国家普遍对美国再版“印太”概念反应冷淡的现实，许多学者建议，中国可以利用这个机会主动加强与东盟的关系，并帮助东盟重拾领导地区多边机制建设的信心。① 有学者强调中国要重视对印度洋地区的投资布局，通过深化双边与多边合作机制加快中国与这一地区的经济融合。② 当然，也有学者争辩说，经济相互依赖与政治关系紧密不一定呈正相关关系，但无论如何，经济因素总可以作为国家间关系的重要维系基础而存在。通过强化经济合作，中国至少可以努力争取东南亚国家不成为美国再版“印太”概念中太平洋板块和印度洋板块的连接枢纽。因此，有学者提出中国应通过与东南亚国家的合作对“印太”概念进行对冲③，东南亚国家对美国再版“印太”概念不做积极回应，那么印度洋和太平洋就会一直是美国两个独立的战略方向，不至于对中国形成联合挤压的战略态势。

学术界和政策界除了关注中国应对的战略方向选择外，还对应对策略的具体实现路径提出了诸多建议。随着美国霸权体系在全球范围内遭遇越来越多的挑战，加之中国综合实力上升，对外政策日渐积极，相当一部分学者认为，中美在未来很长一段时期内都会处于竞争状态。中美两国以及印太地区主要行为体如印度、日本、澳大利亚、东盟等都需要学习如何在

① 贺凯：《美国印太战略实质与中国的制度制衡——一种基于国际关系理论的政策分析》，《现代国际关系》2019 年第 1 期。关于与东盟合作的具体做法，文中有详细列举。

② 朱翠萍：《特朗普政府“印太”战略及其对中国安全的影响》，《南亚研究》2018 年第 4 期。

③ 叶海林：《“印太”概念的前景与中国的应对策略》，《印度洋经济体研究》2018 年第 2 期。

中美竞争的背景下相处、合作。有学者指出，总体来看，中国的应对方案应包括合作、包容和斗争三个方面。对于“印太”倡议中的合理内容，中国可选择合作，如以“21 世纪海上丝绸之路”倡议来包容美国“印太”概念的经济部分，同时继续与“印太”概念中的冷战成分进行斗争。[①] 也有学者指出可以考虑积极主动地将美国“印太”概念置于“一带一路”概念之内，以化解“印太”概念针对中国的一面。[②] 与主张美国“印太”概念存在一定积极意义并主张利用这种积极意义与之对接不同，有观点认为，中国应该在一定程度上忽视“印太”概念[③]，继续努力以主动行为塑造印太地区的地缘政治格局，要么借助已经风行多年的“印太”概念推动中国在印度洋地区的存在常态化[④]，要么通过东南亚小国合作，通过竞争迫使印度承认中国进入印度洋的现实，最终在互相尊重的基础上实现中印合作。[⑤]

二　2018年以来美日印澳合作基本情况

2018 年 8 月，美国国会通过国防授权方案，要求美国政府制定“全政府”（Whole-of-government）对华战略，即综合使用经济、政治、外交、军事、信息战等各种手段赢得与中国的战略竞争。这一指针体现了特朗普版美国国家安全战略当中把中国作为主要竞争对手之一的战略指导思想，也符合美国自 2017 年底以来的全球战略实践。在这一战略指导思想的指引下，美国试图引领并推进美日印澳四边安全机制的全方面合作，并在四边合作机制的基础上，推动“印太”不断从概念设想转变为战略实践。

---

① 张家栋：《美国“印太”倡议及其对中国的影响》，《印度洋经济体研究》2018 年第 3 期。

② 林民旺：《“印太”的建构与亚洲地缘政治的张力》，《外交评论》2018 年第 1 期。

③ 周方银、王婉：《澳大利亚视角下的印太战略及中国的应对》，《现代国际关系》2018 年第 1 期。

④ 章节根、李红梅：《澳大利亚对“印太”战略的认知、原因及应对》，《印度洋经济体研究》2018 年第 3 期。

⑤ 叶海林：《“印太”概念的前景与中国的应对策略》，《印度洋经济体研究》2018 年第 2 期。

（一）四边军事方面动作频频，安全合作成为“印太”从概念表述升级为战略实践的主要领域

2018 年 5 月，特朗普政府将美国“太平洋司令部”正式更名为“印太司令部”。同年 8 月，美国价值 7170 亿美元的“2019 财年国防授权法案”由总统特朗普签字后正式生效，该法案强调“印太”战略对维护地区海上安全以及确保美国主导地位的必要性，声称支持强化与日本、澳大利亚、印度以及其他地区国家的军事合作，支持改善台湾防务能力。

美日印澳四边军事合作当中，以美日军事合作规模最大，合作层级最高。2018 年 10 月 31 日，指挥驻日美军导弹防御部队的新司令部成立仪式在神奈川县的驻日美军陆军基地举行。

2018 年 11 月，美日举行“锐剑 -2019”联合军演。在这场号称“日本及其周边地区有史以来规模最大的军事演习”① 中，双方有近 6 万人参加，演习在空中、海域、两栖作战平台上全面展开，充分展现了同盟全方位、多层次、立体化深度军事合作的成熟度。

作为对美国战略构想的回应，2018 年 12 月，日本新版《防卫计划大纲》强调，“日美同盟与日本自身的防卫体制相符，将持续作为日本安全保障的基轴存在下去”。

伴随着美日合作的深化，日澳军事合作也有所加强。2018 年 1 月 18 日，澳大利亚总理特恩布尔访问日本，商讨《访问部队地位协定》（VFA）。2018 年 10 月 10 日，日本和澳大利亚两国政府在外长和防长磋商（“2 +2”会谈）中确认，将尽早达成《访问部队地位协定》，确定日本自卫队与澳军开展联合活动时的法务处理办法。

与起步不久但进展迅速的日澳合作形成对照的是，美印军事合作酝酿了很久，进展却比较缓慢，尽管双方都高度强调军事防务合作的意义，然而就

① 姚国民：《美日举行史上最大规模“锐剑 -2019”联合军演》，《中国经贸导刊》2018 年第 34 期，第 44 ~45 页。

合作的状态和水平而言，暴露出来的更多是美印互信的匮乏。

2018 年 6 月，据《印度斯坦时报》（*Hindustan Times*）援引该国国防部门消息人士的话报道，目前该国国防部期待内阁安全委员会（CCS）批准从俄购买价值约为 55 亿美元的 5 套 S－400“凯旋”远程防空导弹系统。印度强调，即使遭到美国反对，印度也不会放弃从俄罗斯购买现代 S－400 系统。

尽管在印俄军事合作的问题上，美国和印度意见分歧明显，然而这种分歧并没有严重到影响美印军事合作基本态势的程度。2018 年 9 月美国和印度首次举行外长和防长“2＋2”对话。代表美方参会的是国务卿蓬佩奥和国防部部长马蒂斯。印方参会的是外长苏什玛·斯瓦拉杰和国防部部长尼尔马拉·西塔拉曼。双方签署了《通信兼容与安全协议》。就此，印度有权获得美国所供应的军事装备（军事运输机和直升机）上安装的通信系统保护设备。这是美国再版“印太”概念推出后，美印双方安全合作迄今取得的最关键成就。

与此同时，印日军事合作也有所加强。不过，与美印防务合作类似，日印防务合作当前也主要聚焦消除双边合作的法律障碍以及为未来防务合作的加强奠定法律基础，具体成效并不显著。2018 年 11 月，在印日两国举行的双边首脑会晤上，讨论并确定了一项名为“物品役务相互提供协定”（ACSA）的基地共享协定，同意印度军方与日本海上自卫队使用对方军事基地进行后勤保障。具体来说，该协定将允许印度海军使用日本在吉布提的基地，同时日本海上自卫队也可以使用印度在印度洋安达曼－尼科巴群岛的军事设施以及其他海上设施。

（二）四边经济联系不断加强，美国试图通过私营资本的力量服务“印太”概念，从基础设施和价值观两方面对冲中国“一带一路”倡议

在促进经济合作方面，与中国推动的“一带一路”倡议具有强烈的政府间合作色彩形成对照的是，美国再版“印太”概念强调发挥私营企业的作用，通过银行、海外私人投资公司（OPIC）等大力带动美国私营企业扩

展与印太地区的相关业务，进而为美国的外交和国家安全政策服务。2017年12月，在美日印澳四国外交部门联合工作组会议召开后不久，OPIC就与日本国际协力银行（JBIC）等机构签署协议，共同为地区国家提供基础设施融资等方面的支持。2019年7月，为落实“印太”战略经济部分的内容，美日澳政府宣布建立更加紧密的三边伙伴关系，推动具有透明性、开放竞争和债务可持续性的项目。应该注意到，美国强调私营企业的作用，不仅仅是因为美国在这一领域的比较优势，还基于美国在理念和价值观层面对冲“一带一路”倡议的需要。

2018年1月特朗普签署了国会两院通过的《更好利用投资引导开发法案》，旨在扩大美国在基础设施领域的投资，计划于2019年10月前成立新的国际开发金融公司，并将美国的对外发展融资规模从之前的290亿美元提高到600亿美元。2018年9月，美国和日本公布“印太”战略合作文件，宣称将通过日美战略能源伙伴关系支持亚太地区的能源基础设施合作。

2018年8月，美国国务卿蓬佩奥在新加坡美国－东盟部长会议上表示，美国将拨款3亿美元用于加强印太地区安全。2018年11月，美国副总统彭斯访日，双方宣布将为印太地区基础设施建设提供700亿美元援助。2018年12月31日，特朗普签署了《亚洲再保证倡议法》，包括增加美国在印太区域的安全利益、经济利益及价值观等多方面战略。

（三）机制建设层面，四方以双边对话为主、三边合作为辅，推动四方互动的格局基本形成

美日印澳四国之间逐步建立起双边的“外交部部长＋国防部部长”的“2＋2”对话机制，并将这种合作对话机制逐步放大到印太地区。日本与澳大利亚早在2007年就确立了“外交部部长＋国防部部长”的“2＋2”对话机制。日本与印度则是在2007年建立了外交部部长级别的战略对话机制，2009年开始建立“外交秘书＋国防秘书”的“2＋2”对话机制，并于2010年7月2日举行首轮对话。2017年12月12日，澳大利亚与印度举行了首次“2＋2”外交秘书与国防秘书的对话。2018年9月，在经历推迟后，首轮美

印“2+2”对话在新德里举行。由此，美国和四边安全机制的其他三方都建立了“2+2”机制，四方中任何两方之间的“2+2”对话机制也已经建立。

除双边合作外，四国机制下的三边合作也得到了加强。2019年3月，2019年度“对抗－北方”演习在关岛安德森空军基地举行，美澳日三国空军共有超过2900名军人和大约100架飞机参演，演习聚焦美澳日三国空军的互用性，内容包括空战训练、大规模部队部署运用训练、人道主义援助和灾害救援规程合作等。

到目前为止，四边安全机制仍然以双边互动为主，三边合作时有体现，但四边对话的层级和内容则比较有局限性，主要体现在每年一度的瑞辛纳对话。2019年1月，瑞辛纳对话再度在新德里举行，对话强调了执行“自由开放的印度太平洋战略”的重要性，但是从参会人员的层级也能判断出，目前四边安全机制仍然未能取得实质性的突破，参会人员主要还是专业部门负责人，如军方将领，对话也主要体现为立场的共同宣示上，而不是具体行动的协调方面。

三　中国应对美国再版“印太”概念策略的认知与解读问题

不论美国对其再版“印太”概念的战略意图做怎样的解释和说明（美方的说辞因场合不同以及代表部门不同，经常是多变甚至是矛盾的），以美日印澳四边安全机制为核心的“印太”概念使中国周边环境乃至国际环境都发生了消极变化是确定无疑的。

首先，“印太”概念对中国的负面冲击首先体现在中国战略压力的增大。原本中国周边战略的主要压力来自朝鲜半岛以及南海的海上方向。印度所在的南亚－印度洋区域只是中国的次要战略方向。中国在这一地区的对策不论其效果如何，都不会严重影响中国的整体外交形势。而随着“印太”概念的逐步现实化，印度与美日澳的互动不断加强，战略协调日渐紧密，南亚－印度洋方向在中国周边战略整体布局中的地位呈上升趋势。中国有可能面临来自两个战略方向的联动压力，战略压力因而增大。虽然南亚－印度洋方向在短期内不太可能和海上方向一样成为中国主要的战略压力来源，但美日澳借助印度的力量，在印度洋方向对中国施压，以迫使中国两线应对，这种危险是客观存在的。

其次，美日印澳互动的加强使印度在整体实力上远不如中国的时候，可以因势而起，获得更多对华博弈筹码。近年来，中国无论是在南亚地缘战略上还是在“一带一路”倡议推进过程中，都一直高度重视印度的作用，对印度进行了多方争取，希望将印度转化为中国周边战略的关键合作伙伴以及“一带一路”倡议的重要合作方。即使在严重破坏中印基本战略互信的洞朗事件期间，中国的应对策略也始终为日后中印关系的改善预留空间。然而，中国主动释放的善意并没有获得印度的对等回报，印度自莫迪上台以来对华“问题外交”的博弈模式从未改变。究其原因，印度并不是凭借自身的实力与中国展开博弈，而是认为当前国际形势对其有利而对中国不利。印度认为，中国面对美国及其战略联盟体系来自海上方向的巨大压力，不会因为印度富有攻击性的外交和边境政策而与印度发生大规模冲突，导致中国的南亚－印度洋方向地缘政治态势陷入动荡。美日印澳的互动越密集、动作越频繁、声势越浩大，印度的对华战略底气就越足。

特别需要注意的是，假如中印之间的交往模式陷入印度负责制造问题、中国负责解决问题的“单方维稳”态势，那么即便美日印澳互动的实际效果并不理想，印度的对华态度依然可以持续保持咄咄逼人的倾向。

一种常见的分析美日印澳四边安全机制的框架认为，美国与日本、澳大利亚早已形成牢固的战略联盟体系，美日印澳实际上并不是以美国为中心的轮辐结构，而是以美日澳为战略发起方、以印度为战略接受方的“3＋1”模式。美日印澳作为一项战略安排，实际上取决于印度的态度。如果印度积极投身于美国再版“印太”概念的战略框架中，则美日印澳有可能成为美国在印太地区的基本安全架构。而如果印度延续战略自主传统，至少在中美之间保持中立，则以美日印澳四边安全机制为核心的“印太”战略便无从谈起。按照这一分析态势，中国应对美日印澳的策略，应该是竭尽所能争取印度，避免印度倒向美日澳一方，以中印的“合纵”，对抗美日印澳的“连横”。

从静态的战略结构看，中国的确应该将印度作为化解“印太”战略压力的核心国家和主要争取对象。但如果动态地考察中印两国多年来的互动模式，特别是准确把握印度国内政局走势对其外交政策的影响，不难发现，将印度作为化解美日印澳压力的主要争取对象这一策略，可能存在较大风险。风险主要来自印度对中国善意行动的理解和判断，以及印度对自身在国际舞台上定位的认知。只有印度确实认为中国的善意是具有战略长期性的，而不是应对美日印澳压力的策略之举，以及自身在国际舞台上已经是一个与中国处于对等地位的世界大国，其战略自主性是自身重要的外交财富，在这两个条件同时成立的情况下，印度才可能以对等的善意回应中国，至少在中美之间保持中立，不试图以对华示强来换取美国的战略回馈。

而假如印度认定中国的善意仅仅是美国压力下的对冲举动，并且假如印度判断中印两国仍然存在较大的实力差距，且这种差距短期内难以弥补，那么印度的理性策略便是利用当前对自身有利的地区和国际态势向中国释放更多强硬信号，迫使中国在南亚－印度洋方向对印度做出更多让步，尊重印度的地区霸权，减少对南亚区域事务的参与，甚至在边境问题上对印度采取退让政策。

综上，中国以印度为主要争取对象，分化瓦解美日印澳四边安全机制和“印太”概念构想的策略能否成功，实际上并不取决于中国在多大程度上能够满足印度的要求，而是取决于印度对中国行动的理解和认识。中国不是不应该争取印度，也不是不应该重视印度在美日印澳四边安全机制中的独特作用，但中国的应对策略务必要充分考虑到印度对中国释放出的战略信号的解读和认知方式。在国家间的博弈过程中，一方解读和体会另一方释放出的善意，往往比解读对方释放出的恶意更加复杂和困难。这在中印关系史上也是反复得到验证的。

中国不仅要注意印度对中国外交动作的理解和解读是否符合中国的预期，而且要准确认识和把握印度国内政局变动对其外交路线的影响。虽然在许多西方国家以及中国的分析人士看来，莫迪已经将印度带入了一个强人时代，莫迪和印度人民党正以强势路线推行自己的既定政策，然而印度经济改革的进程并没有人们所预料得那样顺利。2018 年底，印度五个地方邦举行选举，这是 2019 年印度全国大选的前哨战，选举结果对印度人民党十分不利，为莫迪敲响了警钟。印度人民党在初战不利的情况下，调整了选举策略，获得了预想之外的胜利。跌宕起伏的选举过程主导了印度的政治进程，并影响了其对外政策。

四　印度国内政局变动对其内外政策的干扰和影响

近年来莫迪改革逐步进入深水区，改革举措对印度原有利益格局的触动更加剧烈，但改革的预期效果并不显著，没有让民众收获到预期的巨大红利。2018 年底的印度地方选举，几个印地语核心邦的民众开始用选票表达对印度人民党的不满。从西向东横亘在德干高原上的印度中央邦、拉贾斯坦邦、特伦甘纳邦、恰蒂斯加尔邦和米佐拉姆邦，是印度印地语民众和印度教信徒的集中区域，传统上是印度人民党的基本票仓。在 2018 年的地方选举中，在这几个邦印度人民党均蒙受了重大损失，印地语中心地带脱离了莫迪的控制。

在印度中央邦的 230 个席位中，国大党赢得 114 个，印度人民党仅赢得 109 个。在拉贾斯坦邦的 199 个席位中，国大党赢得 99 个，印度人民党仅赢得 73 个。在特伦甘纳邦，地方势力再次崛起，印度人民党从 5 席跌至 2 席，彻底边缘化。在米佐拉姆邦，国大党和印度人民党均未能取得突破，地方政党米佐民族阵线获得大胜。而在恰蒂斯加尔邦，印度人民党在与国大党的较量中输得最惨，国大党拿下了全部 90 个议席中的 68 个。如果说在特伦甘纳邦和米佐拉姆邦地方政党的胜利尚不足以帮助国大党击溃印度人民党的话，那么两党在恰蒂斯加尔邦选情中表现出的巨大反差则为莫迪敲响了警钟。恰蒂斯加尔邦传统上是印度纳萨尔派反政府武装的中心区域之一，国大党和印度人民党执政时期都曾在此执行严厉的反暴乱政策，与当地民众结怨甚深。在地方选举中，恰蒂斯加尔邦民众支持国大党、反对印度人民党的政治倾向表露明显，显示出了印度人民党的“执政负债”效应。

地方选举之后，国大党抓住机会，表面上完成了代际交接，由形象清新的拉胡尔·甘地接替其母——前总理拉吉夫·甘地的遗孀索尼娅·甘地，成为国大党新的领导核心。国大党临阵换帅的战术，让支持者感到振奋，选情看涨。而莫迪则在党内陷入困境，虽然印度人民党暂时还无法找到替代莫迪的领军人物，但党内要员公开谈论换将的声音不绝于耳，这在五年前是完全不可想象的。

选情危急迫使莫迪和印度人民党不得不启动危机应对模式，集中精力通过制造各种戏剧效应来提振民气，恢复选民信任。莫迪采取的策略在很大程度上与上一任印度人民党赢得选举时的策略相似，即诉诸印度教民族主义，通过对外示强、炫耀国威来满足民众的虚荣心。2019 年 2 月 26 日，印度以印控克什米尔边境警察部队受袭为由，对巴控克什米尔境内的所谓“穆罕默德军”训练营地发动空袭。印度 12 架战机组成编队，穿越印巴控制线，打击印度宣称为“穆罕默德军”训练营地的目标。2015 年，印度曾经对印巴控制线巴方一侧的目标发动过规模较小的空中打击，巴方当时未做出强烈反应。2019 年 2 月 26 日的这次空袭，印方可能也以为巴方会保持克制，因而在空袭后没有采取针对巴方可能的报复行动的强化边境地区预警和战备级别的行动，仅在前线部署了老旧的米格 –21 战斗机。2019 年 2 月 27 日，巴方采取了印度意料之外的反击措施，派出枭龙战机越境进入印控克什米尔一侧，诱使印军起飞米格 –21 战斗机进行拦截。巴方战机在将印度战机诱入巴控克什米尔一侧后，实施猎杀作战，击落印度空军米格 –21 战斗机 1 架，俘获印度飞行员阿比南丹。印度在试图救援被击落飞行员时，又有一架米格 –17直升机坠毁，至少有 4 人死亡。这是数十年来印巴边境冲突中印度方面遭受的最严重的空中损失。

此次印巴空中交手，是 1999 年卡吉尔冲突以来印巴围绕克什米尔问题进行的最激烈对抗。印度声称击落了一架巴基斯坦的 F –16 战斗机，但不仅无法出示证据，而且遭到了对 F –16 战斗机部署地域和使用方向拥有监察权的美国方面的否认。国际舆论普遍认为，在此次印巴空中对抗中，印度完败。依常理而论，印度空军的糟糕表现将给陷入选举困境的莫迪和印度人民党带来新的打击，进一步削弱印度人民党本已岌岌可危的执政基础。然而，令人感到意外的是，莫迪的选情却在印巴空战后明显上扬。阿比南丹更是被印度媒体描述为“无畏的英雄”，受到印度民众的狂热追捧。应该看到，印度媒体塑造空战英雄的手段并不高明，印度民众也并非生活在类似土库曼斯坦的言论封闭状态，他们是能够看到国际媒体报道以及巴方和第三方出示的各种证据的。显然，并不是印度民众被印度政府愚弄相信他们在空战中占据了上风，而是印度民众基于虚荣心，愿意相信政府为他们提供的故事。印度政府操纵对外话题以转移国内视线的难度之低可见一斑。这也意味着，未来印度执政者不论来自哪一党派，都有可能在国内出现问题时通过制造对外危机并配合以简单的宣传伎俩，试图实现转移国内民众视线的目的。这将极大地降低印度执政者采取冒险政策的门槛。

莫迪政府的冒险主义策略并不仅仅见于印巴关系上。2019 年 3 月，印度悍然宣布其反卫星作战试验取得成功，莫迪总理声称印度由此进入了太空军事强国行列。一般而言，大部分拥有反卫星能力的国家倾向于保持低调，不愿意炫耀此方面的能力，而印度的表现却截然相反。印度显然不在乎由此可能带来的国际舆论压力，反而乐于炫耀自己在太空军事化和武器化方面取得的进步。格外耐人寻味的是，据研判，印度的反卫星技术并没有成熟到能够以动能猎杀器准确击中目标卫星的程度。其进行的反卫星试验，实际上是采取近炸引信的方式，在目标卫星附近引爆拦截装置，制造大量碎片以摧毁卫星，这种手段对反卫星作战所要真正担负的反导作战任务是无效的。而且，由于其制造的大量碎片会严重威胁到在太空轨道运行的其他航天器，因此印度的这种技术在国际舆论当中极具争议性。

以挑战国际准则的方式赢取国内政治支持，这种手段在某种程度上显示出印度人民党和莫迪在国内陷入了困境。尽管在莫迪的领导下，印度人民党有可能摆脱了历史上无法连续执政的魔咒，然而印度人民党为赢得大选而采取的策略仍将不可避免地影响未来一段时间的印度政府内外政策走向。

（一）民粹主义上升将对印度进一步推进经济体制改革制造困难

在莫迪的领导下，印度工业化进程在过去几年中取得了一定进步，在打破原有经济体制藩篱的束缚方面，莫迪的成就是前人很难比拟的。但莫迪的历史使命并未完成，经济体制改革攻坚克难的阶段才刚刚开始。印度在统一税制后，本应对土地制度和劳工制度进行深化改革，但这两个障碍中的地方利益因素过于强大，除非得到强有力的中央政府凭借立法与行政两方面提供的强大支持，否则不可能行得通。倘若印度中央政府，特别是印度人民党的地方政府，更加倾向于民粹主义，更加相信印度增长的独特性，更加满足于过去五年在没有触动劳动和土地制度的情况下取得的良好执政成绩，那么土地和劳工制度改革取得突破的难度将会更大，更不可能推出有利于工业化进程的吸引外来资本的政策。

（二）莫迪政治神话被打破将影响印度吸引外资的能力和前景

莫迪上台以来西方媒体精心营造他的强人形象。表面上看，莫迪的成就主要来自国内强劲的经济表现，然而，不仅印度人民党的强势地位是外资不断涌入印度的政治保障，而且莫迪的个人政治形象也是各类风投基金钟情于印度的重要理由。外来资本并不是看重印度产业目前的回报水平，而是基于对印度增长可持续性的乐观判断。这种乐观情绪恰恰是与莫迪的政治神话息息相关的。假如莫迪和印度人民党的光环不再，仅凭印度目前的经济表现特别是其产业化水平是很难留住国际风险投资的。进入第二任期，莫迪已经不可能再依靠媒体塑造出的强人形象说服投资者对印度经济保持信心，而印度不稳定的汇率、严苛的外汇管制手段却多年不见好转，投资者仅仅因为相信莫迪就将印度视为投资天堂的前景不可能一直亮丽如初。

（三）连任成功的莫迪政府对外政策将更加实用主义，更加富有进攻性

当前国际体系和秩序正在深入调整过程中，美国主导的“印太”战略

正在从蓝图逐步走向现实，印度是美国“印太”战略的核心国家。对于印度而言，美国“印太”战略带来的机遇远远大于风险。印度也不可能坐享其成，势必与美国的“印太”战略展开互动，这就需要印度政府能够突破外交传统思维方式，做出结构性、在某些问题上甚至是原则性的调整。

对于印度在全球事务中的战略对手来说，这可能是一件好事，一个步履蹒跚、左右逡巡的对手，总好过意志坚定、手段坚决的敌人。然而问题在于，印度对于中国而言，并不仅仅是一个全球范围内的竞争者或合作者，还是中国进入南亚所面临的最大区域内玩家。在南亚区域，印度将发挥怎样的作用，是与印度国内政局息息相关的。越是民粹主义的印度中央政府，在对南亚周边事务上，就越会受到印度地方势力的牵制，越难以从南亚整体格局的战略视角做出决定，其行为也越难以预期。在这方面，印度有过血的教训。20 世纪 90 年代后半期，在印度泰米尔纳杜邦地方势力的强大压力下，印度政府决定干预斯里兰卡内战，结果印度的军事冒险行为不仅损兵折将，而且赔上了前总理拉吉夫·甘地的性命。

当前，印度的泰米尔纳杜邦对斯里兰卡问题、拉贾斯坦邦对巴基斯坦问题、东北部数邦对孟加拉国问题都拥有一定的话语权。如果地方势力进一步强大，印度在对这些国家的政策方面将更容易受到地方势力的羁绊。地方邦的沙文主义情绪会进一步在印度对外政策中得到体现，也将给中印关系带来新的变数。

五　对未来一段时间内中印关系走势的研判

虽然学者们针对中国应对美国再版“印太”概念提出了不同的策略主张，但应该注意到，多数学者认为印度是美日印澳战略协作的关键环节也是薄弱环节。目前印度对“印太”概念的态度仍然不明确、不确定，理论上，只有等印度的态度逐渐明朗起来，“印太”战略的对策研究才会更清晰和有意义。但是，中国作为“印太”概念的主要针对对象，不可能依据对手的行动来决定中国下一步的行动。中国首先要明确自身在这一地区的核心利益，充分评估自身的国家能力，谨慎权衡相关风险，在此基础上，综合把握并判断参与的时机和最佳方式。①

莫迪政府的强势在过去数年内对中印关系构成了一定冲击。莫迪拒绝参与“一带一路”倡议，并在 2017 年经杜瓦尔策划，制造了洞朗事件。其强势作风使中国不得不更加重视莫迪和印度，这让中国在一段时间内感到了不适应。连任成功的莫迪和印度人民党政府的心态更加自信，更加愿意采取挑衅性至少是对抗性的手段冲击对手的政策底线和心理底线，以取得符合印度“世界大国”心理定位的政策成果。

首先，印度政府将更加重视国际声望，更容易被美国“印太”概念所笼络。作为在中美之间纵横捭阖的地区大国，印度的地缘态势整体上比较有利。中美都在争取印度，但提供的利益回馈是不同的。中国能够向印度提供的是长期回报特别是经济回报，而美国的“印太”战略能够向印度提供的是印度满足民族虚荣心所需要的强国形象和大国地位，以及这种形象带来的民众狂热情绪。二者相比，莫迪的执政心态越理性，就越能从国家长远利益角度看待问题，也越可能选择中印交好，至少是不以损害中印关系来寻求美国的支持。而莫迪的政策越急功近利，就越可能选择靠拢美国，虽然印度在任何情况下都不会彻底倒向美国，但靠参与美国“印太”架构而提升国际地位的心态将日渐上升，与美国的互动，特别是遏制中国方面的互动也会越发频繁。

其次，印度对华态度将趋于强硬，更容易采取冒险策略。强势的莫迪首要关注的是印度的经济发展。连任成功的莫迪和印度人民党显然已经不满足于经济发展强人的角色，谋求地区秩序主导者的心态愈加明显。为维持自己的政治形象和地位，莫迪将更多寻求从对外方向上获取民意支持。以目前的印度民意看，对华示强显然将成为莫迪的优先选择。

考虑到印度民众极容易被印度政府煽动，且听信政府提供的玄妙故事，中国凭借前沿实力对印度冒险行为进行遏制的难度是比较大的。连战机被击

① 杨慧、刘昌明：《美国视域中的“印太”：从概念到战略——基于对美国主流智库观点的分析》，《外交评论》2019 年第 2 期。

落都可以被讳败为胜，甚至塑造出民族英雄的形象，对于这样一个虚荣心和自我麻醉能力强到可以无视基本事实的对手，靠类似于在东章瀑布和洞朗地区发生的不流血前沿对峙就击退印度的冒险主义挑衅行径，显然是不可能的。这意味着未来中国可能在边境上将承受来自印度的更大压力，中印关系冲突管控的难度将有所增大。

最后，在参与“一带一路”倡议方面，印度中央政府的实用主义立场将更加明显，但与此同时，印度地方利益掺杂其间，也可能给中国带来一定机会。印度政府多年来拒绝参与“一带一路”，除了官方宣称的是由于“中巴经济走廊”因素以外，主要还是担心中国强大的工业能力对其产业升级造成冲击。倘若未来印度政府的施政要点不再是产业升级和工业化水平提升，那么至少印度一些地方邦对“一带一路”的态度是有可能转变的。实际上印度东北部的阿萨姆邦对孟中印缅经济走廊的兴趣浓厚。莫迪的老家古吉拉特邦也始终对中印合作态度积极。虽然这并不意味着中国能够争取印度从国家层面支持“一带一路”，但至少在地方层面，以项目形式开展务实合作的难度要比现在小一些。

综上，在美日印澳合作不断深入以及印度国内政局变化的背景下，中国在南亚和印度洋地区推进“一带一路”建设和执行地区战略，应该在坚持既定方略、保持战略定力的同时，适度调整应对策略。但无论是推进“一带一路”建设还是执行南亚地区战略，中国的政策倾向都应该更强调系统性、关联性和连贯性，注意在各种政策工具中保持取向的一致。

分 报 告

Sub-reports

B.3

印度洋安全环境评估

张家栋*

摘　要： 印度洋地区面临来自传统安全和非传统安全领域的威胁。在传统安全领域，印度洋地区处于美国主导模式之中，但正在向多边平衡模式缓慢转型。美国维持传统霸权地位的努力、印度建立新主导结构的冲动，以及中国等国家维持自身航行自由和经济安全的行为，使印度洋地区安全结构面临强大的压力。但在可以预见的将来，印度洋地区美国主导、多国参与并存的格局不会有显著变化，传统安全格局和秩序仍将是稳定的。在非传统安全领域，印度洋地区的安全状况有明显缓和，但也存在隐忧。恐怖主义威胁和海盗活动明显下降，但存在反弹的可能。气候变化和自然灾害对印度洋地区的威

* 张家栋，复旦大学南亚研究中心主任，教授。

胁仍然存在，并且有继续恶化的可能。

关键词： 传统安全　非传统安全　印度洋安全环境

印度洋是唯一一个三面被陆地包围的海洋，也是一个在战略上容易被陆地，尤其是海峡通道所控制的海洋。印度洋地区的安全环境，主要面临三种威胁：一是大国间的战略竞争，二是恐怖主义袭击，三是其他非传统安全威胁。总体来看，印度洋地区是一个安全、稳定的地区，长期超脱于大国政治斗争之外。虽然国家间的矛盾与冲突仍然存在，但发生大规模战争，进而在根本上破坏印度洋安全与稳定的可能性并不大。但是，印度洋地区的安全局势长期置于地区外大国的主导之下。虽然中国、印度和澳大利亚等国的影响力不断上升，但美国仍然是这一地区的主导性力量。随着印度洋地区及周边国家的不断发展，印度洋安全局势呈现从地区外主导向地区内主导过渡的趋势，但不确定性也随之出现。

一　印度洋地区传统安全环境

总体来看，印度洋地区的战略重要性虽然在不断上升，但在世界安全格局中仍然处于边缘的、被塑造的地位，这使印度洋地区围绕传统安全的议题，如结盟与再结盟等，不如东亚地区那样显著。同时，与陆地安全问题相比，海上安全更具有共赢特征。毕竟，陆地主权只能有一个国家拥有，而海洋则可以被多国分享。在印度洋地区，美国仍然是主导性力量，是当前安全秩序和稳定的主要塑造者。除此以外，印度主导印度洋的战略冲动日益显著，中国也在努力加强军事存在，澳大利亚、日本和一些欧洲国家也提高了对印度洋的安全和军事重视程度。

（一）美国仍然是印度洋地区的军事与安全主导者

美国海军成立于1775 年 10 月 13 日，但长期并不关注印度洋。在 19 世纪和20世纪中期以前，印度洋其实是“英国之洋”。当时，英国控制着印度洋周边几个最重要的交通要道——苏伊士运河（The Suez Canal）、曼德海峡（The Strait of Aden，Bab-al-Mandab）、霍尔木兹海峡（The Strait of Hormuz）和马六甲海峡（The Strait of Malacca）。在第一次世界大战期间，美国甚至没有对奥斯曼土耳其帝国宣战。在第二次世界大战期间，美国一开始也没有进入印度洋。

珍珠港事件爆发以后，直到1942年，美国才开始正式在军事上进入印度洋地区，数百名军事顾问进入印度。1945年2月，美国总统罗斯福出席雅尔塔会议（Yalta Conference）归途中停靠苏伊士运河，会见沙特阿拉伯国王阿卜杜勒阿齐兹·伊本·沙特（Abdulaziz Ibn Saud），达成石油换安全协议，标志着美国正式进入并努力主导印度洋地区。1948年，一支美国海军被部署在波斯湾，并于次年变成美国的“中东部队”（The Middle East Force）。1966年，美国从英国手中租借迪戈加西亚岛（Diego Garcia），并将其建设成美国在印度洋中部的战略基地。1971年是美国在印度洋角色变化的一个转折点。在这一年，英国退出了东苏伊士，美国租借了英国在巴林的军事基地。在同年的印巴战争期间，美国又从太平洋派遣“第74特遣舰队”（U.S. Task Force 74）前往监视印巴战争。第一次海湾战争期间，来自太平洋的第七舰队成为美国打击伊拉克的主要海上力量。1995年，美国专门把第五舰队部署在巴林，成为专属印度洋地区的美国舰队。2018年，美国的太平洋司令部改名为印太司令部，把军事重点向印度洋方向转移。至此，美国在印度洋地区的军事和战略布局基本完成。

三大司令部是美国负责或涉及印度洋地区的主要联合作战司令部。美国中央司令部（USCENTCOM）成立于1983年，其前身为快速部署联合任务部队（RDJTF）。中央司令部涵盖位于欧洲、非洲和太平洋地区之间的全球“中心”地区。印太司令部于2018年由太平洋司令部改名而成，是美国最大的联合作战司令部。传统上，太平洋司令部的主要力量和作战任务在太平洋地区。改名以后，印太司令部的力量将向印度洋方向调整。美国非洲司令部（USAFRICOM）的活动范围也涉及印度洋地区。

美国在印度洋地区的盟国主要是澳大利亚。美澳同盟给美国在印度洋地区的军事存在提供了坚强的支柱。近年来，美国向澳大利亚军事基地，尤其是面向印度洋方向的达尔文港增强了军事力量。同时，美国与澳大利亚的情报合作也在加强。美国与以色列虽然没有同盟关系，但事实上是超同盟关系。但是，由于以色列的特殊性，美国无法在以色列部署大量军队，也无法将以色列作为地区性军事行动的基地。但是在随后几年，以色列军队与美军在叙利亚战场的军事协调有上升趋势。

美国在印度洋地区还有一些准同盟关系，尤其是与海湾国家的军事合作，更是美国在北印度洋地区的军事行动中心。美国在巴林、卡塔尔和沙特阿拉伯等国都部署着强大的军事力量，巴林还是美国第五舰队的基地。

美国在印度洋地区发展了一些战略伙伴关系，其中最重要的是印度。美印两国已经建立了一个“1 +3”安全合作体系，即 1 个框架性协议和 3 个功能性合作协议。1 个框架性协议是指 2005 年美印签署的《美印防务关系框架协议》（Framework for the U. S. -India Defense Relationship），于 2015 年被再次审定通过，成为指导两国防务和战略伙伴关系的基石。特朗普总统不仅继承了这一框架协议，而且不断加强与印度在具体军事领域的合作。美国与军事同盟以及防务伙伴国之间通常会签署四个基础性防务合作文件。目前，美国已与印度签署了其中的三个：一是“一般性军事信息安全协议”（GSOMIA），于 2002 年签署；二是“后勤交流协议备忘录”（LEMOA），于 2016 年签署；三是“通信兼容与安全协议”（COMCASA），于 2018 年签署。目前，美印两国还在磋商第四个“基本交流与合作协议”（BEC）的签署问题。联合军演是美印防务关系中的重要内容。目前，美印之间的马拉巴尔（Malabar）联合演习已经包括美日印三国，成为印度洋地区最重要的联合演习，2018 年在演习规模和级别上都有明显提升。印度还参加了美国“环太平洋军事演习”。军品贸易与军事技术合作也是美国与印度防务合作中的重要内容。2012 年，美国国防部启动“防务技术与贸易倡议”（DTTI），以促进美国与印度之间的防务关系，为合作生产、合作发展军事装备和技术提供便利。2017 年 12 月，美国发表的《国家安全战略报告》，把印度定义为美国的“主要防务伙伴”。2018 年 8 月 3 日，美国把印度升级为“战略贸易授权 1 类”（Strategic Trade Authorization－1，STA－1）。印度成为亚洲仅有的三个获得这一地位的国家之一（另外两个分别是日本和韩国）。这些都将使印度可以从美国进口民用航天与防务技术和相关产品，也把美国向印度转让武器和军事技术的级别提高至准盟国的水平。2018 年 9 月 6 日，美国与印度在新德里举行首次外交与国防“2＋2”对话，双方讨论了两国在所谓“印度－太平洋”战略架构下的合作，并就强化联合军事演习等事务进行谈判。

但是，美国在印度洋地区的军事存在与在太平洋和大西洋地区有很大区别。在太平洋和大西洋地区，美国不仅有自己的军事基地，而且有密切的同盟体系做支撑。但在印度洋地区，美国不仅没有自己的军事基地，而且没有可资依赖的同盟体系，军事存在的基础是其盟国或准盟国的政治意愿。这导致美国在印度洋地区的存在和地位有很大的不确定性。

（二）主要大国发展与展示军事的能力和意愿提升

虽然美国仍然是印度洋安全局势的主导者，但是随着新兴大国的崛起，中国和印度的海上军事力量不断崛起，日本和澳大利亚等国家也在加强海上力量建设。

印度一向以印度洋地区的天然主导者自居，一直想把印度洋转化为印度之洋。随着经济实力的不断增长，印度的这一战略冲动也在不断转化为现实努力。一是印度加强海军建设。20 世纪 90 年代中期，印度海军拥有约 100 艘战舰，其中包括 15 艘潜艇、2 艘航空母舰、23 艘驱逐舰和快速护卫舰。到 2003 年时，印度海军拥有 140 艘战舰。根据 2003 年印度国防采办委员会（The Defence Acquisition Council）通过的 10 年计划，印度需要购买 23 艘军舰。到 2022 年，印度海军计划拥有 160 多艘军舰，包括 3 艘航空母舰、60 艘主力战舰和潜艇，以及约 400 架飞机。2018 年 12 月 4 日，印度海军参谋长苏尼尔·兰巴（Sunil Lanba）上将称，到 2050 年，印度海军将拥有 200 艘主力军舰和 500 架飞机。到那时，印度海军将成为真正的世界级海军。① 二是印度加强空天和核力量建设。目前，印度拥有 120～130 枚核弹头，运载工具包括几十架可以投放核武器的飞机，以及 70～90 枚各型导弹。近年来，印度空天部队发展迅速。2018 年 1 月，烈火－5“洲际”弹道导弹成功进行了服役前的最后一次试射，射程据称超过 5500 公里。2018 年 8 月，印度宣布国产潜射弹道导弹 K－15“大洋”（Sagarika）成功在“歼敌者”号弹道导弹核潜艇上进行了三次试射，正式成军。2019 年 3 月，印度进行了首次反卫星试验，声称自己成为世界上第四个具备反卫星能力的国家。这些都显著提高了印度在印度洋地区的军力投送和辐射能力。

澳大利亚也在努力加强海军力量建设。2017 年 5 月，澳大利亚发表一个海军造舰计划。一是澳大利亚要建设一支包括 12 艘先进潜艇的水下舰队，计划于 2022 年开始，到 2050 年完成。二是澳大利亚要建设 9 艘先进的护卫舰（Frigates），计划于 2039 年完成。2018 年 6 月，澳大利亚正式签订这一价值 260 亿美元的造船计划。这一计划完成以后，澳大利亚将拥有一支可以立刻派出的快速反应舰队，包括 1 艘驱逐舰和 3 艘护卫舰，并有能力在 90 天内派出第二支舰队。另外，澳大利亚还有一个离岸巡逻船建设计划，到 2030 年前将建设 12 艘离岸巡逻船。②

中国也开始进入印度洋地区。进入 21 世纪以来，中国逐渐重视海上力量建设。在过去 5 年中，按吨位计，中国超越俄罗斯，成为世界第二大海上力量。出于对海上运输线安全的考虑，中国也逐渐加强在印度洋区域的海军存在。2008 年 12 月，中国首次向索马里海域派出护航编队。截至 2019 年 4 月 4 日，共派出 32 批次。③ 2018 年初，中国曾同时有 3 支舰队出现在印度洋海域，分别为结束任务的第 27 批护航编队、在亚丁湾海域的第 28 批护航

① “India-Navy Modernization”，https：//www. globalsecurity. org/military/world/india/in－navy－development. htm.

② “Australia’s Naval Upgrade may not be Enough to Keep Pace in a Fast-changing Region”，October 18，2018，https：//theconversation. com/australias－naval－upgrade－may－not－be－enough－to－keep－pace－in－a－fast－changing－region－105044.

③ 李昊、刘亚迅：《中国海军第 32 批护航编队启航赴亚丁湾》，国防部网站，2019 年 4 月 5 日，http：//www. mod. gov. cn/action/2019－04/05/content_ 4838895. htm。

编队和“湛蓝2018A”远海训练编队，共有约11艘军舰。中国的战略核力量也开始进入印度洋海域巡航。中国海军成为继美国、印度和澳大利亚之后的一支重要的印度洋海上力量。

（三）主要国家间有战略矛盾但无战争风险

在当前的印度洋地区安全格局中，美国主导是战略现实，印度主导是战略梦想，中国参与是一个重要的战略变量，而澳大利亚发展则是其印度洋战略的正常延续。这四个主要战略体及其相互之间的关系，构成当前印度洋地区战略格局的主要框架。在这一地区内，存在三对战略矛盾关系。

一是美国主导与其他国家提高自身影响力之间的矛盾。第二次世界大战结束以后，美国成为印度洋安全局势的主导者。20世纪70年代以后，美国更是这一地区唯一的战略主导者。在这种情况下，任何一个试图在印度洋地区崛起的国家，都必须首先面对美国存在所产生的战略压力。同样，美国也会把所有国家的海军建设努力视为对自己在印度洋霸权地位的挑战。长期以来，印度是美国在印度洋地区霸权的主要挑战者。早在印度建国之初，就重视发展海上力量。1957年，印度从英国购买了一艘航空母舰，并于1961年成为当时亚洲唯一拥有航空母舰的国家。1971年第三次印巴战争期间，海军起到了关键性作用，印度更加努力地发展海军力量，于20世纪80年代从英国购买了第二艘航空母舰，拥有在北印度洋地区活动的能力，是美国以外最重要的印度洋海上力量。进入21世纪以后，中国进入印度洋地区，也对美国霸权构成了一定的挑战。

二是中国进入与其他国家排斥中国影响力之间的矛盾。进入21世纪，中国追求在印度洋地区海上的“常态化存在”，在印度洋长期保持6～7艘军舰存在，每年有2艘次左右的潜艇活动。2017年8月，中国首个海外军事基地在吉布提成立。这引起美国、印度洋、澳大利亚以及其他相关国家的关注。尤其是印度，对中国海军在印度洋的举动更是高度警惕。2018年5月，中国军舰在北印度洋地区积极活动，印度海军参谋长称印度“部署了50多艘军队24小时监视中国军舰的活动”。美国总统特朗普曾指责中国在吉布提基地向美国飞机发射激光。印度等国则试图通过攻击中国的债务陷阱问题来破坏中国提出的“一带一路”倡议。为对冲中国的战略影响，美国提出了“印太”概念和四国机制，日本和印度则提出了“亚非增长走廊”（AAGC）倡议。

三是印度主导印度洋的战略梦想与其他压制印度战略冲动之间的矛盾。印度海军目前大约拥有140艘军舰，其中包括排水量为4.5万吨级的航母“维克拉玛蒂亚”号，以及11艘驱逐舰、16艘潜艇，还有220架飞机。印度一直志在打造一支“不可忽视的海军”。为达此目标，印度海军计划在2027年前拥有212艘军舰和458架飞机，成为一支强大的三维蓝水海军。这一计划不仅遭到周边国家的反对，以及中国海上计划的压制，而且美国也不支持这一计划。美国与印度的军事合作主要集中在空军和陆军，海上合作，尤其是海上攻击性力量合作相对要少一些。

除了上述三对主要战略关系以外，印度尼西亚、巴基斯坦等国家在未来也会发展自己的海上力量。随着更多国家进入印度洋地区，以及印度洋地区国家海军力量的发展，一超多强的印度洋安全新格局将有可能出现。

（四）地区性或双边矛盾仍然存在

印度洋地区的主要地区性和双边矛盾，主要存在于印巴之间、中东/波斯湾地区和阿富汗。

印巴冲突是印度洋地区最重要、最危险的一对冲突。印度与巴基斯坦之间已经发生了三次大规模战争——1948～1949年的第一次印巴战争、1966年的第二次印巴战争、1971年的第三次印巴战争，以及至少两次大规模冲突——1999年的卡吉尔冲突、2019年初发生的一系列冲突。尤其是2019年2月14日克什米尔恐怖袭击案引起的印巴系列冲突，引发了第三次印巴战争以后的首次大规模空战。虽然印巴两国后来都采取比较理性的应对方案，但对于两个拥有强大核武器力量的国家来说，印巴冲突可能导致的战争风险在世界范围内都是巨大的。

中东/波斯湾地区是印度洋地区另一个重要的冲突区域。中东矛盾包括宗教矛盾、教派冲突、民族矛盾以及国家间的地缘政治斗争，是当今世界安全环境最为复杂、最为危险的地区。尤其是逊尼派与什叶派之间的教派冲突，蔓延到中东多个国家，再与阿以冲突和美俄战略博弈交织在一起，让这一地区充满不确定性，并可能对北印度洋地区的石油通道造成损害。

除此以外，阿富汗问题也是可能影响地区安全局势的一个威胁来源。一旦美国完全撤出阿富汗，国际社会向阿富汗提供的经济支持也将减少甚至终结，将对阿富汗局势造成颠覆性影响。这将涉及巴基斯坦、伊朗、印度甚至中国等周边国家。在最坏的前景之下，阿富汗将可能重新成为影响地区甚至国际安全的恐怖主义发源地。

（五）缺少一个地区性安全合作机制

印度洋地区已经存在很多多边合作机制，但仍然缺少一个有效的安全合作机制。

印度洋地区最主要的多边合作机制有两个。一是环印度洋联盟（IORA）。IORA 是覆盖印度洋地区的最具代表性的多边合作机制，其前身是环印度洋区域合作联盟（IOR-ARC），成立于 1997 年，2013 年正式改名为环印度洋联盟。目前，该联盟的成员国主要有 21 个：南非、澳大利亚、印度、印度尼西亚、新加坡、肯尼亚、坦桑尼亚、马达加斯加、莫桑比克、科摩罗、毛里求斯、阿曼、斯里兰卡、也门、阿拉伯联合酋长国、伊朗、孟加拉国、马来西亚、泰国、塞舌尔和索马里。另外，还包括 7 个对话伙伴国：日本、埃及、中国、法国、英国、美国和德国。二是南亚区域合作联盟（SAARC）。SAARC 成立于 1985 年 12 月 7 日，目前共有 8 个正式成员国：巴基斯坦、马尔代夫、不丹、孟加拉国、印度、尼泊尔、斯里兰卡和阿富汗。另外，SAARC 还有日本、中国、美国、韩国、欧盟和伊朗等观察员国家或组织。

除上述两个主要的普遍性多边机制以外，印度洋地区还有一些多边机制或倡议：一是“环孟加拉湾多领域经济技术合作倡议”（BIMSTEC）；二是“印度洋海军论坛”（IONS）；三是印度与日本合作提出的“亚非增长走廊”

（AAGC）计划；四是中国提出的“一带一路”倡议，涉及印度洋地区的主要是“21 世纪海上丝绸之路”倡议。这些倡议之间，竞争与合作并存。除此以外，在印度洋周边地区还有非洲联盟（AU）、东南亚国家联盟（ASEAN）和海湾合作委员会（GCC）等区域性或次区域性多边合作机制。

但是，印度洋地区没有一个普遍性多边安全机制或类似安排，而且由美国及其同盟体系维持一个基本的安全框架，由相关国际法则和国际组织提供具体的秩序或解决方案。国际社会围绕索马里海盗问题曾建立了一些合作机制，但很难推广到整个印度洋地区，这使印度洋安全局势面临潜在的严峻风险。美国等国家打着“维持以规则为基础的和平，开放印太海洋秩序”的旗号，试图颠覆第二次世界大战后以主权平等为基础的海上安全准则，建立一个排他性的海上精英俱乐部，这是当时印度洋传统安全领域面临的重大威胁。

二　印度洋地区的非传统安全环境

与世界其他海域和地区相比，印度洋地区的传统安全局势虽然复杂，不确定性很高，但矛盾与冲突的尖锐性有限。与此相比，印度洋地区非传统安全局势反而非常尖锐、复杂，经常会对国际社会产生普遍性影响。恐怖主义、海盗、自然灾难、气候变化等，都对这一地区造成了重大的影响。

（一）恐怖主义威胁有所缓和但形势依然严峻

在印度洋及周边地区，南亚、中东、东非和东南亚所面临的恐怖主义威胁都比较严重，活动最积极、破坏性最大的恐怖组织也多在这一地区内活动。2017 年，恐怖活动共造成 18814 人死亡，半数死亡是伊斯兰国（Islamic State）、阿富汗塔利班（The Taliban）、索马里青年党（Al-Shabaab）和尼日利亚博科圣地（Boko Haram）四个组织造成的。其中，伊斯兰国组织造成 4350 人死亡，塔利班造成 3571 人死亡，青年党造成 1457 人死亡。这三个组织都主要在印度洋周边地区活动。阿富汗、伊拉克、巴基斯坦、尼日利亚、索马里和叙利亚是世界上恐怖活动最猖獗的国家，在过去10年中恐怖活动死亡人数占世界同期的44%。这几个国家也大多是印度洋沿岸或周边国家。从表1可以看出，近年来，在世界上恐怖活动最严重的10个国家中，印度洋周边国家占据绝大多数。伊拉克、阿富汗、印度、巴基斯坦、叙利亚、也门和索马里都是印度洋沿岸国家或周边国家。

表1　世界恐怖活动最严重的10个国家

单位：起，人

国家	恐怖事件			致死人数			致伤人数			被绑架劫持人数		
	2017年	2016年	2015年	2017年	2016年	2015年	2017年	2016年	2015年	2017年	2016年	2015年
伊拉克	1951	2965	2417	4269	9764	6973	4077	13314	11900	1960	8586	4008
阿富汗	1171	1340	1716	4672	4561	5312	5023	5054	6250	835	1673	1134
印度	860	927	798	380	337	289	601	636	500	224	317	866
巴基斯坦	574	734	1010	851	955	1087	1827	1729	1338	106	450	279
菲律宾	483	482	490	327	272	260	298	418	430	408	216	127
尼日利亚	411	466	588	1532	1832	4940	852	919	2786	245	265	858
叙利亚	141	363	387	1096	2088	2767	1055	2656	2830	267	1406	1476
土耳其	—	363	309	—	657	337	—	2282	828	—	18	141
也门	—	363	460	—	628	1517	—	793	2599	—	173	456
索马里	370	359	241	1469	740	659	1093	943	463	286	373	161
世界	—	11072	12121	—	25621	29424	—	33814	37419	—	15543	12264

资料来源：U. S. Department of State，“Country Reports on Terrorism 2016 and 2017”。

南亚是恐怖主义形势比较严峻的地区，但近年来有明显缓和。2001~2015年，世界恐怖活动数量逐年上升，南亚恐怖主义面临更加严峻的境地。在这15年间，世界恐怖活动数量共计85554起，其中南亚地区发生29786起，占比达到34.82%。2015年以后，北非、中东甚至美欧的恐怖主义都呈恶化趋势，但是南亚恐怖主义形势趋于缓和，并拉低了整个世界的恐怖活动数量。

印度曾是世界上恐怖主义威胁最严重的国家之一。在20世纪90年代后期，印度曾面临非常严峻的恐怖主义威胁。但从表2可以看出，印度当前面临的恐怖暴力威胁已有较大程度的缓和。从死于恐怖暴力冲突的人数来看，1994年以来，印度恐怖主义威胁经历了三个阶段。一是1994～2003年，属于高危时期，每年死于恐怖活动的人数在4000人左右。其中2001年达到峰值，死于恐怖活动的人数近6000人。二是2004～2010年，每年死于恐怖活动的人数在2500人左右，属于下降阶段。三是2011～2017年，每年死于恐怖活动的人数基本低于1000人，属于稳定阶段（见表2）。但是，根据美国相关部门的统计，2017年印度共发生860起恐怖事件，排在伊拉克和阿富汗之后，居世界第三位；死亡380人，居世界第八位。①

表2　印度死于恐怖暴力冲突的人数（1994～2019年）

单位：人

年份	平民	安全人员	恐怖分子	合计
1994	1696	417	1919	4032
1995	1779	493	1603	3875
1996	2084	615	1482	4181
1997	1740	641	1734	4115
1998	1819	526	1419	3764
1999	1377	763	1614	3754
2000	1803	788	2384	4975
2001	1693	721	3425	5839
2002	1174	623	2176	3973
2003	1187	420	2095	3702
2004	886	434	1322	2642
2005	1212	437	1610	3259
2006	1118	388	1264	2770
2007	1013	407	1195	2615
2008	1007	374	1215	2596
2009	720	431	1080	2231
2010	759	371	772	1902

① https：//www. statista. com/statistics/236983/terrorist－attacks－by－country/.

续表

年份	平民	安全人员	恐怖分子	合计
2011	429	194	450	1073
2012	252	139	412	803
2013	303	193	388	884
2014	407	161	408	976
2015	181	155	386	722
2016	202	180	516	898
2017	206	170	427	803
2018	216	183	536	935
2019	35	65	117	217
合计	25298	10289	31949	67536

注：数据截至2019年4月7日。

资料来源：South Asia Terrorism Portal，"India Fatalities"，http：//www. satp. org/satporgtp/countries/india/database/indiafatalities. htm。

巴基斯坦的恐怖主义威胁虽然看似非常严重，但是在过去几年中也趋于缓和。巴基斯坦是世界上恐怖活动最严重的国家之一，一度位列世界恐怖活动最为猖獗国家的前三位。但与很多人的感觉不同的是，巴基斯坦的恐怖主义形势迅速改善。首先，巴基斯坦恐怖活动的频度降低。2014年，巴基斯坦共发生恐怖事件1823起，总数排名世界第二，仅位于伊拉克之后①；2015年，恐怖事件数量降至1010起，较上一年下降44.6%，总数排名世界第三，形势大有改善；2016年，恐怖事件数量为734起，较上一年下降27.3%，总数排名世界第四，开始低于印度。其次，恐怖活动致死人数总体呈下降趋势，且降幅较大。2003～2010年，巴基斯坦的恐怖主义形势急剧恶化，到2009年时有11704人死亡，达到高峰（见表3）。但是从2010年开始，巴基斯坦恐怖主义形势出现了明显的缓和态势。2014～2016年，巴基斯坦恐怖主义形势再度好转，处于"9·11"事件以来的较低水平。总体来看，巴基斯坦恐怖主义形势虽然严峻，但局势已总体可控、向好。根据美

① National Counter Terrorism Authority，"Terrorism Decline in Pakistan，" September 2017，https：//nacta. gov. pk/terrorism－decline－in－pakistan/.

国相关部门的数据，2017 年巴基斯坦共发生 574 起恐怖事件，居世界第四位；造成 851 人死亡，居世界第六位。[①] 2018 年，根据巴基斯坦和平研究所的统计，巴基斯坦共发生恐怖活动 262 起，较上年下降 29%；死亡 595 人，较上年下降 27%。[②] 表 3 的数据也大致可以证明这一趋势。

表 3　巴基斯坦恐怖活动死亡人数（2003～2019 年）

单位：人

年份	平民	安全人员	恐怖分子	合计
2003	140	24	25	189
2004	435	184	244	863
2005	430	81	137	648
2006	608	325	538	1471
2007	1522	597	1479	3598
2008	2155	654	3906	6715
2009	2324	991	8389	11704
2010	1796	469	5170	7435
2011	2738	765	2800	6303
2012	3007	732	2472	6211
2013	3001	676	1702	5379
2014	1781	533	3182	5496
2015	940	339	2403	3682
2016	612	293	898	1803
2017	540	208	512	1260
2018	369	165	157	691
2019	31	36	21	88
合计	22429	7072	34035	63536

注：数据截至 2019 年 4 月 7 日。

资料来源：South Asia Terrorism Portal，“Fatalities in Terrorist Violence in Pakistan 2003 – 2019”，http：//www. satp. org/satporgtp/countries/pakistan/database/casualties. htm。

① https：//www. statista. com/statistics/236983/terrorist – attacks – by – country/.

② PIPS，“Pakistan Security Report 2018”，Jan. 6，2019，https：//www. pakpips. com/article/book/pakistan – security – report – 2018.

阿富汗和孟加拉国的恐怖主义形势基本稳定。与南亚地区恐怖主义形势普遍缓和相比，阿富汗恐怖主义形势仍然非常严峻，但是也没有出现很多人曾预期的大幅恶化现象。这表明，阿富汗战争状态虽然没有结束，但各派武装之间进入一种力量平衡状态。2001 年“9·11”事件发生以前，阿富汗恐怖主义问题并不严重。“9·11”事件以后，随着美国的入侵和塔利班政权的登台，阿富汗逐渐进入一种混乱状态，恐怖主义威胁逐渐凸显。2005 年，阿富汗成为世界上恐怖主义威胁最严重的国家。其后，阿富汗无论是恐怖袭击次数还是恐怖袭击造成的死亡人数和受伤人数均居高不下，2012 年以来更是呈现愈演愈烈之势（见表 4）。伴随美国主导的北约国际援助安全部队战斗任务的结束以及部队大部分撤离，阿富汗发生的恐怖袭击事件虽有所下降，但造成的人员伤亡总体有所上升，阿富汗的安全形势更加复杂。

表 4　阿富汗恐怖袭击事件数量及死亡人数（2007 ~ 2016 年）

单位：起，人

指标	2007 年	2008 年	2009 年	2010 年	2011 年	2012 年	2013 年	2014 年	2015 年	2016 年	2017 年
事件数量	1122	1219	2124	3346	2872	1023	1149	1594	1716	1343	1171
死亡人数	1952	1997	2779	3205	3353	2632	3111	4507	5312	4578	4672

资料来源：The Statistics Portal，“Number of Terrorist Attacks in Afghanistan from 2007 to 2017”，https：//www. statista. com/statistics/250566/number – of – terrorist – attacks – in – afghanistan/，https：//www. statista. com/statistics/622573/fatalities – due – to – terrorism – worldwide – by – country/；The Statistics Portal，“Number of Deaths in Afghanistan Due to Terrorism between 2007 and 2016”，https：//www. statista. com/statistics/251408/number – of – deaths – in – afghanistan – due – to – terrorism/。

与阿富汗的恐怖主义形势类似，孟加拉国的恐怖主义形势也大致呈现稳定态势。整体来看，孟加拉国恐怖主义形势有一定缓和，但仍比较严重。从表 5 可以看出，2005 年以来，孟加拉国的恐怖主义经历了三个阶段：2005 ~ 2012 年，孟加拉国恐怖主义形势明显缓和；2013 年，由于国内政治因素，孟加拉国恐怖主义形势急剧恶化；2014 年以来，孟加拉国恐怖主义形势进入不稳定阶段，恐怖活动死亡人数波动幅度较大。当前孟加拉国恐怖主义形势呈现以下特征。

表 5　孟加拉国恐怖活动造成的死亡人数（2005～2019 年）

单位：人

年份	极左型	宗教极端型	合计
2005	177	35	212
2006	172	12	184
2007	80	8	88
2008	57	1	58
2009	87	0	87
2010	50	6	56
2011	24	0	24
2012	15	3	18
2013	25	379	404
2014	16	60	76
2015	17	56	73
2016	18	121	139
2017	15	65	80
2018	5	14	19
2019	0	0	0
合计	758	760	1518

注：数据截至 2019 年 4 月 7 日。

资料来源：South Asia Terrorism Portal，"Fatalities-Islamist Terrorism 2005 - 2019"，http：//www. satp. org/satporgtp/countries/bangladesh/database/Fatalities - Islamist% 20Terrorism% 202010. htm；South Asia Terrorism Portal，"Fatalities-Left-wing Extremism 2005 - 2019"，http：//www. satp. org/satporgtp/countries/bangladesh/database/Fatalities - %20Left - wing%20Extremism%202010. htm。

中东地区恐怖主义形势虽然严重，但也有所缓和。伊拉克是中东地区恐怖主义形势十分严峻的一个国家。截至 2017 年底，伊拉克安全部队在美国的支持之下，已经从伊斯兰国组织手中收复了全部主要城市，但伊斯兰国组织仍然有战斗力。根据联合国的统计，2017 年，与伊斯兰国组织相关的恐怖袭击和暴力活动造成至少 3000 名平民死亡、4600 多人受伤。① 而根据美国部门的统计，2017 年伊拉克是世界恐怖活动最频繁的国家，共发生 1951 起恐怖事件，居世界第一位；造成 4269 人死亡，居世界第二位，仅次于阿

① https：//www. state. gov/j/ct/rls/crt/2017/282844. htm#IRAQ.

富汗。[①] 2017 年，叙利亚共发生 141 起恐怖事件，居世界第十位；有 1096 人死于恐怖事件，居世界第五位。在伊拉克和叙利亚以外，伊斯兰国组织继续在利比亚、沙特阿拉伯、埃及和也门等国活动。在埃及，伊斯兰国西奈省（ISIS-Sinai Province）于 2017 年 11 月 24 日发生了埃及历史上最大规模的恐怖事件，造成 312 人死亡。在也门，也门政府与胡塞武装（Houthi Forces）之间的冲突仍在继续。

非洲恐怖主义形势呈现恶化趋势。索马里 2017 年共发生 370 起恐怖事件，居世界第七位；有 1469 人死于恐怖活动，居世界第四位。埃及 2017 年共发生 169 起恐怖事件，居世界第九位；有 655 人死于恐怖事件，居世界第七位。[②]

虽然在过去几年中印度洋周边地区恐怖主义形势有所缓和，但仍然存在两次恶化的可能。进入 2018 年以后，虽然世界恐怖主义形势趋于缓和，但印度洋周边地区面临的恐怖主义威胁反而有上升趋势。根据“武装冲突地点和事件数据项目”（ACLED）的研究，2018 年，叙利亚、也门、索马里、阿富汗、印度和巴基斯坦等国家都面临严峻的政治暴力威胁。其中，阿富汗、叙利亚和也门三个国家仅 2018 年就有 10 万人左右死于政治暴力活动。[③]

2018 年，安全形势恶化的国家有印度、巴基斯坦、伊朗、也门和沙特阿拉伯等，也都是印度洋沿岸国家。这说明，印度洋地区虽然与世界恐怖主义类似，在过去几年总体形势趋于缓和，但也有再度恶化的可能性。

（二）海盗活动明显缓和

印度洋地区曾是海盗活动猖獗的地区。尤其是索马里海域，曾是世界海

---

① https：//www. statista. com/statistics/622573/fatalities – due – to – terrorism – worldwide – by – country/.

② https：//www. statista. com/statistics/622573/fatalities – due – to – terrorism – worldwide – by – country/.

③ https：//reliefweb. int/sites/reliefweb. int/files/resources/2018. 12 _ ACLED _ YearInReview _ Press – Release. pdf.

盗活动的热点地区。但是经过国际社会的联手打击，这一海域的海盗活动已经被基本遏制。国际海事局（IMB）海盗报告中心数据显示，2018 年全球共发生 255 起海盗袭击和武装劫持船舶事件，相较于 2017 年的 180 起有所上升（见图 1）。但是，这些海洋海盗活动中的 72% 发生在西非，尤其是几内亚湾一带。

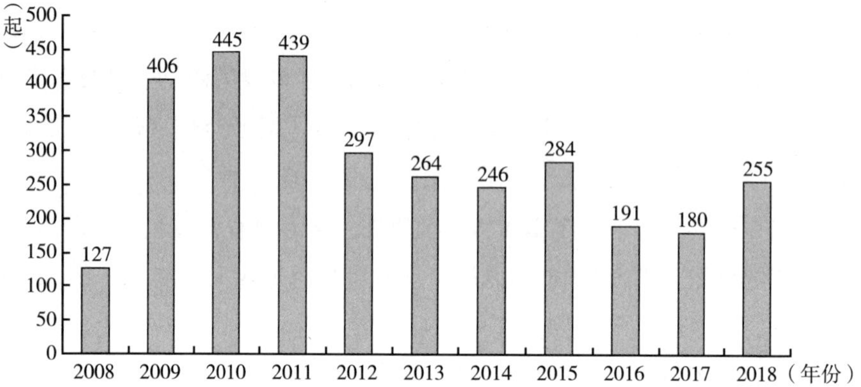

图 1　全球海盗袭击事件情况（2008 ~ 2018 年）

资料来源：《2018 年，全球 255 起海盗事件，126 海员被劫持!》，国际海事信息网，2019 年 1 月 9 日，http：//www. simic. net. cn/news_ show. php? id = 219249。

在印度洋海域中，2018 年，亚丁湾一带没有发生船只被劫持事件，但是出现了武装分子向过往船只开火事件。与此相比，印度尼西亚海域和孟加拉湾报告的袭击事件数量仍然很大。① 其中，孟加拉国共发生 13 起海盗袭击事件，印度 6 起，印度尼西亚 38 起（印度尼西亚的 38 起海盗袭击活动主要发生在东部海域，与印度洋相距甚远）。因此，可以说，印度洋地区已经暂时摆脱了海盗活动猖獗的局面。

虽然印度洋地区的海盗活动犯罪局势被遏制，但海盗活动所造成的损害与影响并没有被消除。海盗活动催生出一个庞大的海盗产业，每年涉及 70

① 《2018 年全球海盗活动总结与分析》，百家号，2019 年 1 月 25 日，https：//baijiahao. baidu. com/s? id = 162359777307 6546716&wfr = spider&for = pc。

亿~120亿美元。在这个产业中，海盗和海盗活动投资人的收益并不大，通常只占总产业规模的2%左右。以2010年为例，海盗产业规模约为90亿美元，其中海盗所获得的赎金只有1.48亿美元。与此同时，保险公司获得18.5亿美元的额外保费，海运公司还付出14亿美元用于新增安保设备。[①]而据美国科罗拉多州“一个地球未来基金会”（One Earth Future Foundation）估计，2010年仅涉及索马里海盗的相关支出就达66亿~69亿美元，其中80%为企业承担，20%为各国海军巡逻支出。[②] 索马里海盗虽已不再猖獗，但各国仍然在索马里周边海域部署庞大的海军力量，以防索马里海盗死灰复燃。其中，仅中国就派出了32批次护航舰队，每批次包括两艘战舰和一艘补给舰。这些开支更是数额巨大。

（三）自然灾害是印度洋地区面临的重要威胁来源

在世界范围内，自然灾害所造成的威胁和损失呈上升趋势。20世纪70年代，世界平均每年发生重大自然灾害约69次，造成约120亿美元的经济损失。进入21世纪以来，世界平均每年发生重大自然灾害350次，造成直接经济损失约880亿美元。[③] 印度洋地区包括约50个国家，人口占世界总数的39%，海域占世界总量的20%。但根据联合国亚洲及太平洋经济社会委员会（ESCAP）1995年的报告，这一地区发生的自然灾害占世界总量的50%左右。[④] 印度洋地区是一个易受自然灾害影响的地区，也因此被称为“世界灾害地带”（World's Hazard Belt）。

---

① Oliver Taylor, “10 Shocking Facts about Somali Pirates”, January 2, 2019, http://listverse.com/2019/01/02/10-shocking-facts-about-somali-pirates/.

② Hideshi Ueno, “Somali Piracy's Impact on the Global Economy Various Cost Estimates of Anti-piracy Efforts from U.S. Think Tank Report”, https://www.spf.org/oceans/analysis_en/c1203.html.

③ The World Bank, “Disaster Risk Management in South Asia: A Regional Overview”, Introduction, 2012, https://reliefweb.int/sites/reliefweb.int/files/resources/Disaster%20Risk%20Management%20in%20South%20Asia%20-%20A%20Regional%20Overview.pdf.

④ Mohammad Abdur, “Natural Disasters in Indian Ocean Region and Its Impact on Socio-Economy of the Countries”, http://www.ions.global/sites/default/files/7f_0.pdf, p.2.

进入21世纪以来，印度洋地区发生了多起重大自然灾害事件。2004年12月26日发生的印度洋地震和海啸，涉及11个印度洋地区国家，造成大约30万人死亡、10万多人致残。2007年11月15日，孟加拉国台风造成35000多人死亡。2008年缅甸发生的超级台风（Super Cyclone）造成145000多人死亡。

在南亚地区，自然灾害发生频率也大幅上升。1971～2009年，南亚共发生1017起符合OFDA/CRED国际灾害数据库标准①的自然灾害事件，从1971年的8起增加到2009年的超过40起。这些灾害事件影响到20亿人次，造成大约82.5万人死亡。在各种自然灾害事件中，洪水和风暴的数量增幅最大。其中，洪水占南亚自然灾害事件的一半，南亚受洪水影响人口占世界受洪水影响人口的64%。② 这一状况在未来不会发生重大的变化。

（四）气候变化是印度洋地区面临的重大潜在威胁来源

从长期来看，气候变化对印度洋地区的威胁可能会更大。世界气象组织发布的《2018年全球气候状况声明》突出强调了过去4年间创纪录的海平面上升以及异常高的陆地及海洋温度。该声明于1994年首次发布时，地球二氧化碳水平为百万分之357.0，这个值持续上升，2017年达到百万分之405.5。2018年和2019年，温室气体浓度将进一步提高。过去4年是有记录以来气候最暖的年份，2018年全球平均地表温度比工业化前基线高出约1℃。③

气候变化导致海平面上升速度加快。印度洋地区有很多岛屿国家。很多

① 该标准为符合以下至少一个条件：一是10人以上死亡；二是100人以上受影响；三是宣布紧张状态；四是呼吁国际社会的援助。

② The World Bank, "Disaster Risk Management in South Asia: A Regional Overview", Introduction, 2012, https://reliefweb.int/sites/reliefweb.int/files/resources/Disaster%20Risk%20Management%20in%20South%20Asia%20-%20A%20Regional%20Overview.pdf.

③ 《2018年气候状况显示气候变化的影响正在加速》，世界气象组织网站，https://public.wmo.int/zh-hans/media/。

沿海国家的人口密集在河流入海口地区，尤其是孟加拉国和缅甸。2018 年全球平均海平面（GMSL）比 2017 年高出约 3.7 毫米，是有记录以来的最高值。1993 年 1 月至 2018 年 12 月，海平面平均上升速度为 3.15 ±0.3 毫米/年，而估算的加速度为 0.1 毫米/年。根据 2018 年世界气候研究计划全球海平面收支研究组的资料，冰盖的冰质量加速损失是卫星测高所揭示的 GMSL 加速上升的主要原因。①

气候变化还导致极端天气事件频发。2018 年，约 6200 万人受到自然灾害的影响，其中大多数与极端天气和气候事件有关。根据对灾害流行病学研究中心（CRED）和国际减轻灾害风险合作研究中心（ICCR-DRR）记录的 281 起事件进行的分析，洪水造成的受灾人数仍然是最多的，超过 3500 万人。2018 年，美国有 14 次飓风达到“10 亿美元级灾害”，飓风“佛罗伦萨”和“迈克尔”是其中的两次。这两次飓风造成的损失约 490 亿美元，并导致 100 多人死亡。超级台风“山竹”影响了 240 多万人，至少 134 人丧生，主要发生在菲律宾。② 在印度洋地区，2018 年印度喀拉拉邦遭遇了近一个世纪以来最强降雨和最严重的洪水。

三 小结

总体来看，印度洋地区安全形势稳定、可控，但是印度洋地区传统安全形势处于从美国主导模式向多边平衡模式的缓慢转型过程之中。在这一过程中，美国维持传统霸权地位的努力、印度建立新主导结构的冲动，以及中国等国家维持自身航行和经济安全的行为，都将给这一地区的传统安全格局带来影响甚至威胁。但在可以预见的将来，印度洋地区美国主导、多国参与并存的格局不会有显著变化，传统安全格局和秩序仍将是稳定的、可预

① 《2018 年气候状况显示气候变化的影响正在加速》，世界气象组织网站，https：//public.wmo.int/zh－hans/media/。

② 《2018 年气候状况显示气候变化的影响正在加速》，世界气象组织网站，https：//public.wmo.int/zh－hans/media/。

期的。在非传统安全领域，印度洋地区的安全状况有明显缓和，但也存在隐忧。恐怖主义威胁明显下降，但存在反弹可能。海盗活动的猖獗势头被遏制，但这是国际社会大力投入的结果，治标不治本，也有反弹的可能性。气候变化和自然灾害对印度洋地区的威胁仍然存在，并且有继续恶化的可能。

B.4

印度在印度洋地区应对安全挑战的途径

〔印度〕斯瓦兰·辛格*

摘　要： 印度从一开始就对结盟持谨慎态度并采取了不结盟政策，印度不仅远离结盟，而且试图影响环印度洋地区也保持不结盟。印度在亚洲关系会议、亚非和不结盟运动以及英联邦峰会等方面付出的努力，都是以这种网络方式为基础的。网络方式已成为解决海上安全挑战非常有效的途径，尤其是在解决印度洋海盗活动兴起的问题上。这些网络中的合作逐渐促进了印度、中国、俄罗斯以及日本地区海军之间的联系和联合行动。这些网络的确使各国海军能够更好地协调，并且能够在像环印度洋区域合作联盟这样的多边网络中共同努力。这一切也有可能在印度洋－太平洋地区话语演变中发挥同样有效的作用，在这一地区，印度仍致力于将俄罗斯和中国纳入其考虑范围。以印度洋为例，在亚丁湾已经有3个分别由北约、欧盟和美国发起的网络组织，以及由26国组成的“信息共享与防止冲突”（SHADE）倡议。2011年，作为这些网络的一部分，印度海军参与拯救了一艘悬挂巴拿马国旗的中国货船MV Full City。随后，2017年4月8日，通过这些网络途径，中国和印度海军在救援OS－35号货船时展开了联合行动。因此，随着对网络建设的不断重视，印度应该更多地参与到多边机制中以应对其海上安全挑战。

---

* 斯瓦兰·辛格（Swaran Singh），尼赫鲁大学国际关系学院教授，云南财经大学印度洋地区研究中心特约研究员；译者，钟爱，云南财经大学印度洋地区研究中心助理研究员。

关键词： 印度洋　安全挑战　战略格局　印度

印度坐拥7500公里的海岸线，拥有包括西边的拉克沙群岛以及东边的安达曼－尼科巴群岛在内的数百座岛屿，印度次大陆生活的演变与印度洋地区的文化、历史和政治紧密地交织在一起。从历史的角度来看，季风不仅将印度的帆船、文化及贸易带到了遥远的非洲、海湾地区、地中海、东南亚以及远东地区，而且在这些地区的短暂逗留也便利和鼓励了彼此间的学习。几个世纪以来，这些互动提炼了印度自身的文化、传统和思想，同时还推动了印度洋地区人民间的融合。印度具备区位优势，这些长期的接触使印度与印度洋地区人民之间产生了抹不去的联系。毫无疑问，在欧洲帝国主义试图将印度的世界观限制为大都会－殖民地模式时期，印度与印度洋地区的深层有机联系被暂时破坏了。但这些持久的联系很快就被印度民族独立运动领导人以及印度独立后的几位领导人恢复了。今天，当海洋被描述为经济增长和人类发展的“最后边界”时，印度洋已经迅速成为世界上最繁忙的海上交通线之一。如今，这条海上通道承担着90%以上的印度外贸，并且印度240万平方公里专属经济区的潜力仍然无法估量。所有这些都重新定义了日益凸显的印度的地区安全挑战，以及印度将如何应对这些挑战。

鉴于独立后印度的世界观以非暴力和不结盟理念为基础，在印度洋地区国家中，印度避免加入一切军事联盟，以及建立海军基地，虽然到目前为止军事联盟和海军基地仍然是构成印度洋地区安全架构的主导因素。实际上，作为不结盟运动（NAM）的领导者，印度力求确保整个印度洋地区保持不结盟。为此，印度不仅拒绝加入任何“二战”后的军事联盟，而且鼓励印度洋国家不结盟，甚至试图对新独立的印度洋地区国家发挥相当程度的意识形态影响力，以说服它们不要与区域外大国建立联盟。① 在苏伊士运河危机后，当英国皇家海军撤离印度洋时，1971 年联合国大会通过了印度洋和

① David Brewster, *India's Ocean: The Story of India's Bidder Regional Leadership*, London: Routledge, 2014, p. 32.

平区的决议以寻求“停止大国在印度洋的军事扩张，消除军事基地、核武器以及其他大国竞争的表现形式”。在这一过程中，印度发挥了关键作用。[①] 值得强调的是，印度这种在管理地区安全挑战方面的独特方式终于开始受到其他利益相关者的重视。今天，印度洋地区越来越多的利益相关者开始认识到印度作为一个净安全提供者，有潜力为地区安全管理增值。本报告认为，安全架构最终会重视网络形式的价值，而不是美国主导的“中心辐射”型传统军事联盟，印度对网络形式的传统偏好显示出其在地区安全话语权及战略基调设定方面拥有巨大的潜力。

一　从联盟到网络

传统上，国家间军事联盟长期以来都是并且还将继续成为国际关系理论的主导框架，它解释了为什么国家要制衡或与其他国家一起“打击或阻止来自别国的侵略”。[②] 主权国家联盟一直是确保其国家安全的主要方法，尤其是抵御过度强大的挑战所带来的安全威胁。阿诺德·沃尔弗（Arnold Wolfer）将“联盟”定义为“两个或更多主权国家之间相互军事援助的承诺”。[③] 然而，国家安全的威胁和挑战越来越多地被定义为更加宽泛的军事侵略，更多地位于地区而非国家背景下，也不再仅仅来自国家，还来自非国家行为体如恐怖分子网络、跨国机构及公司或“独狼”恐怖分子，甚至来自像气候变化、污染、流行病等无形威胁，这些威胁不会被国界所阻挡。在安全研究的核心问题上，“权力”的概念同样从“硬实力”演变到“软实力”，“巧实力”与“锐实力”之间的不对称会引发多种不安全感。鉴于这种威胁的流动性，没有国家仅仅凭借自身能力就能够确保

① David Brewster, *India's Ocean: The Story of India's Bidder Regional Leadership*, London: Routledge, 2014, p. 32.

② Patrick W. Quirk, *Great Powers, Weak States, and Insurgency: Explaining Internal Threat Alliances*, Cham, Switzerland: The Palgrave Macmillan, 2017, p. 1.

③ Arnold Wolfer, "Alliances", in David L. Sills (ed.), *International Encyclopaedia of the Social Sciences*, New York: Macmillan, 1968, p. 268.

其国家安全，因为现在每个国家的国家安全都需要被置于区域背景下来理解，这需要多国以及国家间行为体与机构在多个领域的努力。这些参与者包括共同构成新国际网络的国家和非国家行为体。即便是像国家这样的传统行为体，在寻求解决传统安全威胁的时候也更加依赖于非国家行为体网络，其中包括私人安保公司或非政府组织，它们在区域和全球倡议与当地受益者中发挥了桥梁作用。

从20世纪90年代初开始，国际关系理论中的网络分析方法就试图通过提供另外一种参考框架来解释这种转变，以分析国家安全挑战中的国家间管理，这些挑战已经越来越多地与地区安全相互交织在一起。在某些方面，网络形式在国际关系中一直是一种熟悉的组织模式，“既不显示国家和传统国际组织的等级特征，也不显示市场的短暂讨价还价关系……网络是形成结构的关系集，反过来可能会限制和帮助行为体”。① 其中一些变化是通过冷战后从由权力驱动的“多极化”转变为由规范驱动的“多边主义”再到现在由主题驱动的部门“网络”来调解的，这些网络正随国际模式的变化而演变并进入下一个阶段。这些组织试图解决新出现的安全挑战问题。国际关系理论中的网络分析侧重于节点（个体、组织、国家）之间的传输，而不是参与者节点的特性。这些包括物质（武器、金钱、疾病）和非物质（信息、信仰、规范）在内的传输使节点从根本上相互依赖，并且这些传输在很大程度上决定了节点的行为。② 英国和美国的网络分析专家特别强调了“利益中介”论点的重要性，其中网络被视为一种新型的国家间组织，强调了国家与社会间关系的中心地位。从这个角度来看，网络被视为“从高度整合的政策社区到松散结合的议题网络的连续统一体”。③ 德国网络分析治理学

① Emilie M. Hafner-Burton, Miles Kahler and Alexander H. Montgomery, “Network Analysis for International Relations”, *International Organisation*, Vol. 63, Summer 2009, pp. 559 – 560.

② Stanley Wasserman and Katherine Faust, *Social Networks Analysis*: *Methods and Applications*, Cambridge: Cambridge University Press, 1994, p. 4.

③ Anna Ohanyan, “Network Institutionalism: A New Synthesis for NGO Studies”, in William E. Demars and Dennis Dijkzeul (eds.), *The NGO Challenge for International Relations Theory*, New York: Routledge, 2015, p. table 3. 1.

院（German Governance School of Network Analysis）认为所有在公私互动，特别是公共政策领域的利益中介都具有非等级协调特征，并且旨在弥补治理差距。[①] 在这种情况下，这种网络方法最恰当地解释了非政府组织在国际关系中日益重要的作用，技术的应用只会进一步加快这种国际网络努力的步伐。

正是在这种从国家间联盟到利益相关者领域网络的快速演变中，本报告试图探索网络分析适用于研究印度在印度洋地区管理其安全挑战的方法。值得强调的是，从一开始印度与印度洋地区的文明联系就在很大程度上先于其作为一个民族国家的演变。虽然印度可能继承了英国的资产和制度，但是这些先于国家建立就形成的文明联系仍然深深根植于印度处理地区安全挑战的方法中。引用一位欧洲历史学家的观点："印度一直是海上贸易体系的交汇点，一方面连接中东和地中海，另一方面连接远东，这是一个与著名的'丝绸之路'平行的系统。这是一个强大而有组织的贸易网络，瓦斯科·达·伽马和早期的葡萄牙航海家在 15 世纪末就已经在印度洋相遇过。"[②] 毫无疑问，建立在印度次大陆的王国是第一个在该地区建立真正战争舰队的王国，随后是中国。[③] 但是，在近代早期，印度与印度洋地区的联系主要是文化与商业联系，并且没有对这些沿海地区的领土发生过任何强迫行为或实际占领。由于这些联系主要发生在人与人之间而非以国家为中心，因此这也常常用以解释为什么海上阿拉伯人和印度人无法抵抗欧洲国家海军舰队对印度洋地区的控制。第一次与欧洲海军相遇的时候，印度与印度洋地区最明显的联系是"一个位于古吉拉特邦坎贝的主要贸易网络……将坎贝与亚丁和穆

① Anna Ohanyan, "Network Institutionalism: A New Synthesis for NGO Studies", in William E. Demars and Dennis Dijkzeul (eds.), *The NGO Challenge for International Relations Theory*, New York: Routledge, 2015, p. table 3. 1.

② Genevieve Bouchon, "At the Turn of the Sixteenth Century", in Claude Markovits (ed.), *A History of Modern India: 1480 – 1950*, Translated by Nisha George and Maggy Hendry, London: Anthem Press, 2004, p. 9.

③ Devendra Kaushik, *Perspective on Security in Indian Ocean*, New Delhi: Allied Publishers, 1987, p. 10.

哈相连……与东非港口如摩加迪沙和基尔瓦……通过孟加拉湾……从坎贝一直延伸到马六甲……孟加拉湾的网络包括斯里兰卡的港口、科罗曼德海岸、孟加拉国、缅甸、泰国、马来亚和苏门答腊的亚齐以及南海的广州和泉州的港口”。[①] 因此，在欧洲人占领印度次大陆之前，印度的“香料之路”与印度洋地区的联系本质上并不涉及国家间的军事联盟，而主要是依靠贸易团体自身来维持人与人之间的文化和商业网络。

虽然崛起的印度近年来在建立发展伙伴关系方面的举措可能已经变得更加明显，但建立蓝色经济或数字经济可能已经成为通向共享繁荣的有影响力的新的网络途径，这是印度从一开始就采用的方式。亚非运动、不结盟运动、英联邦都是印度独立后通过网络途径解决其安全挑战的一部分。这种网络途径现在非常适合用以应对区域和非传统安全挑战。这些挑战目前包括海盗、走私、非法捕鱼、海上恐怖主义、麻醉品、贩运人口等。所有这些问题都需要一个包容的、合作的、集体的安全架构，因为没有任何一个民族国家，无论它多么强大，可以自己解决这些问题。至于印度，始终倾向于采用网络形式，并且避免加入任何由美国领导的辐射式战略的军事联盟，即使这是管理区域安全的主导框架。现在，由于国家安全的定义正在超越传统国家边界的物理防御，建立有效的应对机制以改善印度洋地区的各种人道主义危机和自然灾害已经成为印度不断演化发展的印度洋安全战略中最明显的要素。例如，印度船只于2015年4月从也门安全撤离了2000多名印度侨民和1300多名外籍人员。印度海军在利比亚、黎巴嫩和索马里也开展了类似的救援行动。无论是为在2004年印度洋海啸中遭受洪水灾害的斯里兰卡人民提供救援物资和医疗援助，还是在2017年6月拯救遭飓风“莫拉”肆虐的孟加拉国人，抑或是为了缓解2014年马尔代夫严重的饮水危机向马累空运了1000吨淡水，印度都是第一个响应援助号召的国家。另外，印度还于

① Om Prakash, “The Trading World of the Indian Ocean: Some Defining Features”, in Om Prakash (ed.), *History of Science, Philosophy and Culture in Indian Civilisation*, Vol. Ⅲ, New Delhi: Pearson, 2012, p. 13.

2016 年 2 月向斐济派遣了飓风救灾物资。[①] 这些是否为影响力不断扩大的印度承诺在印度洋地区管理安全挑战提供了愿景或蓝图？

二 战略格局的转变与崛起的印度

毫无疑问，殖民经历曾短暂地削弱了印度与印度洋地区的联系，但对欧洲帝国主义在印度洋地区存在的共同历史经历也使地区各国萌生了共同的认知并带来了共同的挑战。这些国家的自由战士试图恢复各国之间长期的社会联系，并增强了他们对自由与繁荣的共同愿望的感知。这是为了鼓励印度洋地区复兴其过去的沿海经济、社会和文化纽带，并发展以海洋为中心的区域合作集团，使其成为非洲、亚洲和澳大拉西亚之间的桥头堡。[②] 随着跨国网络的逐渐发展，以及沿海社群、海上交通线、国际法律制度和信息流的动态变化，人们对海洋价值的认识也不断提升，这重新燃起了一些国家的兴趣并使其再次意识到帝国权力存在的重要性，由此可能导致帝国主义再一次企图控制印度洋。与此同时，国际体系的结构性变化先后引发了英国及苏联逐渐减少其海军存在，新的参与者如中国在印度洋地区扩大其存在和影响力的行为进一步加速了这种现象的出现。印度近期的崛起及其地位、规模和战略位置赋予其一系列优势和期待，导致印度重燃在印度洋地区塑造话语权的兴趣。

作为不结盟运动的领导者，独立后的印度有望在推动印度洋地区国家不结盟问题上发挥关键作用。这极大地塑造了印度在推进建立印度洋和平区（IOZOP）这一旨在确保大国不再扩大其在区域内军事存在倡议中的地位。1964 年，在开罗不结盟峰会上首次正式讨论了 IOZOP 的提案，斯里兰卡总

---

① Sushma Swaraj, "SAGAR— India's Vision for the Indian Ocean Region", Inaugural Address by Sushma Swaraj, Minister of External Affairs, Government of India, on 31 August, 2017 at the 2nd Indian Ocean Conference at Colombo, Sri Lanka, Published by India Foundation (New Delhi), http://www.indiafoundation.in/sagar-indias-vision-for-the-indian-ocean-region/.

② Sharkdam Wapmuk, "The Role of India in Regionalism: SAARC, ASEAN, EU, BIMSTEC, IOR-ARC, and MGC: Lessons for Nigeria in the ECOWAS", *IUP Journal of International Relations*, January 2015, p. 38.

理班达拉奈克夫人率先敦促实现印度洋无核化。随后在1971年1月的新加坡英联邦国家元首会上这一构想备受关注，在会上制定了促进印度洋各国经济、技术和社会合作的行动纲领。当年（1971年）晚些时候，联合国大会对其进行了讨论，并通过了一项宣言，内容大致包括宣布印度洋为和平区的理由，以及关于采取措施落实这一决心的建议。毫无疑问，印度的海军与核能建设有时被视为建立IOZOP的影响因素，但直到近年来印度仍然坚持其对IOZOP的承诺。这一承诺由印度国家安全顾问阿吉特·多瓦尔于2014年12月在斯里兰卡举行的加勒对话上提及，随后印度外交部部长苏什玛·斯瓦拉吉于2017年8月又重申了这一立场。[①] 事实上，与1947年从英国继承两艘航空母舰相比，在过去的72年中，由不结盟驱使的印度海上能力的非军事部分呈指数级增长。

不可否认的是，近年来中国出口导向型经济的增长及其在印度洋地区海军实力的增强使印度和地区内的其他利益相关者开始重新关注其海洋利益并启动了新的举措。尤其是中国的“21世纪海上丝绸之路”引发了印度在恢复旧的和/或启动一系列新的单边、双边和多边倡议方面的努力。其中，一些新项目尤其侧重于港口建设及其相关基础设施建设，旨在加强亚洲、非洲和欧洲国家之间的连通性。印度同时也通过国家层面演习、港口友好访问，以及多边联合海军演习的形式开展更多的海军活动。在某些情况下，这会导致更具侵略性的军事行动，重新引发传统的介入拒止战略。但是在各国不断努力的背后，主要愿望仍然是提供人道主义援助和自然灾害救助，合作打击海盗及其他非法活动。因此，无论是在优先领域还是引入新的参与者，海洋领域的重新排序都是显而易见的，相应的，世界各国也都在投资其海洋能力，通过发展海军设施和加强在印度洋地区内外的海军活动投射其软硬实力。[②] 在

① Amina Afzal, “Troubled Water: India's History with the Indian Ocean Zone of Peace”, South Asian Voices, October 13, 2017, https://southasianvoices.org/troubled-water-indian-ocean-zone-of-peace/.

② Jivanta Schottli, “Editorial Introduction”, in Jivanta Schottli (ed.), *Maritime Governance and South Asia: Trade, Security and Sustainable Devlopment in the Indian Ocean*, London: World Scientific, 2018, p. xxx.

这种不断变化的情况下，新类型海事倡议的焦点似乎已经从建立海军基地和军事联盟转变为不断发展创新领域网络。这使得有必要重新审视其传统举措是如何被类似的网络方法驱动的。而且，鉴于印度的优势，对网络形式的不断认可似乎与印度在印度洋地区管理区域安全的方式一致。这可以从印度是如何参与大多数印度洋地区区域安全多边机制中看出。

三　环印度洋联盟

环印度洋联盟（IORA）是如今印度洋地区最大的多边论坛。它于 1997 年成立，践行了阿尔弗雷德·塞耶·马汉海军上将的伟大预言，即“谁控制了印度洋，谁就控制了亚洲”。卡瓦拉姆·马达夫·潘尼迦也同样看到了“印度在印度洋的海上活动与印度在世界上的地位之间的联系”。[①] 这些评价都鼓励印度在环印度洋地区合作联盟（IOR-ARC）中发挥关键作用。印度始终支持“开放的地区主义”论点，“从一开始，印度就反对在论坛的组织过程中讨论战略议题，因为这种关于安全问题的讨论具有潜在的分裂性质”。[②] 1993 年 11 月，南非外长博塔访问印度时首次探讨了建立环印度洋区域合作设想，随后在纳尔逊·曼德拉 1995 年 1 月访问印度期间这一设想逐步形成，同年 3 月在毛里求斯的会议上达成一项多边条约，毛里求斯则作为该联盟的秘书处。IOR-ARC 并不用于抵御军事威胁与现有的大国军事联盟和海军基地竞争，而是专注于加强跨越三大洲，即亚洲、非洲和澳大利亚之间的经济合作。[③] 其章程使其成为一个外向型的经济对话论坛，其“开放

① Bimal N. Patel, Aruna Kumar Malik and William Nunes (eds.), *Indian Ocean and Maritime Security: Competition, Cooperation and Threat*, New York: Routledge, 2017, Cited in Introduction Chapter, p. 3.

② Aparajita Biswas, "South Africa, the Indian Ocean and SADC", in Dennis Rumley and Sanjay Chaturvedi (eds.), *Geopolitical Orientations, Regionalism and Security in the Indian Ocean*, New York: Routledge, 2015, p. 181.

③ Bimal N. Patel, Aruna Kumar Malik and William Nunes, "Introduction", in Bimal N. Patel, Aruna Kumar Malik and William Nunes (eds.), *Indian Ocean and Maritime Security: Competition, Cooperation, Threat*, New York: Routledge, 2017, p. 4.

的地区主义”方式也的确不适用于“解决防务与安全合作问题”。[①] 如今，其有22个成员国和7个对话伙伴国——其中包括印度洋旅游组织（Indian Ocean Tourism Organisation）和印度洋研究小组（Indian Ocean Research Group）——这代表了印度洋地区国家最大的多边网络。IOR-ARC每两年召开一次最高部长理事会，在此之前环印度洋学术组、环印度洋商业论坛、贸易与投资工作组及高官委员会将召开会议，以强调优先事项和基本要务，虽然它们也负责解决区域安全背景下紧迫的时事话题。

在IOR-ARC建立10年之后，2008年，以西太平洋海军论坛为模板，印度发起了印度洋海军论坛（IONS）。如今，论坛由32个沿海国家组成，每两年举行一次会议，成为印度洋地区由海军司令参加的最大的会议。它之所以被称为“论坛”，正是因为其根本特点是为印度洋地区海军在与地区相关的海事问题上的讨论提供一个开放和包容的平台，以获取信息、达成共识，在海军专业人士之间找到可能的合作解决方案。如今，环印度洋地区合作联盟被重新命名为环印度洋联盟，该组织已将其重心从促进贸易与文化之间的联系扩展到“更好地管理和治理印度洋资源”，谋求解决新出现的蓝色经济和部门一体化问题。[②] 这一变化恰巧符合印度扩大其关注点的需求，“为了加强印度与印度洋地区联系中最薄弱的环节，新德里在2008年开启了印度-非洲论坛峰会……重新恢复之前的关系，不断增加对商品的需求”，从而在两国快速增长的经济中建立协同效应。[③] 事实上，55个非洲国家中有38个是沿海或岛屿国家，包括印度洋地区国家在内，所有的海洋对话对它们都具有重要意义。因此，从1955年起在万隆举行的亚非会议，到不结盟运动和英联邦政府首脑会议，再到近年来的南南合作，印度一直在寻求与非洲认

---

① Sharkdam Wapmuk, “The Role of India in Regionalism: SAARC, ASEAN, EU, BIMSTEC, IOR-ARC, and MGC: Lessons for Nigeria in the ECOWAS”, *IUP Journal of International Relations*, January 2015, p. 38.

② Balakrishna Pisupati, “Redefining SAGAR in Indian Ocean”, *The Hindu* (New Delhi), May 27, 2017, p. 10.

③ G. V. C. Naidu, “Prospects for IOR-ARC Regionalism: An Indian Perspective”, in Dennis Rumley and Timothy Doyle (eds.), *Indian Ocean Regionalism*, New York: Routledge, 2015, p. 32.

真接触。这一变化通过维和、人道主义救济、学生奖学金、私人和公共投资等方式以及印度对印太定义的最新视角，再次加强了印度与东非沿海国家的持续联系。这在一定程度上见证了在印度洋地区通过建立网络的方式成功解决新出现的非传统安全威胁。

四 非传统安全威胁：亚丁湾海盗

在解释印度扩展的印太观之前，印度洋地区自2007年以来海盗行为的兴起已经非常明显地体现了新德里建立网络形式合作的信念，并将其作为应对区域安全挑战的防护壁垒，尤其是应对那些来自非传统安全的威胁。在解决海盗和海上恐怖主义问题上，没有任何一个大国军事联盟是有用的。这催生了大量网络的建立，并且在过去10年印度一直与这些反海盗多边网络展开互动。这些互动成为印度以网络为中心管理印度洋地区安全挑战的最明显的组成部分。同时，这些旨在打击亚丁湾海盗活动的海洋合作网络使该地区的海盗事件数量急剧下降，为通过网络途径解决非传统安全威胁提供了理想范例。[①] 根据联合国安理会第1851（2008）号决议，印度已经成为2009年1月14日成立的索马里海盗问题联络小组（CGPCS）的创始成员国，并且印度的海军船只已经在亚丁湾和非洲之角积极展开反海盗巡逻。在双边协定领域，印度还与其周边邻国如马尔代夫、塞舌尔和毛里求斯等在沿海水域进行联合巡逻。

在所有这些以网络为中心的合作中，印度一直与在亚丁湾运行的三个主要多国网络进行协作，即北约领导的部队［“海洋盾牌行动”（Operation Ocean Shield）］、欧盟部队［欧盟海军部队，“亚特兰大行动”（Operation Atlanta）］，以及美国领导的联合特遣部队（Combined Task Force 151，CTF -

① Sushma Swaraj，“SAGAR—India's Vision for the Indian Ocean Region”，Inaugural Address by Sushma Swaraj，Minister of External Affairs，Government of India，on 31 August，2017 at the 2nd Indian Ocean Conference at Colombo，Sri Lanka，Published by India Foundation（New Delhi），http：//www.indiafoundation.in/sagar-indias-vision-for-the-indian-ocean-region/.

151）。2012年以来，继中国和日本之后，印度加入了这三个行动，还加入了成立于2008年位于巴林的拥有26个成员国的“信息共享与防止冲突”（SHADE）倡议，这个倡议的目的在于方便各国海军分享他们的计划、担忧与不满，但没有建立任何海军指挥部。[①]“尽管印度政府的某些部门还持有保留意见，但是印度已经加入了SHADE会议”，当然，“纽约的联合国联络小组，显然是新德里的首选”。对新德里来说，“正是SHADE发挥的作用及其重要性的提升，使这一地区海盗袭击事件的数量大幅下降”。[②]“值得注意的是，由于印度和中国都参加了SHADE会议与活动，这两个关系较为复杂的国家虽然自2007年以来就在这片水域独立巡逻，但同时也一直在国际推荐运输走廊（Internationally Recommended Transit Corridor）协调彼此的行动。国际推荐运输走廊由欧盟海军部队（EU-NAVFOR）组织下的非洲之角海事安全中心（Maritime Security Centre Horn of Africa）负责。”[③]对于印度和中国来说，这是两国首例“在公海上的工作关系”。[④]2011年，印度海军的TU－142海上巡逻机帮助“海洋盾牌行动”定位了一艘发出求救信号的悬挂巴拿马国旗的中国货船MV Full City。事实上，最具启发性的是中国和印度海军于2017年4月8日的联合行动，两国共同营救了一艘被劫持的图瓦卢船舶OS－35，即便双方媒体都没有高调庆祝这次行动[⑤]，事实上，通过

① Andrew Erickson and Austin M Strange, "China's Anti-Piracy Mission in the Gulf of Aden: Implication for Anti-Piracy in the South China Sea", in Wu Shicun and You Keyuan (eds.), *Non-Traditional Security Issues and the South China Sea: Shaping a New Framework for Cooperation*, New York Routledge, 2016, p. 168.

② P. K. Ghosh, "Can the Success Story be Applied to Southeast Asia?", Indo-Pacific Defense Forum, February 23, 2016, http://apdf－magazine.com/shared－awareness－and－deconfliction－initiative/.

③ Sarah Percy, "Counter-Piracy in the Indian Ocean: A New Form of Military Cooperation", *Journal of Global Security Studies*, Vol. 1, No. 4, 2016, pp. 270－284.

④ Ajay Banerjee, "India, China Join Hands on the High Seas to Tackle Pirates", Maritime Security Asia, 2 February, 2012, https://maritimesecurity.asia/free－2/piracy－2/india－china－join－hands－on－the－high－seas－to－tackle－pirates/.

⑤ Press Trust of India, "China Ignores India's Role in Rescuing Hijacked Ship", The Economic Times, July 12, 2018, https://economictimes.indiatimes.com/news/defence/china－ignores－indias－role－in－rescuing－hijacked－ship/articleshow/58107574.cms? from=mdr.

在这些网络中的持续相互交流，印度海军已经与中国、日本、俄罗斯的海军之间形成了可靠的协作关系，虽然它们都是彼此独立行动的。

五 其他特殊的非正式网络

过去10年，印度也采取措施发展此类网络，以建立其他双边和多边领域的意识安排，涉及与印度洋地区其他利益相关者的交流和执行。2014年9月，澳大利亚总理访问印度，而纳伦德拉·莫迪总理也成为在过去28年来首次访问澳大利亚的印度总理，其间两国签署了核能合作协议和安全合作联合宣言，两国海军也从2015年9月开始进行代号为“AUSINDEX”的演习。随后，2017年，印度空军参加由澳大利亚主办的代号为“Pitch Black”的多边联合空战演习，参加演习的国家还有美国、加拿大、法国、德国、印度尼西亚、荷兰、新西兰、新加坡和泰国。2019年3月，澳大利亚启动了一个开创性项目，即“印太奋进2019”（Indo-Pacific Endeavour 2019），其中涉及海军演习以及与该地区7个海军的合作，包括澳大利亚、印度、马来西亚、泰国、越南、印度尼西亚和新加坡。在此之前，作为美国的初级联盟伙伴，从阿富汗到亚丁湾，堪培拉为地区安全做出了重要贡献，但现在它“渴望与印度一道在区域内发挥更加独立与核心的作用”。[①] 可以看到，印度与澳大利亚两国追求的不是旧的联盟关系，而是在印太语境下通过网络形式建立新的合作途径。

同样，英国和美国也一直在重拾它们对印度洋地区的兴趣，这也是造成印太地区地缘政治变化的原因之一。2019年3月，印度海军上将苏尼尔·兰巴访问英国，讨论了英国是否会把还在开发中的31型护卫舰部署在印度，就像其部署在巴林的尚在服役的“蒙茅斯”号护卫舰（HMS Monmouth）一样，两国还讨论建立具备航母能力伙伴关系并提高协同工作能力。引用苏尼

① Shishir Upadhyaya, “Australia Expands Its Maritime Power in the Indian Ocean”, The Diplomat, March 19, 2019, https://thediplomat.com/2019/03/australia-expands-its-maritime-power-in-the-indian-ocean/.

尔·兰巴海军上将的话说："我们希望与皇家海军合作，利用我们的集体力量确保该地区的安全。"[①] 另外，印度在西印度洋与法国展开联合巡逻，同时越来越靠近美国，在特朗普总统自由开放的"印太"战略含义下，印度成为美国的主要防务合作伙伴。在这方面，印度一直试图坚持其独特的"包容性"和"非军事"观点，这在新德里与近期重启的四个民主国家（美国、日本、澳大利亚和印度）的四方对话中非常明显。

六 四边的（网络）民主国家

随着经济的崛起，中国成为从东非至美洲太平洋海岸大部分沿岸国家最大的经济伙伴，印度洋和太平洋之间的冷战分裂已变得越来越没有必要。像马六甲海峡这样的咽喉要道成为沟通两洋的桥梁，澳大利亚对亚洲政策的重新定位则最能说明这一情况。因此，拥有主导力量的国家相应地重新调整了它们的话语，专注于与印太地区的合作，在这一地区其战略是制约中国不断扩大的影响力，并保护它们的地区利益、地区准入和影响力。因此，印度与印度洋和太平洋地区紧密地连接在一起，并且印太地区的四个民主国家（美国、日本、澳大利亚和印度）对未来地区安全架构提出了若干疑问。由于观念的不同，一开始大家并不清楚印太四国集团是否能超越其权宜之计从子联盟发展成为"一个富有成效的微边主义安排"。[②] 印度是四个国家中唯一一个不愿意建立联盟关系的国家，并且一直在试图不让四国集团发展任何军事色彩。

毫无疑问，四国集团的所有国家都同意建立一个"自由开放的印太地

① EurAsia Times, "UK Planning Placing 'Warships in India'; Plans Aircraft Carrier Cooperation", EurAsia News, March 17, 2019, https://eurasiantimes.com/uk－planning－placing－warships－in－india－plans－aircraft－carrier－cooperation/.

② Vivek Mishra and Udayan Das, "India's Understanding of the Quad and Indo-Pacific: Distinct Narrative or a Flawed on?", Raisina Debates, March 19, 2019, https://www.orfonline.org/expert－speak/indias－understanding－of－the－quad－indo－pacific－distinct－narrative－or－a－flawed－one－49068/.

区”（FOIP），但它们之间无法通过任何部长级或军事互动机制展示其凝聚力。它们在2007年首次尝试建立四国集团时就失败了，尽管四国都在其他双边或多边机制中进行了其他部长级对话和军事演习。其中，印度通过阻止和声明等方式，寻求使四国集团与印太话语脱钩。[①] 这再次揭示了印度处理地区安全的独特方法。自武汉和索契非正式峰会举办以来，印度对四国集团的热情似乎迅速消退。印度一再强调四国集团的中心原则是自由航行、尊重海洋法与法制法规。仅仅将四国集团看作与其他各种多边机制一样，而不是将其置于印太地缘政治的领导地位。印度继续在印太地区寻求“结盟与自治之间的平衡”。[②] 另外，为了最大限度地发挥其地缘中心优势，印度希望将“印太”概念定义为“战略连续体，而不是次区域划分的目标、伙伴关系和联盟的集合”[③]，这清楚地表明印度对军事联盟的方式感到不安。四国集团继续被视为包含美国朋友与盟国在内的机制，目的是制约中国在南海的军事化及其坚定的主张，同时抑制中国在印度洋沿岸扩张的战略前哨，因此这并不是一个泛区域的具有包容性的机制。[④] 对于印度而言，为了保证其作为印度洋净安全提供者的存在，印度需要将四国集团作为符合其自身区域安全架构特性的动力。

① Vivek Mishra and Udayan Das, “India's Understanding of the Quad and Indo-Pacific: Distinct Narrative or a Flawed on?”, Raisina Debates, March 19, 2019, https://www.orfonline.org/expert-speak/indias-understanding-of-the-quad-indo-pacific-distinct-narrative-or-a-flawed-one-49068/.

② Vivek Mishra and Udayan Das, “India's Understanding of the Quad and Indo-Pacific: Distinct Narrative or a Flawed on?”, Raisina Debates, March 19, 2019, https://www.orfonline.org/expert-speak/indias-understanding-of-the-quad-indo-pacific-distinct-narrative-or-a-flawed-one-49068/.

③ Vivek Mishra and Udayan Das, “India's Understanding of the Quad and Indo-Pacific: Distinct Narrative or a Flawed on?”, Raisina Debates, March 19, 2019, https://www.orfonline.org/expert-speak/indias-understanding-of-the-quad-indo-pacific-distinct-narrative-or-a-flawed-one-49068/.

④ Vivek Mishra and Udayan Das, “India's Understanding of the Quad and Indo-Pacific: Distinct Narrative or a Flawed on?”, Raisina Debates, March 19, 2019, https://www.orfonline.org/expert-speak/indias-understanding-of-the-quad-indo-pacific-distinct-narrative-or-a-flawed-one-49068/.

七　次区域合作倡议

印度通过部门网络方法促进了“开放的区域主义”，以建立国家间联系来管理印度洋地区的安全。印度在启动湄公河－恒河合作（MGC）倡议方面发挥了关键作用。其实印度早在独立前就与湄公河区域建立过联系。早在1928年，贾瓦哈拉尔·尼赫鲁就邀请越南民族主义者 Doung Van Gieu 参加在加尔各答举办的印度国大党的历史性年会。[①] 另外，这也一直是印度东向政策的合理延伸，东南亚国家联盟的扩大引发了对中南半岛的更多关注。而推动这一倡议形成以促进湄公河地区经济发展的原因在一定程度上是由于2000年4月中国与老挝、缅甸和泰国签署了湄公河次区域合作协议。2000年7月在曼谷举行了东盟会议的初步审议，随后在2000年11月发表“万象宣言”，旨在将湄公河与恒河社会文明联系起来，一边是印度，另一边则是柬埔寨、老挝、缅甸、泰国和越南。[②] 在这个框架中，将优先考虑旅游、文化和教育等问题，运输、通信和基础设施等议题将在下一阶段讨论。2017年，第一届主题为“强化连接，增强关系”的1.5轨 MGC 政策对话在新德里举行，2018年8月在新加坡举行了第九届 MGC 部长级会议并决定在曼谷举行2019年 MGC 会议。在成功执行2016～2018年的行动计划后，印度将提供900项年度奖学金，并向中小企业提供培训及财政援助，通过数字连接提高其2019年在印度－东盟旅游年庆祝活动中的参与度。[③] 所有这些努力都为印度与这五个国家扩大军事和海上合作奠定了坚实的基础。

环孟加拉湾多领域经济技术合作倡议（BIMSTEC）创立于1997年，是另一个已经蛰伏了近二十年的网络，现在正在被重新提起。在创立7年后，

---

① K. M. Panikkar, *The Future of India and Souteast Asia*, London: Allen & Unwin, 1943, p. 76.

② Swaran Singh, “Mekong-Ganga Cooperation Initiative: Analysis and Assessment of India's Engagement with Greater Mekong Sub-region”, Bangkok: Institut de Recherche Our l'adie du Sud-Est Contemporaine, 2007, https://books.openedition.org/irasec/411.

③ Rajaram Panda, “Around Two Rivers”, The Statesman (Kolkatta), August 18, 2018, Accessed on 3 April, 2019, https://www.thestatesman.com/opinion/around－two－rivers－1502674515.html.

首次峰会于2004年在达卡举行并且自2014年起达卡便作为其秘书处。第二次峰会于2008年在新德里举行，第三次峰会于2014年在内比都举行。2018年的峰会在加德满都举办，2019年峰会将在斯里兰卡举行。首先，大多数专家认为这是南亚区域合作联盟（SAARC）自2016年11月以来功能失调的直接结果。这一转变开始于2016年10月在印度果阿举行的金砖国家（巴西、俄罗斯、印度、中国、南非）峰会，金砖国家领导人选择与BIMSTEC领导人而不是SAARC领导人进行接洽。其次，BIMSTEC的复苏也与印太讨论有关，这些讨论使孟加拉湾对新的海上战略，尤其是那些有关连接印度与东印度洋和太平洋的战略至关重要。最后，基于领域间的合作似乎也符合时代的要求。尼泊尔于2018年8月举办了第四次BIMSTEC峰会，随后印度于9月在浦那举行了首次BIMSTEC军事演习。印度表现出了更大的兴趣并贡献了BIMSTEC年度预算的1/3，同时为设在达卡的秘书处增配了人员，BIMSTEC越来越关注连通性和海事合作伙伴关系。除了这些多边和双边举措以外，近年来印度还采取了单边举措，以吸引合作伙伴管理地区海上安全。

八　印度的单边倡议

在国家层面，印度采取了旨在管理印度洋地区安全威胁的举措。2015年3月，纳伦德拉·莫迪总理访问马尔代夫期间阐述了其“地区同安共荣”（Security and Growth for All in the Region，SAGAR）理念。安全无疑是SAGAR的基础，但需要通过“增长”来确保实现，并将重点放在广泛促进经济复兴、连通、文化和身份上。根据印度外交部部长斯瓦拉吉的说法，这一愿景旨在“通过建立合作，以增强保护领土和领海利益的能力，深化沿海地区的经济和安全合作，促进通过集体行动应对自然灾害和海上威胁，如海盗、恐怖主义和新兴的非国家行为体，以此来维持印度洋地区的‘有机统一’；通过加强合作，努力实现地区可持续发展，与海岸线之外的国家接触，旨在建立更大的信任，并促进在海事规则、行为规范与和平解决争端方面的相互尊重”。[①] 军事同样不被视为解决区域安全挑战的工具，并且各国只能作为促进者，而不是区域倡议的主要推动者。

与 SAGAR 紧密相连的是印度航运部推出的 Sagarmala 项目。它是一个以港口为导向的发展模式，旨在广泛利用信息技术服务实现港口现代化，以此作为整体沿海开发的动力，尤其是在解决高效疏散等紧急问题的时候。这一想法产生于 2004 年印度洋海啸发生后，这次海啸重创了印度南部沿海地区以及包括斯里兰卡和印度尼西亚在内的若干印度洋地区国家。

印度认为这是一个高度优先的项目，Sagarmala 项目的年度拨款从 2016/2017 年度的 406 亿卢比提高到 2017/2018 年度的 600 亿卢比。[②] 随后便产生了地区利益。例如，斯里兰卡总理拉尼尔·维克勒马辛哈于 2016 年 9 月 22 日在科伦坡国际海事会议上发表讲话，宣布“加入 Sagarmala 项目对我们有利”，并表示希望探索参与该项目的机会。[③] 同样，印度文化部于 2014 年启动了季风计划（Project Mausam），旨在通过研究季风模式来了解将印度洋沿岸不同部分连接起来的关键过程和现象，并且将沿海中心与其腹地连接。在宏观层面，它寻求重新连接沿岸国家，强化对彼此价值观与人文的理解，并在微观层面重点关注在区域海洋环境中理解不同的民族文化。[④] 2018 年 12 月 17 日，在回应印度议会下院一个问题的时候，文化部部长列出了一系列关于季风计划的成就，其中包括会

---

① Sushma Swaraj, “SAGAR—India’s Vision for the Indian Ocean Region”, Inaugural Address by Sushma Swaraj, Minister of External Affairs, Government of India, on 31 August 2017 at the 2nd Indian Ocean Conference at Colombo, Sri Lanka, Published by India Foundation (New Delhi), http://www.indiafoundation.in/sagar-indias-vision-for-the-indian-ocean-region/.

② Hamant Maini and Lipi Budhraja, “Ocean Based Blue Economy: An Insight into the SAGAR as the Last Growth Frontier”, NITI Aayog (Blogs), http://www.niti.gov.in/content/ocean-based-blue-economy-insight-sagar-last-growth-frontier.

③ Press Trust of India, “Sri Lanka Supports India’s Sagarmala Project, Says Prime Minister Ranil Wickremesinghe”, The Indian Express, September 23, 2016, https://indianexpress.com/article/india/india-news-india/sri-lanka-supports-indias-sagarmala-project-says-prime-minister-ranil-wickremesinghe-3046331/.

④ Government of India, Ministry of Culture, Project Mausam, Accessed on 3 April, 2019, https://indiaculture.nic.in/project-mausam.

议、讲座和出版物。该项目已延长至2020年，拟提议拨款100万美元。[①] 在位于德里的英迪拉·甘地国家艺术中心的协助下，以及印度考古调查局的具体实施下，季风计划如今已经涉及包括中国在内的39个国家。

与此同时，印度海军也在拓宽其海上话语，以应对新出现的海上挑战。其最新理念体现在印度海军2018年发布的《海上安全战略》（Maritime Security Strategy）中。该战略概述了印度在印度洋地区的海上优先事项，指出在印度洋地区，印度仍然致力于以下事项。

（1）确保安全、可靠和稳定的印度洋区域。

（2）通过与区域伙伴共同监督和监测来深化安全合作。

（3）在印度洋建立多边协作的海上安全倡议以打击恐怖主义和海盗行为。

（4）深化与地区人民的文化联系。

（5）将印度洋地区建设成为经济可持续发展的前沿。[②]

为了实现上述提到的国家海上目标，印度海军于2018年12月为印度洋地区设立了信息融合中心（Information Fusion Centre，IFC）。与印度建立网络方式的努力一致，这是一个协作机构，与伙伴国和其他国际机构合作，在印度洋沿海地区建立一系列类似的中心，以加强整个地区的海上安全和保障。[③] 同样，2018年在古尔冈（新德里附近）建立了另一个信息管理分析中心（Informational Management Analysis Centre，IMAC），通过在伙伴国之间共享海事信息数字知识库，为海上安全和保障做出贡献。当然，IFC和IMAC都只关注白色航运，其中仅涉及商船，并且只有常规信息会通过自动

① Government of India，Ministry of Culture，Press Information Bureau，"Project 'Mausam' Extended up to 2020 with the Pre-approved Fund of Rs. 60039297：Dr Mahesh Sharma"，17 December，2018，http：//pib. nic. in/newsite/PrintRelease. aspx？ relid = 186490.

② Hamant Maini and Lipi Budhraja，"Ocean Based Blue Economy：An Insight into the SAGAR as the Last Growth Frontier"，NITI Aayog（Blogs），http：//www. niti. gov. in/content/ocean – based – blue – economy – insight – sagar – last – growth – frontier.

③ Huma Siddique，"India's SAGAR Inaugurated，to Help Fight Maritime Piracy and Terrorism"，Financial Express，December 23，2018，https：//www. financialexpress. com/defence/indias – sagar – inaugurated – to – help – fight – maritime – piracy – and – terrorism/1422761/.

识别系统（AIS）共享。根据国际海事组织的规定，AIS 需要被安装在总注册吨位超过 300 总吨的船舶上。AIS 信息包括 MMSI 号码、位置、航线、速度、最后访问的港口，以及目的地等。这些信息可以通过安装在海岸上的各种 AIS 传感器以及基于卫星的 V / UHF 接收器来获取。已与印度签署白色航运信息交换协议（White Shipping Information Exchange Agreements, WSIEA）的大多数国家都是 IFC 的合作伙伴，印度海军的任务是与所有 26 个国家签订此协议。IFC 的伙伴国可以选择派驻联络官，要求进行重大的基础设施建设。[①] 期待通过这个系统能够进一步增强各国对区域安全挑战和威胁的共识，同时加强国家协作，共同解决这些问题。

九　基本结论

今天，印度洋地区承担着世界 75% 以上的海运贸易，其中包括 66% 的石油、33% 的散装货物、50% 的集装箱货运，并且每年有超过 10 万艘船舶通过印度洋地区。这些都在数量上远远超过大国海军的存在。另外，商船、天然气和油轮以及通信电缆和能源管道的商业交通对所有主要大国、沿海国家的和平与繁荣至关重要，其重要性甚至超过它们各自的内陆地区。白色航运的爆炸式增长以及对蓝色经济和数字经济不断增长的兴趣正在改变世界对海洋的看法，其中也包括印度洋地区。这种对海床和水下资源的淘金热也伴随着海洋边界的争议、对专属经济区的主张以及对航行自由和海上安全更加强烈的要求。所有这些都使地区威胁和挑战发生了变化，与传统的海军侵略相比，这些威胁和挑战变得更加复杂。

此外，随着冷战时期强大的海军力量逐渐退到边缘地带，各种新的海军力量和新的非传统安全威胁，如海盗、海上恐怖主义、人口及违禁品贩运、非法和无管制的捕鱼、武器扩散、偷猎和海洋环境破坏等，已经构成新的地

① Huma Siddique, "India's SAGAR Inaugurated, to Help Fight Maritime Piracy and Terrorism", Financial Express, December 23, 2018, https://www.financialexpress.com/defence/indias-sagar-inaugurated-to-help-fight-maritime-piracy-and-terrorism/1422761/.

区危险综合体。因此，印度洋地区这些新的安全威胁类型也削弱了传统军事联盟和军事基地的价值，建立网络才是最适合发展和执行共同战略的途径。如前文所述，在国际关系中和在印度洋地区通过建立网络来解决问题变得越来越重要，这种形式也与印度文明精神的核心相符，这在印度所有解决地区安全威胁的举措中都得到了很好的体现。这导致印度在海事话语中获得了更大的吸引力，这种方法有望帮助印度与印度洋地区的所有主要利益相关者建立桥梁，从而为管理地区安全增值。

建立国家间联盟是否比网络途径更加有效尚不确定。然而，越来越多的专家认为，联盟是等级性的、排他性的、强制性的，并严格以权力为中心，视国家为联合军事行动的节点。相比之下，网络途径是非等级的、包容性的、非强制性的，由规范驱动，灵活并专注于传输和流程，使用“利益中介”作为发展安全威胁共识及补救技术的手段。这使网络具有专业基础与娴熟的技术并且更加适用于未来，因此这也是最具希望和最令人满意的用于应对 21 世纪印度洋地区不断变化的复杂的地区安全挑战的模式。

B.5

印度洋地区的国际制度及其对“一带一路”建设的影响*

刘 鹏**

摘 要： 由于印度洋与我国并不直接毗邻，而印度洋地区的国际制度效力又有限，因此印度洋地区的国际制度是一个容易被人忽视的研究对象。“一带一路”倡议提出之后，印度洋地区的重要性对中国而言得到前所未有的提升。在共建“一带一路”确定的五大方向中，有两大方向都直接指向或经过印度洋地区，印度洋地区在我国“一带一路”倡议中的重要性由此可见一斑。印度洋地区的国际制度既不完善，也没有很强的有效性，但依然可以对“一带一路”倡议所面临的风险和挑战产生一定的修复效应，能够调和理念层面对“一带一路”的质疑，缓解“一带一路”项目的政治安全风险。

关键词： 印度洋地区 环印联盟 “一带一路”

提及印度洋地区的国际制度，大部分人一脸茫然，即便是对于很多国际问题研究的学者来说也是如此。由于印度洋与我国并不直接毗邻，而印度洋

---

* 基金项目：2016年国家社科基金重大项目“东南亚安全格局对我实施‘21世纪海上丝绸之路’战略的影响研究”（16ZDA091）；2015年国家社科基金青年项目“印度洋地区的国际机制对海上丝绸之路建设的影响研究”（15CGJ030）。

** 刘鹏，云南财经大学印度洋地区研究中心副教授，国际关系专业博士。

地区的国际制度效力又有限，因此印度洋地区的国际制度是一个容易被人忽视的研究对象。

“一带一路”倡议提出之后，印度洋地区的重要性对中国而言得到前所未有的提升。根据中国推进“一带一路”建设工作领导小组办公室在第一届“一带一路”国际合作高峰论坛召开前夕发布的《共建“一带一路”：理念、实践与中国的贡献》，共建“一带一路”确定了五大方向。其中，“丝绸之路经济带”有三大走向：一是从中国西北、东北经中亚、俄罗斯至欧洲、波罗的海；二是从中国西北经中亚、西亚至波斯湾、地中海；三是从中国西南经中南半岛至印度洋。“21世纪海上丝绸之路”有两大走向：一是从中国沿海港口过南海，经马六甲海峡到印度洋，延伸至欧洲；二是从中国沿海港口过南海，向南太平洋延伸。[①] 从我国政府的官方文件中可以看出，在“一带一路”的五大方向中，有两大方向直接指向或经过印度洋地区，印度洋地区在我国“一带一路”倡议中的重要性由此可见一斑。鉴于此，尽管印度洋地区国际组织的效用还非常有限，但研究其发展现状及其对“一带一路”倡议的影响实属必要。

一 印度洋地区的国际组织

在国际问题研究领域，印度洋地区的次区域国际组织都比其国际组织更为“出名”，提到印度洋地区的国际组织，人们首先想到的是构成印度洋地区的几个区域及其区域组织，如南亚地区及南亚区域合作联盟（SAARC）、波斯湾地区及海湾阿拉伯国家合作委员会（GCC）、南部非洲及南部非洲发展共同体（SADC）、东南亚地区及东南亚国家联盟（ASEAN）。这四个国际组织包括印度洋地区的20个沿岸国家和2个海岛国家。[②] 这些组织并不是

① 推进“一带一路”建设工作领导小组办公室：《共建“一带一路”：理念、实践与中国的贡献》，中国网，2017年5月11日，http://www.china.com.cn/news/2017-05/11/content_40789833.htm。

② 没有包括在这四个组织中的印度洋国家为：三个岛国——科摩罗、马达加斯加、塞舌尔，中东地区的伊朗和伊拉克，马格里布地区的吉布提、埃及、厄立特里亚、以色列、约旦、索马里、苏丹、也门，非洲的肯尼亚。

本报告的研究对象，本报告所指的印度洋地区的国际制度包括两类：第一类是指覆盖范围为印度洋所有地区和绝大多数国家的区域性国际组织；第二类是指虽然可能并未包括绝大多数印度洋地区国家，但致力于解决印度洋地区某类问题的区域性国际组织。因此，本报告所涉及的印度洋国际组织并不包括印度洋地区所有国家都参与的全球性国际组织，如联合国，也不包括只服务于次区域的国际组织，如服务于南亚国家的南盟。

目前，印度洋地区的国际组织按照所涉及的主要议题可以分为三类：安全领域的国际组织、海洋领域的国际组织和经济领域的国际组织。当然，这样的分类不是绝对的，很多国际组织都会扩展自己的范围，由专业性的国际组织变成综合性的国际组织。本报告的分类主要是根据这些区域性国际组织目前涉及的主要领域及其发挥作用的实际领域来进行划分的。本报告对印度洋地区国际组织的分析都是描述性的，主要是勾勒出现存印度洋地区国际组织的基本状况，为下文分析印度洋地区国际组织对“一带一路”的影响提供背景。

（一）安全领域的区域国际制度

印度洋地区的36个国家（不含英法两国）中有25个是“二战”后才独立的国家，因此印度洋地区安全领域的国际组织也与发展中国家的主要舞台联合国、77国集团、不结盟运动等有着一定的渊源。印度洋地区安全领域的国际制度中曾经或目前有着重要影响的有三个，分别是印度洋和平区、印度洋无核区和印度洋海军论坛（Indian Ocean Naval Symposium）。

印度洋和平区由时任斯里兰卡总理于1970年正式倡议提出，1972年联合国成立了“印度洋特设委员会”，印度洋沿岸部分国家依托这一平台倡导成立印度洋和平区并希望得到各外部大国的尊重。印度洋无核区的概念也出现在20世纪70年代，主要是沿岸中小国家希望避免在美苏冷战中受到核威胁，因而倡导建立无核区，但本地区大国印度和巴基斯坦的核武化标志着建立无核区的努力已经失败。这两个理念和实践最终都未产生明显的影响，目前其影响也非常小，所以本报告不做专门论述。本部分将重点分析目前正在兴起和壮大的印度洋海军论坛。

印度洋海军论坛是由印度发起成立的，其成立与印度海军的智库——印度国家海事基金会（National Maritime Foundation）有着很大的关系。印度国家海事基金会成立于2005年，是印度海洋和海上安全问题的最重要的智库之一。印度国家海事基金会从2006年开始，每年的2月都举办一次与海洋问题有关的国际研讨会。2008年在筹办第三届研讨会的过程中，印度国家海事基金会决定与印度海军共同举办一个更大规模的研讨会，决定学习西太平洋海军论坛（Western Pacific Naval Symposium）的经验，建立印度洋海军论坛。印度国防部决定邀请所有印度洋沿岸国家的海军司令参加这一论坛，同时在论坛期间举办二轨层面的学术研讨会。

印度洋海军论坛成立于2008年，现有成员国36个。① 根据2014年制定的《印度洋海军论坛章程》（以下简称《章程》），印度洋海军论坛的目标有四个，即增进印度洋沿岸国家对海洋问题的共同理解，形成沿岸国家增强海上安全的战略；增强印度洋沿岸国家应对海上安全的能力；建立多边的海洋合作机制以减轻成员国之间对海上安全问题的忧虑；提高沿岸国家在人道主义与灾害救援流程方面的适用性，提高人道主义与灾害救援方面的效率。②

印度洋海军论坛的基本原则是所有相关议题的决策必须由成员国一致同意才能通过。同时，印度洋海军论坛寻求的是多边解决方案。③

印度洋海军论坛的成员国有两种，即正式会员国和观察员国。按照《章程》的规定，该机构的正式会员国必须满足两个条件：一是在印度洋或

① 这36个国家为澳大利亚、巴林、孟加拉国、科摩罗、吉布提、埃及、厄立特里亚、法国、印度、印度尼西亚、伊朗、伊拉克、肯尼亚、科威特、马达加斯加、马来西亚、马尔代夫、毛里求斯、莫桑比克、缅甸、阿曼、巴基斯坦、卡塔尔、沙特阿拉伯、塞舌尔、新加坡、索马里、南非、斯里兰卡、苏丹、坦桑尼亚、泰国、东帝汶、阿拉伯联合酋长国、也门、英国。

② “Indian Ocean Naval Symposium Charter of Business”, http://www.ions.global/sites/default/files/IONS – Charter – Version – 2.0.pdf.

③ “Indian Ocean Naval Symposium Charter of Business”, http://www.ions.global/sites/default/files/IONS – Charter – Version – 2.0.pdf.

其沿岸有永久领土，且在《章程》生效的12个月内签署该章程；二是支持印度洋海军论坛的宗旨，建设性参与论坛的各项活动。① 两种类型的国家可以成为印度洋海军论坛的观察员国：一类是在印度洋或其沿岸拥有永久领土，但在《章程》生效后的12个月内没有签署该章程；另一类是非印度洋沿岸国家，但在印度洋有着重要战略利益。成为观察员国的申请必须向印度洋海军论坛秘书处提出，并经现有成员一致同意。② 2014年澳大利亚担任印度洋海军论坛的轮值主席国后，中国、日本被批准成为印度洋海军论坛的观察员国，这意味着论坛的开放性进一步提高。

比较上文所述的三项安全领域的国际制度，可以发现印度洋无核区的倡议已经消失，尽管印度洋和平区原有的制度安排还在，但取得实质性进展的难度较大。印度洋海军论坛的制度化程度与前两者相比较高，其未来有可能发挥较大作用。

（二）海洋领域的区域国际制度

印度洋地区存在多个海洋领域的区域国际制度，大部分海洋领域的区域国际制度与全球性的制度安排存在一定的联系，是全球海洋制度在印度洋地区的具体化。目前海洋领域的区域国际制度主要有印度洋海事合作委员会（Indian Ocean Marine Affairs Cooperation Council）、印度洋海洋观测体系区域联盟（Indian Ocean Global Ocean Observing System Regional Alliance）、《印度洋港口国监督协定》。

印度洋海事合作委员会成立于1985年，其宗旨是促进各国在印度洋海洋资源开发中的协调与合作，利用海洋资源促进各国的经济发展，目前共有6个成员国，分别是印度尼西亚、肯尼亚、毛里求斯、莫桑比克、巴基斯坦和斯里兰卡。

---

① "Indian Ocean Naval Symposium Charter of Business", http://www.ions.global/sites/default/files/IONS－Charter－Version－2.0.pdf.

② "Indian Ocean Naval Symposium Charter of Business", http://www.ions.global/sites/default/files/IONS－Charter－Version－2.0.pdf.

印度洋海洋观测体系区域联盟于2003年正式成立，现有成员国14个，其宗旨是对印度洋的海洋环境变化和灾害进行研究与数据分享，预防重大海洋灾害的发生。

《印度洋港口国监督协定》于1998年正式签署，目前共有13个签署国，主要宗旨是对停靠船舶进行检查，合作打击海上非法活动。

（三）经济领域的区域国际制度

经济领域的区域国际制度是目前全球各地区域合作制度的主体，但印度洋地区经济领域的国际制度并不多，这可能是由于构成印度洋的各个次区域都建立了大量的次区域经济合作制度，如南亚地区的南盟、波斯湾地区的海合会等，因此印度洋地区整体的区域性经济国际制度发展相对滞后。目前，印度洋地区经济领域的国际制度主要有印度洋委员会和环印度洋联盟[①]（The Indian Ocean Rim Association，IORA）（以下简称环印联盟）。

印度洋委员会是印度洋地区各岛国成立的一个区域性国际组织，其成员国包括印度洋地区的5个岛国。其宗旨是开展旅游、教育、农业、渔业等领域的合作，共同提高岛国的自主发展能力。

环印联盟成立于1997年。1995年3月，毛里求斯政府发起召开了第一次“印度洋倡议”（The Indian Ocean Rim Initiative）会议，以探讨印度洋沿岸国家的合作前景。来自印度洋沿岸的澳大利亚、印度、肯尼亚、毛里求斯、阿曼、南非、新加坡7个国家参加了会议。这7个国家后来都成为环印联盟的成员国。1995年7月，澳大利亚组织在珀斯召开了印度洋国际论坛（The International Forum for the Indian Ocean Region），共有23个国家的

① 环印度洋联盟的原名为环印度洋区域合作联盟（Indian Ocean Rim-Association for Regional Cooperation，IOR－ARC），2013年在澳大利亚珀斯举行的第十三届环印度洋联盟部长理事会上决定将环印度洋区域合作联盟改名为环印度洋联盟（The Indian Ocean Rim Association，IORA）。

代表参加[①]，还有大量商业界和学术界的人士参加了论坛。1995年毛里求斯政府召开的“印度洋倡议”会议和澳大利亚召开的印度洋国际论坛为环印联盟的成立奠定了基础。

1997年，环印联盟成立，共有14个成员国[②]，随后又有孟加拉国、科摩罗、塞舌尔[③]、伊朗、泰国和阿拉伯联合酋长国6个国家加入，总部设在毛里求斯的数码城埃比尼（Ebene）。目前，环印联盟共有20个成员国、6个对话伙伴国（埃及、日本、中国、法国、英国、美国）、2个观察员（印度洋旅游组织、印度洋研究集团）。环印联盟成员国的总人口为19.6亿人，约占世界总人口的30%。环印联盟成员国之间的政治、经济、文化都有着较大的差异。

环印联盟的目标是促进成员国可持续、均衡发展，为此，环印联盟致力于创造“有效的、实用的”区域经济合作模式。《环印联盟章程》中规定的环印联盟的基本原则包括主权平等、领土完整、政治独立、不干涉内政、和平共处、互利。[④]

环印联盟设置了较为完整的组织架构，负责日常协调工作的常设秘书处于1998年批准设立，设在毛里求斯。环印联盟的机构包括部长委员会（Council of Minister）、高官委员会（Committee of Senior Officials）、印度洋商务论坛（Indian Ocean Business Forum）、印度洋学术研究组（Indian Ocean Academic Group）、贸易与投资工作组（Working Group on Trade and Investment）、大使工作组（Working Group of Heads of Mission）。部长委员会是最高决策机构，自2010年以来每年召开一次会议，部长委员会选举产生一个主席国和

① 这23个国家分别为澳大利亚、巴林、孟加拉国、印度、伊朗、肯尼亚、科威特、马达加斯加、马来西亚、马尔代夫、毛里求斯、莫桑比克、阿曼、巴基斯坦、卡塔尔、沙特阿拉伯、塞舌尔、新加坡、南非、斯里兰卡、泰国、阿拉伯联合酋长国、也门。

② 这14个国家分别为澳大利亚、印度、印度尼西亚、肯尼亚、马达加斯加、马来西亚、毛里求斯、莫桑比克、阿曼、新加坡、南非、斯里兰卡、坦桑尼亚、也门。

③ 塞舌尔2003年退出了环印联盟，2011年又重新加入。

④ 见《环印联盟章程》。“Indian Ocean Rim-Assocaition for Regional Cooperation，Charter”，http：//www. iorarc. org/charter. aspx。

一个副主席国，任期两年（部长委员会成员一般由各国的外交部部长组成）。为保证连续性，环印联盟也有类似二十国集团的“三驾马车”（Troika）设置，即由现任主席国、副主席国（候任主席国）和前任主席国组成的议事机构。[①] 环印联盟秘书长由部长委员会任命，对部长委员会负责，任期三年，可连任一届。现任秘书长为印度大使巴吉拉特（K. V. Bhagirath），2012 年 1 月上任。高官委员会负责审查环印联盟各项活动的执行情况。按照《环印联盟章程》的规定，印度洋商务论坛和印度洋学术研究组负责确定经济合作的重点，研究、协调并监督已有项目，为新项目寻求资金。[②]

1997 年环印联盟成立初期，将其重点领域定位为贸易自由化、贸易与投资便利化、经济与技术合作、贸易与投资对话。2012 ~ 2013 年印度担任轮值主席国期间，环印联盟的重点领域扩展为 7 个：贸易与投资便利化、海上安全、渔业管理、灾害风险管理、学术与科技合作、旅游与文化合作、女性赋权（Gender Empowerment）。[③]

环印联盟的常规工作包括每年一次的部长理事会、每年两次的高官委员会。环印联盟大使工作组由环印联盟成员国驻南非首都比勒陀利亚的大使或高级专员组成，不定期召开会议，跟进部长理事会决定事项的进展，并根据需要审议其他机构的事项。目前，环印联盟开展的工作有 10 项，每一项都由某个或某几个国家牵头负责。科技合作（Science and Technology Cooperation）在伊朗取得进展，伊朗在首都德黑兰设立了印度洋区域科技转让中心。其他正在开展的项目包括投资促进与便利化项目（Investment Facilitation and Promotion Program）、贸易促进项目（Trade Promotion Program）、人力资源开发合作（Human Resource Development Cooperation）、印度洋沿岸大学交流项目（University Mobility in the Indian Ocean Rim）。

---

① 2010 年 8 月 5 日，环印联盟第十届部长理事会会议在也门首都萨那举行。会议强调要加强机制建设，由部长理事会现任、候任及前任主席组成“三驾马车”主持常务工作，由成员国驻南非使节组成“使团工作组”，定期召开会议协调检查后续工作。

② 见《环印联盟章程》。“Indian Ocean Rim-Assocaition for Regional Cooperation, Charter”, http://www.iorarc.org/charter.aspx。

③ 环印联盟网站，http://www.iora.net/about-us/priority-areas/。

尽管环印联盟貌似组织严密，但与其他印度洋地区的国际制度一样，自成立以来在实质性合作方面进展甚微。所以，部分成员国高官对环印联盟的评价是“环印联盟正在经历自然死亡”。①

二 “一带一路”倡议在印度洋地区面临的问题与挑战

本报告试图寻找印度洋地区国际制度与“一带一路”的关系，“一带一路”建设在印度洋地区面临的问题与挑战就是两者联系的切入点。“一带一路”作为新生事物如果能够实现和印度洋地区国际制度的良性互动，以及双向的共同发展，将既有利于“一带一路”的推进，也有利于印度洋地区国际制度的完善。

“一带一路”倡议提出6年以来，成果丰硕，但面临的问题与挑战也逐渐暴露。2018年8月27日，习近平主席出席推进“一带一路”建设工作5周年座谈会并发表重要讲话，他指出：“过去几年共建‘一带一路’完成了总体布局，绘就了一幅‘大写意’，今后要聚焦重点、精雕细琢，共同绘制好精谨细腻的‘工笔画’。要高度重视境外风险防范，完善安全风险防范体系，全面提高境外安全保障和应对风险能力。”② 下文即将提及的“一带一路”在印度洋地区面临的主要问题和挑战有一些是“一带一路”沿线所有地区面临的共性问题，有一些是印度洋地区独有的或较为突出的挑战，但也存在于其他地区，印度洋地区独有的问题和挑战并不多。“一带一路”在印度洋地区面临的问题与挑战有一些是理念和价值观层面的质疑和否定，有一些则是实操层面的投资、贸易、互联互通等项目面临的风险和损益。我们不

① “Statement by Deputy Minister Aziz Pahad, South Africa, at the 7th Meeting of the IOR - ARC Council of Ministers”, 7 Mar, 2007, http: //www. info. gov. za/seeches/2007/07031511451003. htm.

② 《习近平出席推进“一带一路”建设工作5周年座谈会并发表重要讲话》，新华网，2018年8月27日，http: //www. xinhuanet. com/2018 -08/27/c_ 1123335396. htm。

仅要高度关注“一带一路”项目面临的风险，因为该类风险所带来的是实实在在的资金和人员的损失；而且要高度关注从理念和价值观层面对“一带一路”的质疑，因为缺乏理念和价值观认同的“一带一路”，其可持续性将面临重大挑战，而附着其上的项目风险也将因此而增大。

（一）对“一带一路”理念和价值观层面的质疑

对“一带一路”理念和价值观层面的质疑不仅仅存在于印度洋地区，还广泛存在于世界各地，这些质疑论的提出者和宣传者大多以印度洋地区为例佐证其论点。目前针对“一带一路”的主要质疑包括“债务陷阱论”“地缘战略论”“环境污染论”“规则替代论”“新殖民主义论”“新朝贡体系论”“经济渗透论”[①]，此外还有“输出落后产能论”“低质量基础设施论”“掠夺性经济”等各类说法。这些“理论”在印度洋地区国家，特别是印度和部分国家有着广阔的市场，印度洋地区的斯里兰卡、巴基斯坦、马尔代夫、非洲等地也是这些“理论”的宣扬者论证其理论真实性的主要案例来源地。

各类质疑论的逻辑原点是两组人为制造出来的对立：发展导向与规则导向的对立、政府主导与市场主导的对立。发展导向是“一带一路”的重要身份标识，也是其区别于其他制度安排的重要特征。与现有规则导向型区域合作机制相比，“一带一路”呈现发展导向型特征，“一带一路”的发展方向是构建发展导向型区域合作机制。[②] 针对“一带一路”的“环境污染论”“规则替代论”“新殖民主义论”等论调都是指责“一带一路”不遵守、破坏或扭曲现有规则为中国自身牟利。正是由于“一带一路”的发展导向不同于现有的区域合作机制，因此给了各类反对力量解读的空间。事实上，“一带一路”仍然是规则导向的合作机制，只是这种规则不同于西方价值体

---

① 林永亮：《“一带一路”建设的综合效益及前景展望》，《当代世界》2019 年第 1 期，第 69～73 页。

② 李向阳：《“一带一路”：区域主义还是多边主义?》，《世界经济与政治》2018 年第 3 期，第 34～46、156 页。

系中的规则，有着“和而不同”“兼容并包”等更多的中国文化色彩，这样的规则也有着更大的包容性和更广的适用范围。由于“一带一路”沿线各国文化、宗教、地理环境、政治制度、经济发展水平的巨大差异，只有更具包容性的规则才能统领合作，因此发展导向的合作就是一种以“发展经济、消除贫困、改善民生”为原则的区域合作思想，是一种超越“工具性”的“包容性的规则导向”的路径。

对“一带一路”理念和价值观层面质疑的第二个逻辑出发点是“政府主导与市场主导的对立”。外界针对“一带一路”的种种责难如“债务陷阱论”“地缘战略论”“新殖民主义论”“新朝贡体系论”“经济渗透论”“输出落后产能论”“掠夺性经济”等的逻辑出发点都是“一带一路”是由中国政府主导的“战略”，其经济活动并非遵循企业市场的逻辑，而是受到政府的操控，中国政府有意通过“一带一路”实现“损人利己”的战略目标。这类阴谋论的核心是制造“一带一路”中政府主导与市场主导的对立。政府是“一带一路”的倡导者，企业是“一带一路”的主要参与者。[①]“一带一路”沿线政府，包括中国政府在内最终都服务于企业。具体地说，政府要以市场为基础，引导企业在实现利润最大化的前提下完成（“一带一路”）“义”的目标。[②]“一带一路”建设能否成功关键还得看市场，无论是贸易投资还是资金融通，也无论是基础设施建设还是旅游文化交流，没有市场的有效支撑，就很难有持续的生命力。[③]“一带一路”建设中既有政府主导，这体现在倡议的发起、造势以及发展规划的对接、各国规则的对接、合作平台和合作机制的对接等；也有市场主导，这体现在一切具体的合作项目、企业作为主体的一切决策过程和行为都遵循市场原则。

“一带一路”质疑论者通过发展导向与规则导向的对立、政府主导与市

① 李向阳：《“一带一路”建设中的义利观》，《世界经济与政治》2017年第9期，第4~14、156页。

② 李向阳：《“一带一路”建设中的义利观》，《世界经济与政治》2017年第9期，第4~14、156页。

③ 张燕生、王海峰、杨坤峰：《“一带一路”建设面临的挑战与对策》，《宏观经济研究》2017年第11期，第3~10页。

场主导的对立，试图将“一带一路”塑造成为国际社会的异物，进而否定“一带一路”的合法性。针对传统国际关系互动的缺陷和弊端，“一带一路”确实试图提供一种异于传统的治理路径，是一种对传统全球治理模式的改良。“一带一路”倡议所倡导的增长模式（互联互通为先导）、合作模式（功能性合作为主）、治理模式（共商、共建、共享）、分配模式（普惠模式）以及“一带一路”的资金投放方式（不仅提供债务性资金，而且提供部分资本性资金[①]）等都与传统的国际关系互动模式不同。这种不同不是否定其合法性的理由，而恰恰是其合法性的基础，因为传统合作机制和治理方式产生的弊端已经逐渐显现，“二战”后70多年的发展使极少数国家得到了质的飞跃，大多数发展中国家仍处于“爬坡上坎”的阶段，其社会经济发展水平并没有得到根本性改变，这证明了现有合作机制和治理方式是存在缺陷的，是需要改良的。根据中国经验提出的“一带一路”倡议可能不一定放之四海而皆准，但至少提供了一种新的思路和新的选项，不能因其不同而否定其合法性。

“一带一路”倡议在推进过程中对其理念和价值观层面的质疑试图动摇其合法性的基础，而项目的推进和实施也面临一些具体的、切实的风险和挑战。

（二）“一带一路”项目的政治安全风险突出

“一带一路”项目在印度洋地区国家中有被“政治化”的倾向，即便是在对华关系友好的主流国家，“一带一路”项目也面临较高的政治安全风险。类似的事件先后在斯里兰卡、马来西亚、泰国、孟加拉国等上演。本部分以对华关系友好、高度支持“一带一路”的孟加拉国为例予以说明。具体而言，政治安全风险主要源于以下几个方面。

1. 周期性选举动荡

印度洋地区的绝大多数国家是所谓的“西方民主”政体，都存在周期

① 债务性资金需要还本付息，一般周期较短，多投入制造业等短期项目；资本性资金周期较长，还本付息能力弱，用于基础设施建设的多属于资本性资金。

性的选举，选举前后对涉华议题包括“一带一路”的炒作在很多国家都存在。很多“一带一路”项目存在因选举而暂停、搁置甚至被取消的风险。

孟加拉国有两大主要政党——人民联盟和民族主义党，除了军政府执政时期以外，其他时间都是两大政党执政。两大政党在发展对华友好关系方面是有共识的，都主张发展和加强对华友好关系。两党对华政策的差别只在于个别细节上。

1991 年结束军事统治以来，孟加拉国整体维持了通过选举和平移交权力的格局，但在近两次的孟加拉国大选中，大选前后都出现了 1 年左右的动荡期。2006 年大选期间，出现了长达 2 年的动荡期，孟加拉国政府宣布实施紧急状态。2014 年大选期间，最大反对党民族主义党抵制大选，多次发动罢工抗议。2015 年 1 月 5 日至 4 月 4 日，全国 96 人在冲突中死亡，1400 多人受伤。①

此外，政党之间彼此攻讦，争端激烈，因国际事务、利益分配和意气之争妨碍发展规划的事情时有发生。反对党联盟常常以交通封锁、组织罢工等方式给政府施压，这对孟加拉国的港口运输、进出口贸易等造成了较大的影响。2014 年大选后，执政党人民联盟和反对派的激烈斗争与暴力事件升级，更为孟加拉国的经济发展蒙上了阴影，如由中国融资的 S. ALAM 集团在吉大港附近的甘达玛拉（Gandamara）电站项目，就屡屡遭到孟加拉国国内民族主义党与人民联盟之间斗争的牵连。孟加拉国民族主义党当地领导人利亚卡特·卡特领导了一个反对电站项目的抗议团体，其目的是抗议电站建设项目及警方抓捕示威者。作为对反对党派行动的回应，执政的人民联盟当地领导人也宣布举行反抗议集会，以支持电站建设。两党之间的争执最终导致 2016 年 4 月的大规模抗议和暴力流血事件。

2. NGO 和宗教世俗之争影响政局走向

在印度洋地区国家中，普遍存在国家治理能力较弱、社会问题丛生等问

① “Bangladeshi Premier's Party Wins Election Amid Unrest”, New York Times, https://cn. nytimes. com/world/20140107/c07bangladesh/dual/.

题，这为 NGO 的存在提供了肥沃的土壤。这些国家中普遍活跃着各类 NGO，这些 NGO 的背景复杂，对众多议题都具有较大的社会影响。NGO 强大的社会动员能力常常能够影响当地的舆情和政策走向。由于我国对国外 NGO 的影响力非常有限，因此大多数 NGO 具有亲西方或受西方影响的特点，这对“一带一路”项目的执行和民意的沟通都具有负面影响。

近年来，宗教和世俗之争重回很多印度洋地区国家的政治与社会生活中，并且有日趋严重的趋势。各国宗教极端倾向和政治右倾趋势相结合，使这些国家的政治生态更加复杂，这对于“一带一路”的政策联通和项目落地都具有难以预料的影响。

孟加拉国有 140 多个国际 NGO，2011/2012 财年，孟加拉国 NGO 接收外国资助金额为 6.8 亿美元，2013/2014 财年更是高达 7.2 亿美元。[①] 为了加强对 NGO 的管理，孟加拉国政府已经加强了对其资金的管控，但是毫无疑问，在社会组织程度较低、基层治理能力较弱的孟加拉国，NGO 在政府、企业发展规划和社会力量发生冲突之际仍然会起到重要的作用，国外的政治和经济势力也将长期透过 NGO 影响孟加拉国的国内事务。NGO 对环保、气候变化、劳工权益等问题的炒作很容易对在孟投资的中国企业造成被动局面。

孟加拉国曾经是世俗主义立国的国家。然而，面对来自印度的强大的孟加拉语文化认同压力，以及作为对印度国内印度教右翼势力兴起的反弹，为加强国族和文化认同，孟加拉国民族主义党政府执政期间逐渐削弱了世俗主义立场，甚至通过修宪、设立伊斯兰教为国教等手段强调孟加拉国的伊斯兰色彩。尽管 2009 年人民联盟政府上台以来一直采取手段打压伊斯兰极端派别势力，民族主义党为了国内和国际政治地位，也与盟友伊斯兰大会党做了意识形态切割，但是依然拦不住世俗主义在伊斯兰保守势力面前节节败退，以及国内宗教争端的加剧。

一方面，宗教极端思想的传播导致孟加拉国世俗政治和社会的基础受到

① 《孟加拉非政府组织接收外国资助金额大幅下滑》，中国驻孟加拉国经商参赞处网站，2016 年 11 月 1 日，http://bd.mofcom.gov.cn/article/jmxw/201611/20161101557217.shtml。

严重冲击，宗教争端导致多起冲突事件，甚至发生了多起学者和少数派宗教人士被极端分子谋杀的事件；另一方面，近年来，极端组织“伊斯兰国”等宗教极端势力更是渗透到孟加拉国。2016 年 7 月 1 日武装分子在孟加拉国首都达卡的一家高级餐厅内杀害 20 名外国人的恐怖事件，导致国际舆论对孟加拉国做出了“走到十字路口”的判断。尽管孟加拉国政府竭力否认这一事件为“伊斯兰国”所为，但这已经导致人们对孟加拉国投资环境安全问题的担忧持续升温。

3. 大国平衡外交的摆动

大国平衡外交是大多数印度洋地区国家奉行的外交政策，因此这些国家随着不同政党的轮换和国际形势的变化都会出现偏中、偏印、偏美等不同的政策倾向。这些国家的外交政策在大国之间摇摆是“一带一路”面临的难以克服的挑战。

目前，真正对中国在孟投资产生影响和存在竞争关系的主要是印度和日本。印度与孟加拉国的关系因孟加拉国执政党的不同会出现差异，但总体而言，孟加拉国在安全和经济方面对印度都有着较强的依赖性。1971 年，在孟加拉国独立过程中，印度是重要推手。2015 年 9 月印度总理莫迪访问孟加拉国期间，两国签署了飞地互换协议，两国的飞地问题最终得以解决。孟加拉国与印度存在较大的贸易逆差，孟加拉国从印度进口柴油和电力。2017 年 11 月，孟加拉国计划修建锡拉甘杰至博格拉铁路，该铁路长 90 公里，预计费用为 571 亿塔卡，项目资金来自印度提供的第三期 45 亿美元贷款。

日本是孟加拉国最大的经济援助国，已累计提供援助 110 亿美元，实际到位 70 亿美元。2014 年 9 月，日本首相安倍晋三访问孟加拉国，双方同意在“全面伙伴关系”框架下进一步深化经贸合作关系。孟方承诺将在最大港口城市吉大港周边安排 500 英亩（约 3000 亩）土地供日本在孟建设特别经济区（SEZ）。2017 年 11 月，孟加拉国纳拉扬甘杰地区政府征地机构向日本特别经济区的土地所有者发出首封征地通知。目前，在孟投资日企已由 10 年前的 35 家增至 350 家。2017 年 7 月，日本协力基金与孟加拉国经济关系局签署协议，承诺2017/2018财年向孟加拉国提供15.9亿美元低息贷款，用于达卡机场扩建等6个项目建设。[①]

孟加拉国的中印日三国平衡外交在深海港建设中体现得最为明显。原计划由中国投资兴建的索纳蒂亚港最终被叫停，孟加拉国政府最终同意由日本在邻近区域建设玛塔巴瑞（Matarbari）港项目，同时在距离印孟边境10多公里的地方建设帕亚拉（Payra）港口。

（三）“一带一路”项目的运营风险缺乏有效的规避措施

“一带一路”项目在印度洋地区不仅面临较高的政治安全风险，而且日常运营的风险也很大，同时运营风险缺乏有效的规避措施。印度洋地区的很多国家属于投资和运营风险较高的国家，西方国家的投资意愿并不强，尽管这为“一带一路”项目的进入提供了机遇，但与此相伴而生的就是项目的运营风险较大，而且很难依靠现有的多边机制加以解决，必须主要依靠双边机制和企业自身的抗风险能力。下面仍以孟加拉国为例，对此予以说明。

1. 经商环境不佳导致的运营风险

整体而言，孟加拉国的投资环境在经商环境方面存在很多问题。世界银行发布的《2018年营商环境报告：改革以创造就业》显示，孟加拉国排名仅列第176位，其税收制度复杂，每年需要435个小时来缴纳各种税；在合同执行方面，孟加拉国排名第189位；在财产登记方面，孟加拉国排名第185位，平均需244天完成登记手续；在设立公司方面，孟加拉国排名第122位，平均耗时19.5天，开设成本为人均收入的13.8%。而全球贸易便利指数显示，孟加拉国在全球参评的136个经济体中居第123位，在南亚地区排在倒数第1位。报告采用7项指标来衡量一国的贸易便利化水平，孟加拉国各项指标排名分别为国内市场准入第127位、外资市场准入第12位、

① 《日本拟向孟加拉提供15.9亿美元低息贷款》，中国驻孟加拉国经商参赞处网站，2017年7月4日，http://bd.mofcom.gov.cn/article/jmxw/201707/20170702604265.shtml。

边境管理效率第 103 位、交通基础设施质量第 109 位、交通服务品质第 100 位、信息通信技术应用第 112 位、营商环境第 128 位。[①]

从对中资企业的调研情况来看，以下六个方面的问题影响较大。①征地。由于土地私有，征地是中资企业在孟投资碰到的第一大难题，因此建议中资企业尽量入驻孟加拉国政府或私企投资建设的工业园区，以减少征地的时间成本。②腐败和行政效率低下。从调研情况来看，中资企业在孟经营面临的最大问题是孟加拉国政府各级部门广泛存在的腐败、不透明和行政效率低下。③诈骗和诚信风险。诚信和合同的履约在孟加拉国是一个广泛存在的问题，很多中资企业有被骗的经历。④工会和罢工。工会力量在孟加拉国比较强大，很多中资企业缺少应对工会的经验。在大选期间发生的罢工会打乱企业的生产计划。⑤宗教因素。中资企业也普遍缺少处理宗教问题的经验，特别是在一个伊斯兰国家。⑥治安风险。2015 年中国在孟派出各类劳务人员 2517 人，年末在孟劳务人员有 3454 人。近年来，治安案件时有发生，我国驻当地使领馆也经常发布治安提醒。

2. 法律风险

孟加拉国的法律体系较为复杂，主要采用英美法系的法律制度，法律变更程序较为复杂，发生法律突然变更的可能性较小。孟加拉国对外商投资持欢迎态度，除了个别行业外，多数行业完全对外资开放，发生国有化或资产被没收的可能性较小。

3. 基础设施特别是港口运能不足风险

孟加拉国港口运能有限，且中资在孟拟建的索纳迪亚港口项目已被搁置，短期内孟加拉国港口运能难以提高，赴孟投资企业需高度关注运能不足可能带来的运营风险。

孟加拉国虽然紧靠孟加拉湾，具有发展海洋运输的优越的地理条件，但目前全国只有各类港口四个，分别是吉大港（Chittagong）、孟拉港

---

① 世界银行：《2018 年营商环境报告：改革以创造就业》，http：//chinese. doingbusiness. org/zh/reports/global - reports/doing - business - 2018。

（Mongla）、查尔纳港（Chalna）、达卡港（Dhaka）。其中，吉大港是该国最大的港口，运输量占全国的92%，其他三个港口都属于河流港口，水深不足，大型船舶难以进出港，只能将货物转运到较小的船上，导致成本高于周边国家港口数倍。

由于孟加拉国港口处理能力有限，而且预计在2023年前都不会得到缓解，因此出口加工型企业在孟投资也必须考虑孟加拉国港口的运输能力有限，进口原料和出口成品的海运成本较高、所需时间较长。

（四）“一带一路”的机制建设滞后

“一带一路”建设是百年大计，是中国崛起的长期战略，其他大国对此的围堵和不满将长期相伴。在这一过程中，融入或对现有国际机制的改造将是一个长期而艰难的过程。

“一带一路”起步以来，尽管创设了亚投行等国际机制，但整体的机制建设进程仍然较为缓慢，当前“一带一路”面临的制度性挑战还包括以下几个方面。

1. 美日澳等国联合提出“一带一路”的替代方案

在“一带一路”引领下，中国经济国际影响力的提升及其带来的地缘政治后果是美国“印太”战略需要应对的首要威胁。尽管美国利用联盟战略等军事安全方式来抵消中国影响力的扩展，但以军事安全方式来应对经济合作有悖于世界大多数国家所支持的国际经济合作趋势，而且效果也非常有限。美国及其盟国力推“一带一路”的替代方案，尽管可能是口惠而实不至，但也为沿线国家谈判增加了新的筹码，“一带一路”项目的政治风险和运营成本都将增加。

2. “一带一路”在南亚的推进与印度在南亚的主导地位之间存在两难

近年来，中印关系除了受传统的边界等双边议题的影响外，新增的影响因素之一就是两国在南亚的“影响力”之争。中印作为相邻大国同时崛起导致的问题是中印的“缓冲地带”在南亚高度重合。中国崛起过程中与南亚各国的关系全面深化，导致印度认为其传统的“势力范围”南亚邻国受到了中国的“侵蚀”，而印度作为崛起中的大国也奉行“邻国优先”的政策，加强与改善对邻国的管控是印度崛起的标志之一。事实上，不论是印度炒作颇多的海上“珍珠链”还是陆上中国与尼泊尔、孟加拉国等国家的合作，都是印度对中国进入南亚感到不适和焦虑的表现。对我国而言，在南亚八国中有五国系我国的邻国，加强与邻国关系本就是我国的外交基础，尊重印度在南亚的主导地位与加强我国与周边国家关系是难以兼容的。

3. 缺乏介入南亚地区的多边渠道

我国与南亚地区的交往几乎完全依赖于双边渠道，缺乏有效介入南亚地区的多边渠道，其原因在于以下几个方面。第一，南亚地区是区域一体化发展最为滞后的地区，因此南亚地区的区域性国际组织几乎都无所作为。南盟、环孟加拉湾经济技术合作组织、环印联盟等多个区域性国际组织发展都较为滞后。第二，我国的域外国家身份限制了我国在这些国际组织中的参与度。我国一直被认为是南亚地区的域外国家，印度仍然以此为由反对中国加入或过多参与南亚地区的国际组织。完全依赖双边渠道使我国的南亚安全战略具有较高的脆弱性，一旦南亚国家内政出现较大的变化，双边渠道受阻，则很难通过多边渠道有效施加影响。在斯里兰卡、尼泊尔、马尔代夫等国的政局变化中都曾出现过类似的情况。

要以亚洲基础设施投资银行的成功为案例，避免在“一带一路”建设中出现形式上和内容上的自我中心观，要使“一带一路”建设融入各种类型的国际组织、国际机制建设，或通过创设新的国际机制来实现“一带一路”真正的共建，减少中国中心的色彩。

（五）“一带一路”项目官方主导多、市场作用小

2013 年“一带一路”倡议提出以来，各部委、地方政府、国有企业都积极响应，大量布局“一带一路”沿线国家，在印度洋地区各国中，除了个别行业外，多数投资方和项目由国企和官方主导。目前来看，大型国企，尤其是大型中央企业是中国对“一带一路”直接投资的核心主体。在地域上，来自北京、上海、广东、浙江的企业就占了六成。就投资偏好而言，民

营企业倾向于多元化风险分散型投资，而央企、地方国企的投资领域、投资金额相对集中，且主要分布在能源、交通及金属矿产行业。

根据商务部的统计，中国在孟投资存量由2007年的4300万美元增加到2016年的2.25亿美元，增长速度较快，但投资总量并不大。①

2016年习近平主席访问孟加拉国期间，双方确定了六大合作领域，提出了六个重大项目。双方“将基础设施、产能合作、能源电力、交通运输、信息通信、农业作为中孟务实合作的重点领域加以推进。双方对帕亚拉1320MW燃煤电站、卡纳普里河河底隧道、达舍尔甘地污水处理厂、油轮和散货船采购、帕德玛大桥、第四代国家数据中心等项目取得的积极进展表示满意”。这六大领域的合作也主要由国企推动。目前在中国驻孟加拉国大使馆经商处备案的中资企业有129家，据当地中资企业反映，民营企业主要涉及轻纺服装、服装辅料，而交通运输、能源电力、建材等大项目主要还是由国企主导。

（六）“一带一路”项目中重资产项目多，种类单一

“一带一路”项目中存在大量的重资产项目，尤其是在基础设施建设、能源等领域，重资产项目投资大、产业链长，能产生较好的带动效应，但也面临一旦出现风险将损失巨大的难题。一般而言，各国的境外投资对重资产项目都比较谨慎。

2006年至2018年6月，中国对外大型投资项目中有253个受挫，占中国对外大型投资项目总数的8.81%；受挫金额达3528.2亿美元，占中国对外大型投资项目总额的19.08%。其中，中国对“一带一路”大型投资项目中有75个受挫，占中国大型投资受挫项目总数的29.64%；“一带一路”大型投资项目受挫金额为952.9亿美元，占中国大型投资受挫项目总额的27.01%。“一带一路”大型投资受挫项目中，

---

① 《2017年度中国对外直接投资统计公报》，商务部网站，http：//hzs. mofcom. gov. cn/article/date/201809/20180902791492. shtml。

能源领域的投资受挫情况较为突出，75 个受挫项目中就有 35 个能源项目，受挫金额达 636.4 亿美元，占“一带一路”大型投资受挫项目总额的 66.79%。①

三　印度洋地区国际制度对“一带一路”风险的修复效应

针对“一带一路”倡议提出的诸多质疑，有一些是出于意识形态和遏制中国的意图，有一些则是出于沿线国家对“一带一路”新生事物的疑虑，还有一些是出于“一带一路”本身的不确定性。针对后两类质疑，我们必须仔细甄别，予以可信的回答，而印度洋地区的国际制度对于回答部分疑虑来说是有助益的。

（一）调和“一带一路”倡议的发展导向与规则导向之争

在对“一带一路”倡议的诸多质疑中，最核心的争议就是发展导向与规则导向之间的争议，该争议又分为“一带一路”自身内部的发展导向与规则导向之间的争议以及“一带一路”的发展导向与西方主导的规则导向之间的争议。② 尽管将“一带一路”描述为“发展导向”与“规则导向”之间的对立是一个伪命题，但“一带一路”既是“发展导向”也是“规则导向”，只是这里的“规则”与部分国家所谓的“规则”并不一致。“一带一路”倡议的行稳致远必须有效协调好发展导向与规则导向，兼具发展导向与规则导向以及“一带一路”的发展导向与西方主导的规则导向的优势，才能实现“一带一路”国家或地区乃至全球范围的

① 李艳芳：《“印－太”地区经济发展与地缘经济格局演进》，《亚太经济》2019 年第 1 期，第 5～13 页。

② 王彦志：《“一带一路”倡议下的国际经济秩序：发展导向抑或规则导向》，《东北亚论坛》2019 年第 1 期，第 78～91、128 页。

共同繁荣与发展，为建设人类命运共同体做出中国贡献。[①]

为什么会在“一带一路”倡议中“建构”出所谓的发展导向与规则导向的对立呢？“一带一路”倡议的主要内容是为中国和沿线国家提供发展思路、发展模式、合作项目等国际公共产品或准公共产品。[②]“一带一路”倡议的提出，一方面是为了在沿线国家建立合作关系，改善现阶段我国区域发展不平衡的现状，实现经济的共同发展；另一方面是为了有效加强各国之间的经济沟通与合作，推动全球经济平稳增长，促进形成全球经济新格局。[③]提供国际公共产品的模式主要有两种：霸权国提供（或多国联合供给）和国际制度提供。“一带一路”倡议既不是霸权国或多国联合（中国不是霸权国，“一带一路”也不是中国的独角戏）来提供公共产品的模式，也不是国际制度来提供公共产品的模式。国际制度一般都会设置相应的门槛，以提高其有效性。但“一带一路”倡议是一种新的国际制度。共建“一带一路”是经济合作倡议，不是搞地缘政治联盟或军事同盟；是开放包容进程，不是关起门来搞小圈子或者“中国俱乐部”；是不以意识形态划界，不搞零和游戏，只要各国有意愿，我们都欢迎。[④]正因为“一带一路”倡议具有提供公共产品的功能但并不符合传统的提供公共产品的模式，因而引发了“一带一路”倡议不讲规则的误解，进而产生了“发展导向”还是“规则导向”的对立。

如何才能消弭这种“臆想”出来的对立呢？“一带一路”倡议的低门槛和粗线条规则是其区别于其他合作机制的重要特征，将“一带一路”打造成为规则明确的一个合作机制，会使其“泯灭于众生”而无法凸显其独特性。因此，将“一带一路”倡议与现有国际制度、印度洋地区国际制度进

① 王彦志：《“一带一路”倡议下的国际经济秩序：发展导向抑或规则导向》，《东北亚论坛》2019年第1期，第78~91、128页。

② 国际公共产品泛指具有实际的跨国界外部性的物品、资源、服务、规则系统或政策体制。

③ 景跃军、李涵：《“一带一路”背景下中国产业结构调整面临的挑战及对策》，《社会科学战线》2018年第12期，第246~250页。

④ 《习近平出席推进“一带一路”建设工作5周年座谈会并发表重要讲话》，中国网，2018年8月27日，http://www.gov.cn/xinwen/2018-08/27/content_5316913.htm。

行对接，才能够利用现有规则明确的国际制度来提供部分公共产品，这样既可以借助印度洋地区的国际制度来实现“一带一路”倡议的部分功能，缓解对其“无视规则或破坏规则”的责难，也可以激活现有印度洋地区的国际制度，使两者相互促进。

（二）弥补“一带一路”制度建设滞后的缺陷

“一带一路”的国际制度建设面临两难困境。一方面，“一带一路”倡议强调开放性、包容性，并不试图建立一个统一的国际制度。我们之所以称其为“倡议”，是因为它不是设想把沿线所有国家的自贸区和区域合作组织都涵盖进来，更不期望建立一种排他性的国际合作机制。[①] “一带一路”倡议强调不建立合作的统一机制。在一定程度上，给参加合作的各成员以较大的自由度。[②] 这符合渐进式改革和“摸着石头过河”的中国改革开放的成功模式，也符合中国“不干涉他国内政”的外交传统。此外，规则的产生是一个渐进和相互调适的过程，一开始就建立明确的规则，可能并不符合实际情况。“一带一路”中会有大量的关系治理，在互动初期，没有清晰的契约，甚至互动很久也难以形成明晰的规则，但互动过程本身的意义重大，有各种层级的互动就意味着容易降低不确定性，容易形成共同身份与共识，提高舒适度，顾及各方的差异，不急于立即签署难以落实或理解上有歧义的规则合同，这符合中华文化的环境性、互系性等特征。[③] 另一方面，制度化建设滞后也导致外界对“一带一路”倡议存有各种质疑。制度化建设滞后导致公共产品供给数量过大、权利与义务不对称，一些项目常常由于各种原因，特别是部分沿线国家的不遵约行为而被搁置，造成巨大的损失。无论是从自身的发展来看，还是从应对区域内大国的区域经济一体化倡议来看，

① 陆南泉：《“一带一路”倡议与推进区域合作值得关注的若干问题》，《财经问题研究》2018年第10期，第3~20页。

② 佟家栋：《“一带一路”倡议的理论超越》，《经济研究》2017年第12期，第22~25页。

③ 贾烈英：《“一带一路”倡议的深度内涵及其世界意义》，《中国穆斯林》2018年第3期，第19~21页。

“一带一路”的下一阶段都需要推动机制化建设。此外，与“一带一路”倡议存在竞争关系的制度都有明确的机制化目标，如美国退出后由日本接棒的CPTPP、日本和印度提出的“亚非增长走廊”、美国的“印太”战略等。因此，“一带一路”的机制化建设必须尽快提上日程。

印度洋地区已经建立起了安全领域、海洋领域和经济领域的多个综合或专业的国际制度，尽管这些国际组织和国际制度的发展还很不完善，但中国已经通过亚太经合组织、中国－东盟“10＋1”、东盟与中日韩“10＋3”、大湄公河次区域经济合作、泛北部湾经济合作论坛、环印联盟、印度洋海军论坛及中非合作论坛等制度安排参与了多个机制。在坚持“不打破原有国际制度，不另起炉灶”的情况下，只有通过将“一带一路”倡议与既有国际制度对接，才能提高其机制化水平。具体而言，这种对接更多的是一种功能性对接，不能寄希望于这些区域性国际制度全盘接受“一带一路”的理念、原则和实践。比较现实的路径是将“一带一路”的具体领域和项目与现有的区域性国际制度进行对接。在贸易畅通和资金融通方面，“一带一路”的理念和实践与环印联盟、环孟加拉湾经济合作组织、海湾合作委员会的实践是重叠的；在民心相通方面，“一带一路”的理念和实践与印度洋委员会、环印联盟、东盟、非盟等机构的理念和实践是重叠的；在基础设施互联互通方面，“一带一路”的部分实践与亚洲开发银行、联合国亚太经社理事会的实践是重叠的；在维护海上通道安全方面，“一带一路”所倡导的理念与印度洋海军论坛、印度洋海事合作委员会、《印度洋港口国监督协定》的理念有重叠之处。通过将不同的功能领域与不同的区域性国际制度进行对接，“一带一路”的机制化建设就嵌入了现有多个国际制度的建设，其机制化程度的提高将有较为现实的路径和较小的阻力。

（三）降低“一带一路”项目的政治安全风险

上述两项“修复效应”更多的是从理念和制度层面减小“一带一路”面临的阻力，但是在短期内无法解决“一带一路”沿线众多项目面临的现实的政治安全风险。从国际经验来看，要维护一国的项目安全，选项有三个：不去投资环境差、风险大的国家布局，依靠主导国的强力介入保证项目安全（“大棒+胡萝卜”），依靠国际法律和国际制度对发生安全风险争执的项目进行救济。前两个选项并非维护“一带一路”项目安全的可行选择，这是因为“一带一路”沿线国家多为发展中国家，投资环境差是其共同的特征。同时，“一带一路”倡议秉持“共商、共建、共享”的原则，中国也无法通过强有力的手段确保项目安全。因此，依靠国际法律和国际制度来维护项目的政治安全是为数不多的选项之一。当前，美欧大国态度转变以及沿线国家政局的变化，对“一带一路”的推进造成了巨大阻力。① 目前，“一带一路”倡议并没有创建专门的法律框架和投资保护等相关公约，也没有纠纷解决的仲裁和调解制度，短期内类似的制度也很难建立。“相关公约效力局限、协调机制不足、专门法律制度缺位等弊端”②，是“一带一路”倡议中项目政治安全风险高发的原因。

防范和化解“一带一路”项目的政治安全风险，除了需要项目业主单位做好前期的可行性研究和风险评估外，也需要充分利用现有国际制度，印度洋地区大多数现有国际制度都包括投资保护和纠纷解决措施等内容。利用现有国际制度的这些措施，可能依然无法完全规避项目所面临的政治安全风险，但这是为数不多的选项之一。

（四）增加“一带一路”与其他倡议对接的可能性

“一带一路”倡议自提出以来就坚持开放性与兼容性，一直寻求与其他国家的发展战略实现对接。“一带一路”建设不是另起炉灶、推倒重来，而是实现战略对接、优势互补。中国同有关国家协调政策，包括俄罗斯提出的“欧亚经济联盟”、东盟提出的“互联互通总体规划”、哈萨克斯坦提出的“光明之路”、土耳其提出的“中间走廊”、蒙古国提出的“发展之路”、越南提出的“两廊一圈”、英国提出的“英格兰北方经济中心”、波兰提出的

① 陆钢：《反思“一带一路”：问题与应对》，《国际战略研究简报》2019 年第 79 期。

② 翟语嘉：《“21 世纪海上丝绸之路”框架下能源通道安全保障法律机制探究》，《法学评论》2019 年第 2 期，第 131～142 页。

“琥珀之路”等。[①] 对接的想法是美好的，但如何对接依然需要寻求现实的路径。“一带一路”是面向世界的大倡议，具有世界意义，如何实现“一带一路”与其他倡议的对接，减少重复建设，避免恶性竞争，是需要解决的问题。[②]

“一带一路”倡议与其他发展战略对接，一种是双边层面的磋商与合作，其实这与传统的双边合作并没有太大的差别；另一种是所谓的“中印/日/俄+”三边或多边模式。国际关系互动多年的历史已经证明，多边合作的有效形式是国际制度和国际组织，因此，“一带一路”倡议与其他发展战略对接可依托的平台依然是国际制度或国际组织。

四 结语

尽管印度洋地区国际制度发展滞后，效果非常有限，但这并不妨碍印度洋地区国际制度为“一带一路”的推进带来一定的助力。印度洋地区国际制度对“一带一路”的推进既有正面效应，也可能产生负面效应。比较典型的负面效应是“一带一路”倡议与印度洋地区的国际制度可能产生竞争效应和排斥效应。“一带一路”倡议已被写进联合国大会和安理会的多个决议中，这说明“一带一路”倡议与联合国宪章的精神是高度契合的。[③] “一带一路”倡议与大多数国际制度的精神也是契合的，所需要探索的是如何充分趋利避害，实现两者的良性互动。

在国际关系史中，所有的霸权都是以军事实力为基础、以强制方法实现自己的海外利益的。美国与以往霸权的不同之处在于它不完全依靠军事实力将自己的意志强加于人，而是想建立一个由美国主导的制度性霸权体系。[④]

---

① 《习近平在“一带一路”国际合作高峰论坛开幕式上的演讲》，新华网，2017 年 5 月 14 日，http：//www. xinhuanet. com/2017 －05/14/c_ 1120969677. htm。

② 张蕴岭：《“一带一路”需要有大视野》，《财经问题研究》2018 年第 10 期，第 3 ~20 页。

③ 贾烈英：《“一带一路”倡议的深度内涵及其世界意义》，《中国穆斯林》2018 年第 3 期，第 19 ~21 页。

④ 阎学通：《美国霸权与中国安全》，天津人民出版社，2000，第 23 页。

这一制度性霸权建立后，就具有强大的惯性。“一带一路”倡议就是在制度霸权的语境下寻求新的出路。西方国家通过代表链实现对国际制度的控制是一个不争的事实，中国必须在这种强大优势下寻找国际制度空间。①

我们也要认识到国际制度本身的脆弱性。对任何国家而言，实力或者准确地说硬实力是国际制度发挥作用的基础，建立在相互依赖基础之上的制度安排难以摆脱反映大国利益的现实主义逻辑。鉴于此，客观认识国际制度之战略价值的脆弱性也是必要的。② 因此，依托国际制度或通过“一带一路”与国际制度的对接来实现“一带一路”倡议的顺利推进仍然具有很大的局限性。

① 王玮：《跨越制度边界的互动——国际制度与非成员国关系研究》，上海人民出版社，2012，第264~265页。

② 门洪华：《霸权之翼：美国国际制度战略》，北京大学出版社，2005，第57页。

B.6

印度洋地区的区域经济整合与经济合作机制构建

杨怡爽*

摘　要： 印度洋地区在政治体制、经济发展阶段、文化上具有高度的多样性，其面对的国际环境又具有高度的复杂性，实现域内经济整合具有极大的难度。尽管20世纪以来，印度洋地区各国已经为此做出了努力，但这一区域经济整合现状呈现以下特征：域内经济体相互依赖性不强，缺少高度发达的域内市场；域内经济体受地理范围限制，被切分成几大板块，各次区域之间的经济联系不深，在经济合作上各自为政，且每个次区域内部经济整合水准也普遍较低；印度洋地区的国际经济合作机制呈现低密度、碎片化的特征，且其成效与发展始终有限，现存机制在促进经济合作和区域经济整合上的能力不足。这是因为印度洋经济体尽管经济发展程度不同，但有着类似的贸易结构，缺少互补性；整个地区制造业基础薄弱，难以建立域内生产网络。与此同时，印度洋地区的区域经济合作制度供给与需求均在较低水平上徘徊，整体制度框架一直难以构建。目前印度洋地区还面对域外大国介入的冲击，这对印度洋地区的区域经济整合与经济合作机制构建形成了新的挑战。

* 杨怡爽，云南财经大学印度洋地区研究中心副教授。

关键词： 区域一体化　经济整合　国际机制　国际制度安排

一　导论

印度洋地区的经济发展有其独特性质。从经济增速来看，这一地区是世界上经济增速最快的地区之一，正是其强劲的增长表现使印度洋的经济重要性日益得到重视，从而助长了其战略地位的提升。但是，这样的经济增速在多大程度上可以归功于这一地区的经济整合进展与区域同一市场的成长呢？

实际上，印度洋经济体的快速增长有“各自为政”的特点，即便是这一地区增速最快、体量最大的经济体也并不特别依赖于域内经济的整合成果，反而更得益于与域外市场的紧密联系。38个印度洋经济体①迄今并没有培育成一个高度成熟的内部市场，也尚未形成比较完整的域内产业链和生产网络，从这一意义上来说，印度洋沿岸的经济体从未真正形成一个“环印度洋经济圈”。

除了其内部经济基础的薄弱、经济联系的匮乏之外，印度洋地区的经济合作机制供给不足同样是其经济整合进展缓慢的原因之一。自印度洋地区的第一个区域贸易协定（RTAs）成立以来，已经过去将近40年。如今，在整个印度洋地区，有多个以经济合作为主要目标或目标之一的国际机制，每个印度洋经济体平均签署的RTAs总数达到5.48个。然而，与邻近的亚太地区相比，印度洋地区的国际经济合作机制无论是在广度、深度上还是在涵盖议题上均发展滞后，与此同时，机制之间的碎片化现象依然非常严重，缺少有效的整合与纲领性的区域经济合作制度框架。甚至可以这样说，20世纪

① 此处对印度洋经济体的定义为：南亚地区包括印度、巴基斯坦、孟加拉国、斯里兰卡、马尔代夫；东南亚地区包括泰国、马来西亚、新加坡、缅甸、印度尼西亚、东帝汶；非洲国家包括南非、莫桑比克、坦桑尼亚、肯尼亚、索马里、吉布提、厄立特里亚、苏丹、埃及、毛里求斯、科摩罗、塞舌尔、马达加斯加、留尼汪、马约特；西亚中东地区包括沙特阿拉伯、也门、阿曼、阿拉伯联合酋长国、卡塔尔、巴林、科威特、伊朗、伊拉克、约旦、以色列；大洋洲国家包括澳大利亚。

90年代以来特别是多哈回合谈判陷于困境后的数十年，印度洋地区并没有借着全球范围内区域经济一体化的浪潮发展起真正的区域主义，这是一个“弱”制度化的地区。尽管印度洋地区已经日益深入地嵌入全球经济秩序之中，但这一地区本身的经济秩序是缺少具有足够深度的制度化安排的。更有甚者，在这一地区的区域多边经济合作机制尚未成熟之际，便已经连续受到少边主义、双边制度安排与域外大国争夺区域主导权的冲击。

目前，国内对印度洋地区与这一地区经济发展情况的研究成果已经比较丰富，也有一些学者对印度洋域内经济的整合现状与未来展望贡献过自己的智识。例如，Wilson探讨过印度洋地区内部相对于印太地区区域经济基础的薄弱性①，Yu和Bai从国际合作机制的现状出发讨论了印度洋一体化的前景②，也有环印联盟专家探讨了进一步经贸合作的可能性。但整体而言，对这一地区区域经济整合现状的研究还不充分。尽管有大量文献研究这一地区的地缘政治与安全机制构建问题，但着眼于经济合作机制的现状、作用与未来图景的文献并不多。

鉴于此，有必要讨论印度洋地区经济整合的现状和尚未形成强有力的区域经济的根本原因，以及当前在印度洋地区应构建怎样的区域经济合作机制才具有充分的有效性与合法性，这也是其通向进步与繁荣的必要条件。

二　印度洋地区经济整合现状

印度洋经济体近年来保持较高的经济增长率。2016年，这一地区的GDP平均增长率达到4.59%，2017年的GDP平均增长率为3.52%③，有多个经济体自2010年以来GDP年均增长率达到5%以上。但是，与此同时，

---

① Jeffrey D. Wilson, “Investing in the Economic Architecture of the Indo-Pacific”, *Indo-Pacific Insight Series*, Volume 8, August 2017, p. 4.

② Zhen Yu & Xinyi Bai, “From Southeast Asia to the Gulf: Analysis of the Prospect of Indian Ocean Integration”, *Asian Journal of Middle Eastern and Islamic Studies*, 2017, 11 (3), pp. 90 – 106.

③ 不包括东帝汶与也门。

38 个印度洋经济体的经济总量仅占全球 GDP 的 12.63%，进口总额和出口总额只分别占全球的 14.74% 和 15.24%。相对应的是，38 个印度洋经济体的经济整合程度同样不尽如人意。我们将从贸易与投资两个角度来考察这一点。

（一）域内贸易整合情况

首先，在贸易方面，印度洋经济体整体一体化或整合程度较低，域内市场发展程度大大落后于亚太地区。

2017 年，印度洋地区域内进口额约为 7870 亿美元，域内出口额约为 8699 亿美元（见表 1）。2008 ~ 2017 年，印度洋地区域内贸易额增幅并不大，相较于 1998 ~ 2007 年，增长速度大幅放缓。与整合程度较高的亚太经合组织（APEC）相比，近十年来 APEC 65% ~ 70% 的贸易额来自其成员内部，2016 年域内贸易额占其 GDP 的 27%；而印度洋地区域内贸易额占比虽然逐渐提高，但其高点始终低于 35%，其中最近十年域内进口额占比为 31.94%，而域内出口额占比为 32.50%（见图 1、图 2）。

表 1 印度洋地区域内贸易额

单位：十亿美元

指标	2008 年	2009 年	2010 年	2011 年	2012 年	2013 年	2014 年	2015 年	2016 年	2017 年
域内进口额	718.17	553.72	697.05	894.89	941.16	923.55	921.44	731.18	669.60	787.02
域内出口额	755.23	607.12	760.71	986.78	1035.77	1055.14	1030.32	836.26	766.83	869.85

资料来源：根据 UNCTAD 数据整理。

环印联盟的成员包括印度洋地区在经济上最重要的 21 个国家，但 2017 年环印联盟国家的域内贸易额也仅占其贸易总额的 22.75%。

其次，我们对印度洋经济体域内贸易按照域内的经济合作组织或区域组织进行进一步分解，发现次区域内部同样存在域内贸易比重和经济整合程度低的问题。对印度洋地区经济有重要作用的东盟 2017 年的域内贸易额占比仅为 23.18%，常年在 25% 左右徘徊。海湾合作委员会域内贸易额

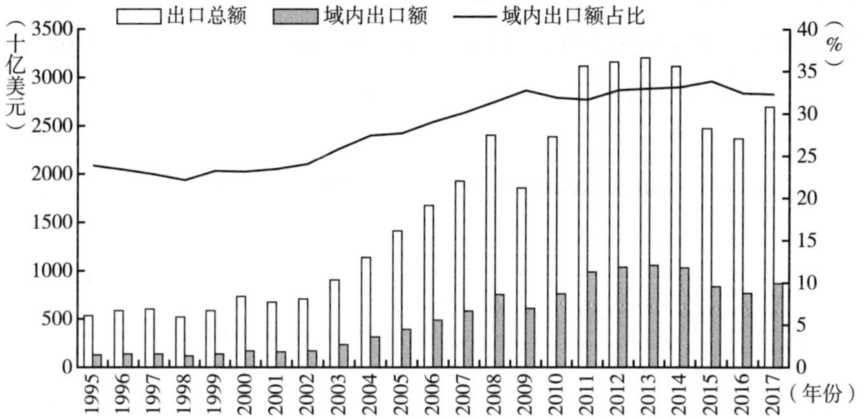

图 1　印度洋经济体域内出口额及其占比

资料来源：根据 UNCTAD 数据绘制。

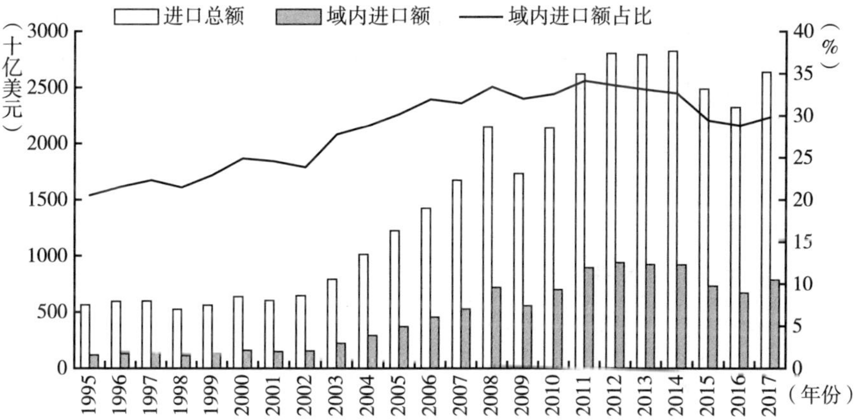

图 2　印度洋经济体域内进口额及其占比

资料来源：根据 UNCTAD 数据绘制。

占比近年来攀升至 10% 以上。在非洲国家中，东部和南部非洲共同市场域内贸易额多年来提升不大，南部非洲发展共同体近年来发展较快，这一现象极有可能是南非对域内其他国家（如莫桑比克）的电力或原材料需求增长导致的，但整体来看域内贸易额占比依然在 20% 左右徘徊。南盟域内贸易额占比极低，且其中大部分贸易额来自印度与其他南亚国家之间的双边贸易，如果去掉印度，则南盟域内贸易额占比更是微乎其微（见表2）。

表2　印度洋地区的区域或次区域合作组织域内贸易额占比

单位：%

组织	2007年	2008年	2009年	2010年	2011年	2012年	2013年	2014年	2015年	2016年	2017年
东盟	24.30	25.10	23.90	24.29	24.54	25.21	25.47	25.11	23.93	23.37	23.18
东部和南部非洲共同市场	4.93	5.34	6.92	7.15	9.07	7.47	9.09	9.93	11.47	9.74	11.50
海湾合作委员会	6.12	6.12	7.55	6.60	6.56	6.07	7.51	7.56	10.80	10.48	10.36
南盟	6.41	6.61	5.34	6.10	5.52	5.72	5.75	6.80	7.06	6.98	7.20
南部非洲发展共同体	11.20	11.75	13.44	18.04	16.41	18.19	18.67	19.27	21.71	20.83	19.83

资料来源：根据UNCTAD数据整理。

再次，印度洋地区各个经济板块之间的相互联系不深。图3与图4展示了按照区域组织区分的各个经济板块之间以及印度洋其他经济体之间的贸易关系。如图3所示，虽然各个地区近年来对印度洋经济体的域内出口额逐渐增加，但出口总额占比始终为20%～30%，可见对于这些分散的区域来说，印度洋沿岸国家并不是其主要出口市场。只有海湾合作委员会是一个例外，其对印度洋地区国家的出口额占比一直在稳步提升，从1995年的27.19%逐步攀升到2017年的44.09%，这是由于印度等国家的经济快速增长与制造业部门的发展带动了对海湾地区能源的需求。

最后，我们对比了2007年与2017年印度洋地区域内贸易结构，结果见表3。

我们观察到，2007～2017年，印度洋地区域内贸易结构总体变化不大，以初级产品特别是原材料与能源产品为主的贸易结构特征没有发生根本改变。

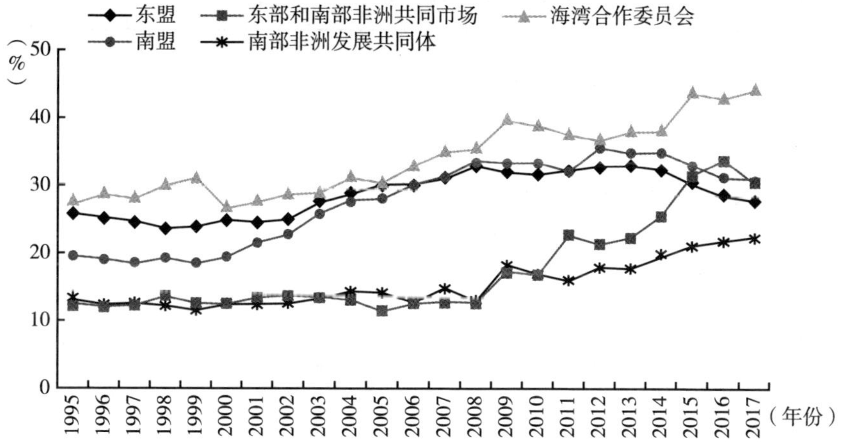

图 3　各区域组织对印度洋经济体出口额占比

资料来源：根据 UNCTAD 数据绘制。

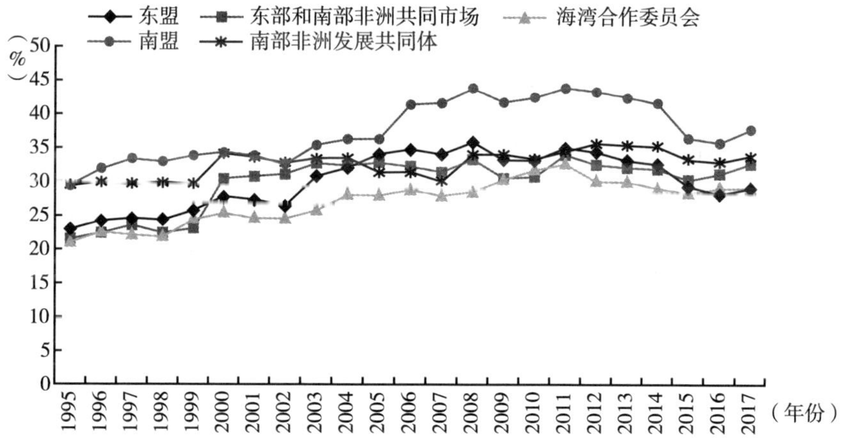

图 4　各区域组织对印度洋经济体进口额占比

资料来源：根据 UNCTAD 数据绘制。

近年来，随着总体贸易额的上升，石油与燃料所占比例有所下降，各类制成品的出口比例变化并不显著。体现域内产能合作的零配件、电器设备与机械设备的出口比例不升反降，只有食品和基于农业的制成品的比例有所提升。

表 3　印度洋地区域内贸易结构

产品门类	2007 年		2017 年	
	贸易额（百万美元）	占比（%）	贸易额（百万美元）	占比（%）
所有产品总计	1102484.18	100.00	1650892.10	100.00
初级产品、宝石和非货币黄金（SITC 0 +1 +2 +3 +4 +68 +667 +971）	591460.09	53.65	911629.75	55.22
初级产品（SITC 0 +1 +2 +3 +4 +68）	545137.94	49.45	823040.07	49.85
其中，燃料（SITC 3）	391587.72	35.52	537295.53	32.55
其中，矿物燃料、润滑剂和相关材料	391587.72	35.52	537295.53	32.55
其中，石油、石油产品及相关材料	360648.88	32.71	432589.03	26.20
其中，所有食品（SITC 0 +1 +22 +4）	86817.87	7.87	188903.70	11.44
其中，矿石和金属（SITC 27 +28 +68）	51501.50	4.67	74249.89	4.50
其中，珍珠、宝石和非货币黄金（SITC 667 +971）	46322.15	4.20	88589.68	5.37
制成品（SITC 5 至 8，667 和 68 除外）	486575.10	44.13	733880.89	44.45
其中，机械和运输设备（SITC 7）	246921.78	22.40	317638.47	19.24
其中，电子电气产品零配件（SITC 759 +764 +772 +776）	97013.39	8.80	97845.64	5.93
其中，化学产品（SITC 5）	90497.73	8.21	176001.87	10.66
其中，纺织产品、纤维、纱线、织物和服装（SITC 26 +65 +84）	29147.41	2.64	56600.80	3.43
其中，高技能和技术密集型制成品	234482.34	21.27	356658.09	21.60
其中，中等技术和技术密集型制成品	135432.12	12.28	195586.28	11.85
其中，劳动力密集型和资源密集型制成品	55229.95	5.01	94417.82	5.72
其中，低技能和技术密集型制成品	61430.69	5.57	87218.70	5.28
值得注意的产品门类				
高科技制成品：电子和电气	123577.89	11.21	131110.77	7.94
中型技术制成品：汽车	35917.84	3.26	60256.92	3.65
中型技术制成品：工程类产品	87793.63	7.96	127613.30	7.73
低技术制造业：纺织、服装和鞋类	22830.65	2.07	48306.42	2.93
基于农业的制成品	64389.06	5.84	123814.07	7.50

资料来源：根据 UNCTAD 数据整理。

既然印度洋地区域内贸易并不发达，那么这一地区快速的经济增长得益于怎样的贸易推动力呢？如表 4 所示，2017 年，38 个印度洋经济体的主要出口伙伴是中国内地（13.23%）、美国（8.36%）、日本（7.24%）、印度（5.90%）、韩国（4.61%），主要进口伙伴是中国内地（17.80%）、美国

(7.77%)、日本(5.59%)、阿拉伯联合酋长国(4.09%)、印度(3.88%)。其中，中国内地进出口额占比均列第一位，美国进出口额占比均列第二位，日本进出口额占比均列第三位。综合进出口额占比情况，38个印度洋经济体的主要贸易伙伴是中国内地(15.49%)、美国(8.07%)、日本(6.43%)，而几个主要的印度洋国家贸易伙伴(印度4.90%、新加坡3.49%、阿拉伯联合酋长国3.41%、马来西亚2.99%)合计占比为14.79%，与中国内地这一单一域外经济体的占比相当。由此可见，无论是进口还是出口，印度洋经济体都更依赖于域外的庞大市场。

表4　2017年38个印度洋经济体前十进出口伙伴进出口额及其占比

2017年38个印度洋经济体前十出口伙伴出口额及其占比		
出口伙伴	出口额(十亿美元)	占比(%)
中国内地	356.64	13.23
美国	225.22	8.36
日本	195.13	7.24
印度	159.04	5.90
韩国	124.23	4.61
中国香港	112.56	4.18
新加坡	103.47	3.84
中国台湾	76.59	2.84
阿拉伯联合酋长国	74.22	2.75
马来西亚	73.51	2.73
2017年38个印度洋经济体前十进口伙伴进口额及其占比		
进口伙伴	进口额(十亿美元)	占比(%)
中国内地	469.49	17.80
美国	204.9	7.77
日本	147.59	5.59
阿拉伯联合酋长国	107.8	4.09
印度	102.3	3.88
德国	102.04	3.87
韩国	100.31	3.80
马来西亚	86.05	3.26
新加坡	82.67	3.13
沙特阿拉伯	81.15	3.08

资料来源：根据UNCTAD数据整理。

从上述贸易规模与贸易结构来看，目前印度洋地区的域内经济整合情况如下。

第一，整合程度不高，并未形成高度发达的内部市场；第二，无论是印度洋地区还是其所属的次区域，即便有一定程度的区域组织或贸易安排，内部经济一体化的整合程度也不高；第三，各个地区（经济板块）之间的联系不深；第四，域内贸易以初级产品、能源和原材料为主；第五，这一地区的贸易发展和外部经济更多依赖于域外经济体，域外大国既是其主要的市场，也为这一地区提供工业制成品。

（二）直接投资情况

印度洋经济体大多为发展中国家，外部资本的流入对打破资本瓶颈、促进发展起着至关重要的作用。但是，我们发现，印度洋经济体在吸引投资方面的能力有限——不仅吸引域外直接投资相对较少，而且域内的大部分对外直接投资并不流向印度洋经济体。

整体来看，印度洋经济体吸纳投资的增速较快，但其总量一直相对较小，2017 年流向印度洋地区国家的直接投资约为 4 万亿美元，占全球直接投资流量的 17.55%（见表 5）。截至 2017 年底，印度洋地区国家直接投资存量只占全球总量的 13%，而其中的大部分集中在印度与海湾国家的能源产业。从历史趋势上来看，流向印度洋地区的直接投资流量占比波动很大，而存量占比则常年在 13% 左右徘徊（见图 5）。与此相对的是，2017 年全球直接投资的 57% 流向亚太地区，2017 年底全球直接投资存量的 54% 集中在亚太地区。

表 5　流向印度洋地区的直接投资

单位：千亿美元

指标	2007 年	2008 年	2009 年	2010 年	2011 年	2012 年	2013 年	2014 年	2015 年	2016 年	2017 年
存量	179.52	154.04	183.02	202.79	210.07	228.77	247.65	253.79	256.65	276.63	315.24
流量	16.65	16.52	20.62	25.37	27.01	30.74	31.79	33.71	34.49	36.70	40.99

资料来源：根据 UNCTAD 数据整理。

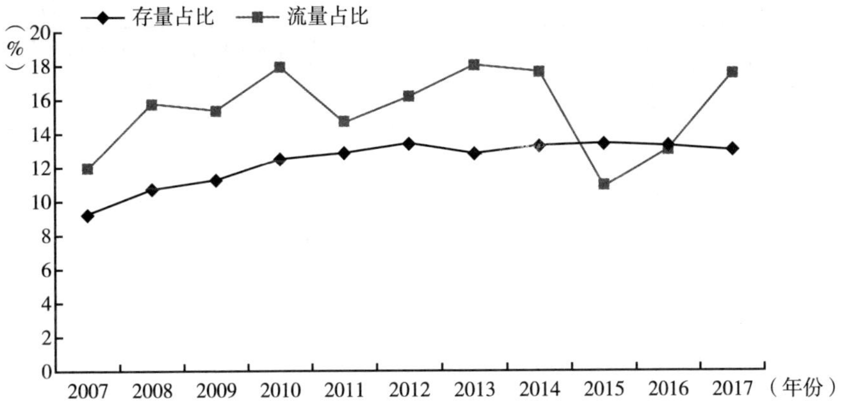

图 5　流向印度洋地区的直接投资在全球总量中的占比

资料来源：根据 UNCTAD 数据计算并绘制。

从投资的流向看，印度洋地区吸引的投资大多流向几个集中的国家，主要是新加坡、澳大利亚、印度和印度尼西亚（见表 6）。投资主要用于服务业、采矿业、采石业以及制造业。服务业投资主要用于金融、保险和房地产活动。

表 6　2017 年印度洋地区吸引外国直接投资的主要国家

2017 年底吸引外国直接投资存量			2017 年吸引外国直接投资流量		
国家	金额（百万美元）	占比（%）	国家	金额（百万美元）	占比（%）
新加坡	1284929.0	31.34	新加坡	62005.97	24.71
澳大利亚	662296.4	16.16	澳大利亚	46367.98	18.48
印度	377683.5	9.21	印度	39916.09	15.91
印度尼西亚	248510.5	6.06	印度尼西亚	23063.11	9.19
沙特阿拉伯	232227.7	5.66	以色列	18954.00	7.55
泰国	219368.5	5.35	阿拉伯联合酋长国	10354.22	4.13
南非	149962.4	3.66	马来西亚	9543.45	3.80
马来西亚	139540.1	3.40	泰国	7635.25	3.04

续表

2017年底吸引外国直接投资存量			2017年吸引外国直接投资流量		
国家	金额（百万美元）	占比（%）	国家	金额（百万美元）	占比（%）
阿拉伯联合酋长国	129933.9	3.17	埃及	7391.70	2.95
以色列	128818.1	3.14	伊朗	5019.00	2.00
其他国家总计	526104.5	12.83	其他国家总计	20675.89	8.24

资料来源：根据UNCTAD数据整理。

在这一地区吸纳的直接投资中，又有多少来自域内呢？印度洋地区国家并不缺乏对外投资的能力和动机，按2017年底的对外直接投资存量衡量，印度洋地区对外直接投资前十国家分别为新加坡、澳大利亚、南非、印度、马来西亚、阿拉伯联合酋长国、泰国、以色列、沙特阿拉伯、印度尼西亚，其中印度、马来西亚、南非等国均为近年来崛起的发展中对外投资大国，而新加坡和澳大利亚则一直向海外投资，新加坡还是亚洲许多国家的主要外国直接投资来源国。这几个国家的主要对外投资对象见表7，其中印度洋地区国家以灰底色标注。

从表7可以发现，这些对外直接投资的印度洋地区国家的投资实际上大部分流向了域外国家，尤其是流向了经济更加发达的国家和避税天堂。流向印度洋地区域内的投资只集中于特定的几个国家。其中，新加坡虽然吸收了大量来自域内的投资，但这更有可能是新加坡在国际资本流动中的特殊地位导致的，而流向毛里求斯的直接投资则可能是出于寻求高税收优惠的动机。

在这几个主要的投资国中，新加坡有着明确的对外投资目标，虽然提出了依托中国与东盟“立足周边、扩大腹地”发展外层经济的战略，但其重点依然在亚太地区；澳大利亚遵循了典型的发达国家投资模式；印度是新崛起的对外投资国家，其大量对外投资流向了毛里求斯、新加坡与阿拉伯联合酋长国这几个印度洋地区国家，但从其投资性质上来看，利用移民社会联系、资源来寻求高税收优惠的特征非常鲜明；南非和马来西亚的投资目的地带有明显的对外寻求市场、管理、技术等无形资产或通过投资来规避国内制度限制的动机。总体而言，这样的投资与印度洋地区域内的产业发展或贸易往来并没有高相关度。

表 7　2017 年主要印度洋地区对外直接投资国投资流向前十目的地
（按 2017 年底存量排序）

排名	新加坡（百万美元）		澳大利亚（十亿美元）		南非（百万兰特）		印度*（百万美元）		马来西亚（十亿令吉）	
1	中国内地	139974.00	美国	664.5	中国内地	2041159	毛里求斯	8036.22	新加坡	2.6
2	开曼群岛	70712.60	英国	333.1	英国	392888	新加坡	7884.45	英国	4.0
3	印度尼西亚	65746.10	日本	125.1	毛里求斯	140893	美国	5655.31	百慕大群岛	3.6
4	中国香港	57394.20	新西兰	103.0	澳大利亚	109044	阿拉伯联合酋长国	3341.24	印度尼西亚	2.6
5	英国	54503.30	中国内地	77.1	美国	97103	荷兰	3234.91	开曼群岛	2.2
6	澳大利亚	48749.40	德国	73.6	卢森堡	94275	英国	2923.06	卢森堡	1.6
7	印度	48535.80	开曼群岛	63.3	奥地利	62149	瑞士	1723.49	土库曼斯坦	1.6
8	马来西亚	44952.20	新加坡	59.4	莫桑比克	37974	俄罗斯	914.44	美国	1.2
9	英属维尔京群岛	38758.30	法国	51.0	荷兰	31931	泽西岛	484.93	马恩岛	0.7
10	美国	31489.00	中国香港	47.4	赞比亚	24483	英属维尔京群岛	459.34	—	—

* 印度数据为 2014 ~ 2017 年的 ODI 累计总额。

资料来源：根据各个国家政府对外投资公报或经济年报计算得出。

三　印度洋经济合作国际机制现状

（一）印度洋地区的国际组织

国际社会的成员基于共同的需求而形成的国际制度，本质上都可以被认定为一种国际公共产品，其作用是完成某项国际事务的治理，因此无论是国际组织还是自由贸易协定（FTAs）投资协议等都可以视为国际经济合作机制的一种形式。其中，区域经济合作机制是区域性的“俱乐部公共产品”，其目标通常是便利贸易与投资，促进区域经济一体化，提升区域内发展水平。印度洋地区国家进行区域经济合作机制尝试的历史并不短，自 20 世纪 90 年代中期以来，印度洋边缘国家之间的经济合作也在不断增加，许多地区组织的目标之一是经济发展与区域合作。其中，较为知名的包括南部非洲发展共同体（SADC）、东部和南部非洲共同市场（COMESA）、海湾合作委员会（GCC）、南亚优惠贸易安排（SAPTA）和东盟（ASEAN）等。这些区域组织或区域贸易协定的历史、表现、职能及发展前景在中外文献中已经得到广泛讨论。印度洋委员会（IOC）和环印联盟（IORA）的作用也被探讨过。

与印度洋经济体关系密切的区域或次区域合作组织或倡议还有“一带一路”倡议、大湄公河次区域经济合作（GMS）、亚洲基础设施投资银行（AIIB）、科迈萨－东共体－南共体三方自贸区、环孟加拉湾多领域经济技术合作倡议（孟印缅斯泰经济合作组织，BIMSTEC）等。

表 8 中所列举的这些区域组织或机制在促进区域经济一体化方面的成就与作用差异很大，其内部关税减免程度、促进贸易便利化程度、服务贸易自由化、核心贸易规则（如原产地与敏感商品认定）、人员自由流动与投资协议签署的情况各不相同。部分区域组织或机制已经取得了较大的成就，如东盟平均已有 95.99% 的货物取消了关税，并于 2015 年宣布建成东盟经济共同体。但是，正如前文所述，整体来看，截至目前，真正能称得上在区域的“开放贸易与经济融合”方面取得长足进展的国际组织只有东盟，但仔细观

表 8　以区域经济一体化为主要目的之一的印度洋地区相关国际组织

名称	成立时间	宪章中是否包括明确的经济合作目标	主要贸易或投资安排
南亚区域合作联盟	1985 年		南亚自由贸易协定（2006）、南盟服务贸易协定（2012）
东南亚国家联盟	1967 年	是①	东盟全面投资协定（2008）、东盟货物贸易协议（2010）、东盟经济共同体蓝图（2007）②
环印度洋地区合作联盟	1997 年	是③	
海湾合作委员会	1981 年		海湾合作委员会成员国之间的经济协定（2003）
东部和南部非洲共同市场	1994 年	是④	东部和南部非洲共同市场协定（1993）
南部非洲发展共同体	1992 年	是⑤	南部非洲发展共同体贸易议定书（2000）

注：①东南亚国家联盟的经济目标是“建立稳定、繁荣、极具竞争力和一体化的共同市场与制造基地，实现货物、服务、投资、人员、资金的自由流动”；2015 年建立的东盟经济共同体则计划在 10 年内将东盟内部打造为单一市场。

②东盟经济共同体蓝图全称为“2015 年东盟经济共同体蓝图”（ASEAN Economic Community Blueprint），在 2007 年第 13 次东盟首脑会议上通过。蓝图提出要在 2015 年前完成东盟经济共同体建设的四大支柱，即“统一的市场和生产基地”“强大经济竞争力的地区”“经济均衡发展”“融入全球经济”，还包括 17 个领域和 176 项优先行动。2015 年 12 月 31 日，东盟宣布东盟经济共同体建设完成。

③环印度洋地区合作联盟的经济目标是“推动区域内贸易和投资自由化，促进地区经贸往来和科技交流”。

④东部和南部非洲共同市场的经济目标是“废除成员国之间的关税和非关税壁垒，实现商品和劳务的自由流通；协调成员国关税政策，分阶段实现共同对外关税；在贸易、金融、交通运输、工业、农业、能源、法律等领域进行合作；对外债问题采取统一立场，协调各国经济结构调整方案；建立货币联盟，发行共同货币”。

⑤南部非洲发展共同体的经济目标是“在平等、互利和均衡的基础上建立开放型经济，打破关税壁垒，促进相互贸易和投资，实行人员、货物和劳务的自由往来，逐步统一关税和货币，最终实现地区经济一体化”。

资料来源：各国际组织官方网站。

察东盟经济成功的本质与其职能就会发现，即便是在推动东盟经济共同体建成的 8 年时间内，东盟内部共同单一市场的建设实际上也还是有限的，在人员与资本的流动方面依然有诸多限制。① 东盟作为区域组织最大的成就实际

① 王勤：《东盟经济共同体建设的进程与成效》，《南洋问题研究》2015 年第 4 期，第 1～10 页。

上是推动了这一地区与地区外的经济网络建设，特别是东亚地区的融合（如作为整体对外商谈签订东盟“10+3”协定），从而为这一地区国家的域外市场准入铺平了道路。值得注意的是，现在许多印度洋地区域内组织实际上也正试图发挥相似的作用。

尽管这些组织基本上都有经济合作目标或政策，但综观其发展现状，我们可以发现以下几个主要问题。

首先，除了环印联盟之外，这一地区缺乏在地域上涵盖范围广泛、在职能上具有代表性的区域合作组织，大部分具有经济职能的区域组织只覆盖了某个单独的地区板块；而环印联盟由于种种原因赋权不足，在制定地区经济合作规则和指导思想上缺乏足够的权威性。

其次，这些国际组织大多以建设区域共同体为基本目标，具有经济、政治、安全等多重职能与目标，因此，与许多以发展中国家为主体的国际组织一样，由于涵盖面过于宽泛、贪大求全，反而导致在具体目标落实方面能力不足，Peter 就曾指出印度洋地区国际机制的目标过于宏观而导致其无法落实的治理困境[①]，而这也造成了这些国际机制在经济事务上缺少针对性、功能性不强的局面。同时，其内部成员之间的政治问题往往还会影响区域经济目标的推进，如南亚自由贸易协定（SAFTA）的关税减让落实长期受到印巴冲突的影响，双方在关税减让方面争执不下，印方指责巴方未按 SAFTA 要求对除消极清单以外的所有商品实施关税减让，导致原定的关税减免目标一直无法实现。

最后，许多印度洋地区组织目前发挥最大作用的领域并不是整合其域内单一市场，而是对外作为一个国家集体行动参与贸易谈判，在与域外市场的谈判中谋求更有利的地位，类似的例子如欧洲自由贸易联盟（EFTA，成员国有冰岛、列支敦士登、挪威和瑞士）与南部非洲关税同盟（SACU）签订的自贸协定、EFTA 与海湾合作委员会正在谈判的自贸区协定等。

---

① Lehr Peter, “Piracy and Maritime Governance in the Indian Ocean”, *Journal of the Indian Ocean Region*, 2013, 9 (1), pp. 104 – 119.

（二）区域贸易协定与投资协议

20世纪90年代以来，区域贸易协定（RTAs）以及由协定形成的贸易集团构成了如今区域经济的主要特征之一，而印度洋地区国家同样签订了大量的区域贸易协定，尽管区域贸易协定相对于自由贸易或多边化来说是一项次优选择，但依然在一定程度上促进了贸易便利化。如今，全球每年有10～20个自由贸易协定完成谈判并生效，亚太地区的自由贸易协定数量众多且大量重叠，被称为“意大利面碗”。与亚太地区相比，印度洋地区的区域贸易协定密度实际上相对较小。印度洋地区国家平均签署的区域贸易协定数量为5.48个，其中主要缔约伙伴为印度洋地区国家、相关国家或国际组织的区域贸易协定数量为2.7个（见表9、表10）。

表9　区域贸易协定（RTAs）签订情况

国家或地区	RTAs数量	主要缔约伙伴为印度洋地区国家、相关国家或国际组织的RTAs数量	国家或地区	RTAs数量	主要缔约伙伴为印度洋地区国家、相关国家或国际组织的RTAs数量
印度	16	11	印度尼西亚	8	3
巴基斯坦	9	6	新加坡	24	7
孟加拉国	5	2	东帝汶	无资料	无资料
马尔代夫	2	2	埃及	9	2
斯里兰卡	6	4	苏丹	3	2
澳大利亚	13	4	厄立特里亚	1	1
伊朗	2	1	吉布提	1	1
伊拉克	2	1	索马里	0	0
阿拉伯联合酋长国	2	2	肯尼亚	2	2
沙特阿拉伯	2	2	坦桑尼亚	3	2
也门	1	1	莫桑比克	3	1
阿曼	3	2	毛里求斯	5	3
卡塔尔	2	2	马达加斯加	3	2
科威特	2	2	南非	6	3
约旦	8	2	科摩罗	1	1

续表

国家或地区	RTAs数量	主要缔约伙伴为印度洋地区国家、相关国家或国际组织的RTAs数量	国家或地区	RTAs数量	主要缔约伙伴为印度洋地区国家、相关国家或国际组织的RTAs数量
以色列	7	0	塞舌尔	3	2
巴林	3	2	马约特	无资料	无资料
缅甸	7	6	留尼汪	无资料	无资料
泰国	13	5	马来西亚	15	6

注：WTO RTAs只记录了各个国家主动上报的RTAs总数。

资料来源：根据WTO RTAs数据库整理。

表10　以印度洋经济体为主体的区域贸易协定一览

名称	主要成员	性质	涵盖范围	生效时间
经济合作组织(ECO)	伊朗、巴基斯坦、土耳其	PSA *	商品贸易	1992年
南亚自由贸易协定(SAFTA)	阿富汗、孟加拉国、不丹、印度、马尔代夫、尼泊尔、巴基斯坦、斯里兰卡	FTA **	商品贸易	2004年
泛阿拉伯自由贸易区(PAFTA)	巴林、埃及、伊拉克、约旦、科威特、黎巴嫩、利比亚、摩洛哥、阿曼、卡塔尔、沙特阿拉伯、苏丹、叙利亚、突尼斯、阿拉伯联合酋长国、也门	FTA	商品贸易	1998年
海湾合作委员会(GCC)	巴林、科威特、阿曼、卡塔尔、沙特阿拉伯、阿拉伯联合酋长国	关税同盟	商品贸易	2003年
东盟自由贸易区(AFTA)	文莱、柬埔寨、印度尼西亚、老挝、马来西亚、缅甸、菲律宾、新加坡、泰国、越南	FTA	商品贸易	1993年
东部和南部非洲共同市场(COMESA)	安哥拉、布隆迪、科摩罗、埃及、厄立特里亚、埃斯瓦蒂尼、埃塞俄比亚、肯尼亚、莱索托、马拉维、毛里求斯、卢旺达、苏丹、坦桑尼亚、乌干达、赞比亚、津巴布韦	关税同盟	商品贸易	1994年
南部非洲发展共同体(SADC)	安哥拉、博茨瓦纳、埃斯瓦蒂尼、莱索托、马达加斯加、马拉维、毛里求斯、莫桑比克、纳米比亚、塞舌尔、南非、坦桑尼亚、赞比亚、津巴布韦	FTA	商品贸易	2000年

* 局部自由贸易协定。

** 自由贸易协定。

注：WTO RTAs只记录了各个国家主动上报的RTAs总数。

资料来源：根据WTO RTAs数据库整理。

其中，即将生效或尚在谈判中的包括 EFTA-GCC 自贸协定、澳大利亚-海湾合作委员会自贸协定、环孟加拉湾多领域经济技术合作倡议自贸区协议、孟不印尼（BBIN）次区域合作、印度-南部非洲关税同盟（SACU）自贸区协议等。

此外，对印度洋经济体产生较大影响的区域贸易协议还包括亚太贸易协定（即原先的曼谷协定，Asia-Pacific Trade Agreement，APTA），以及涵盖三个印度洋地区国家（澳大利亚、新加坡和马来西亚）的已经生效的全面与进步跨太平洋伙伴关系协定（CPTPP）和目前正在谈判中的区域全面经济伙伴关系协定（RCEP）等巨型自由贸易区协定（Mega-FTA）。

印度洋地区国家还签订了大量的国际投资协议，包括各种双边投资协议（BITs）与含投资条款的条约（TIPs）（见表 11）。但是，如同区域贸易协定一样，印度洋地区国家的“投资协议密度”也是相对较小的。

表 11　印度洋地区国家签订的国际投资协议数量

单位：个

国家或地区	双边投资协议（BITs）		含投资条款的条约（TIPs）		国家或地区	双边投资协议（BITs）		含投资条款的条约（TIPs）	
	总数	生效中	总数	生效中		总数	生效中	总数	生效中
印度	23	20	13	9	马来西亚	66	54	25	21
巴基斯坦	46	32	7	6	印度尼西亚	42	25	19	14
孟加拉国	29	24	4	3	新加坡	33	37	34	30
马尔代夫	1	0	3	3	东帝汶	3	1	1	1
斯里兰卡	26	24	6	5	埃及	100	72	13	11
澳大利亚	18	18	21	17	苏丹	29	14	8	7
伊朗	68	58	2	1	厄立特里亚	4	1	5	4
伊拉克	6	2	5	3	吉布提	8	3	8	7
阿拉伯联合酋长国	83	45	12	6	索马里	3	2	4	4
沙特阿拉伯	24	20	13	8	肯尼亚	18	10	7	6
也门	36	22	5	5	坦桑尼亚	19	11	6	6
阿曼	34	28	12	7	莫桑比克	27	20	8	6
卡塔尔	56	22	12	6	毛里求斯	46	27	9	7

续表

国家或地区	双边投资协议(BITs)		含投资条款的条约(TIPs)		国家或地区	双边投资协议(BITs)		含投资条款的条约(TIPs)	
	总数	生效中	总数	生效中		总数	生效中	总数	生效中
科威特	83	66	12	6	马达加斯加	9	8	5	3
约旦	56	48	9	9	南非	40	13	10	8
以色列	38	35	5	4	科摩罗	7	3	9	7
巴林	31	25	13	8	塞舌尔	4	2	8	6
缅甸	9	7	15	12	马约特	0	0	1	1
泰国	39	36	23	20	留尼汪	0	0	0	0

资料来源：UNCTAD 的 Investment Hub。

我们发现，在现实中，对印度洋经济体产生重大影响的贸易协定或投资协议并不是关于整合域内贸易或投资的，而是关于整合这些经济体与域外市场或生产网络的经济合作安排。我们还无法判断印度洋地区域内的贸易协定是否产生了显著的贸易创造结果，或是如同普格尔和林德特提到的那样，“无弹性的进口需求以及整个新关税同盟内存在的各种高成本”反而造成了“最糟糕的贸易转移情况”①，但迄今印度洋地区尚没有某个区域经济制度安排能够像当初中国－东盟自贸区协议那样对地区经济产生重大作用。

然而，真正关键的问题在于两个方面。第一，印度洋地区国家众多的 FTAs 或 RTAs 呈现高度碎片化的特点。它们各自所涵盖的领域或区域高度分散，相互重叠的情况不多。第二，印度洋地区国家众多的 FTAs 或 RTAs 都是在缺少一个整体制度框架的情况下产生的。这一点与其他区域经济整合程度高的地区形成了鲜明对比。

Aggarwal 等学者在探讨制度之间的相互关系和兼容问题的过程中发现，国际经济机制中存在制度重叠（Overlapping）和制度嵌套（Nesting）现象，其中制度重叠是指不同国际经济机制中领域、职能和区域之间的重叠，而制

① 〔美〕托马斯·普格尔、彼得·林德特：《国际经济学》（第十一版），李克宁译，经济科学出版社，2001，第 151 页。

度嵌套则是指次一级的制度"嵌入"一个同一的大框架内，如区域贸易协定"嵌入"WTO贸易规则框架下，次区域贸易协定或特定贸易领域（如服务贸易和知识产权）协议"嵌入"区域协定或合作机制下。[①] 他们同样发现这实际上对多种多样的国际经济机制起到了支撑作用。一个典型的例子就是亚太地区区域自由贸易协定与WTO框架之间的关系，盛斌和果婷曾分析对比了亚太地区FTAs和WTO框架下贸易条款的重复情况，他们发现亚太地区的FTAs平均覆盖了现行WTO贸易条款的76%。[②]

制度重叠意味着重叠的领域内无须重复进行规则的拟订和起草。假如存在一个泛地区的制度框架以供次一级的制度嵌套，则同样节约了基础问题的谈判成本，同时也提供了在更细分的领域内进一步深入谈判或合作的平台。亚太地区被称为"意大利面碗"，实际上就是在存在一个区域性经济纲领的前提下得以开展多种多样的经济合作而产生的结果，虽然很多人探讨因此产生的制度竞争或制衡是否对制度的有效性产生了阻碍效果，但现有的研究实际上说明了它们彼此之间并没有"拖后腿"。[③] 因此，对于印度洋地区国家而言，其面临的不利局面就是至今还缺少这样一个可供参考或嵌套的整体性的规则框架，因此目前的所有制度安排都是在各自为政的情况下进行的，这意味着每一次贸易或投资协议都需要各个成员国重新进行谈判，投入大量的人力与时间成本，讨论各自适用的规则。而各类制度安排之间过于松散的关联，也让它们彼此之间无法产生支撑作用。

① Aggarwal, V. K., eds., *Institutional Designs for a Complex World: Bargaining, Linkages, and Nesting*, Ithaca: Cornell University Press, 1998; Alter, Karen J. & Meunier, Sophie, "Nested and Overlapping Regimes in the Transatlantic Banana Trade Dispute", *Journal of European Public Policy*, 2006, 13 (3), pp. 362 – 382.

② 盛斌、果婷：《亚太地区自由贸易协定条款的比较及其对中国的启示》，《亚太经济》2014年第2期，第94～101页。

③ 可参见以下文献。祁怀高：《中美制度均势与东亚两种体系的兼容共存》，《当代亚太》2011年第6期，第55～74页；王明国：《国际制度互动与制度有效性关系研究》，《国际论坛》2014年第1期，第52～57页；罗圣荣、杨飞：《国际机制的重叠现象及其影响与启示——以湄公河地区的国际合作机制为例》，《太平洋学报》2018年第10期，第21～31页；刘均胜、沈铭辉：《亚太区域合作制度的演进：大国竞争的视角》，《太平洋学报》2012年第9期，第59～66页。

目前在成员国中涵盖范围最广、相对具有代表性的印度洋地区国际组织是环印联盟。因此，人们一度寄希望于环印联盟，希望它能够在印度洋地区扮演亚太经合组织（APEC）的角色，构建泛区域的经济合作规则制度框架。实际上，早在2000年就有学者指出，“如果环印联盟要加快（域内的）经济一体化并取得一些成果，那么拥有一个能够在这些开放的区域主义领域内监督商定提案落实情况的、更强有力的体制框架将是必要的”。[①] 然而遗憾的是，将近二十年过去了，迄今环印联盟仍无法建立起这种“更强有力的体制框架”。我们将在下一节探讨其中的原因。

四　印度洋区域经济整合的困境

区域经济一体化与经济的高度整合体现在商品、资本和人员的自由流动上，体现在域内国家高度的相互依赖上，体现在区域经济合作制度的高度发达上。从历史角度看，这样的区域经济首先是从域内贸易的蓬勃发展开始的。这样的经贸联系使过去被大洋隔开的地理区域紧密地联系在一起，而为了进一步便利贸易与投资，各种相关的国际机制逐渐被创建出来，相关的国际组织和经济规则得以建立和执行。

但是，从前文的分析中可以看出，印度洋地区域内贸易发展滞后，更勿论资本与人员的流动；域内国家相互依赖程度低，各个地理板块之间的经济联系松散，相关的经济合作机制在密度、广度和深度方面都尚需改进。

印度洋地区在世界经济中的地位日益重要，而其域内经济体各自的成长与发展也令人瞩目，但作为一个区域整体，为何域内经济整合始终发展滞后呢？经济基础和制度原因都在起作用。

（一）薄弱的经济基础

贸易的本质是劳动分工的深化与市场规模的扩张。不管其形成机制如

① Saman Kelegama, “Open Regionalism in the Indian Ocean: How Relevant is the APEC Model for IOR-ARC?”, *Journal of the Asia Pacific Economy*, 2000, 5 (3), pp. 255 – 274.

何，一个区域内部贸易规模的扩大和国际要素的流动增长始终是内部经济整合的表现与结果。因此，一个经济体相互之间高度依赖、域内贸易高度发达、资本流动规模巨大的区域可能有两种结构。

第一种，域内经济体处于不同的发展阶段，经济落差大。较为发达或经济体量较大的国家是这一地区贸易与投资的中心，不同国家相互间的生产成本差异较大，贸易结构以产业间贸易为主，发达国家向发展中国家大量投资以利用成本或资源禀赋。这是因为，根据古典国际贸易理论，国际贸易的根本动力来自不同经济体之间的互补性。这种互补性的根源，是要素禀赋不同所造就的相对优势的差异。一个国家会出口密集使用其相对充裕生产要素的商品，而进口密集使用其相对缺乏生产要素的商品。在贸易结构方面，则体现为在不同产品上拥有不同相对优势的国家具有高度差异化的贸易结构。这一理论被用于解释产品间和产业间的国际贸易。

第二种，域内经济体发展落差不大，经济结构相似，均为较为发达的经济体，制造业发达，进口产品供需价格弹性均处于较高水平。域内贸易以产业内贸易乃至产品内贸易为主，相互投资规模庞大，以市场寻求或效率寻求为主要动机，相互依赖性很强。这类贸易是工业科技、制造业体系与规模经济蓬勃发展的结果，也是现代新贸易理论研究的对象，是产业发展形成的商品差异化与分工进一步深化、细化的产物。

我们可以看到，印度洋地区域内并不具备上述特征，在参与生产网络和贸易方面与其他区域一体化高度成熟的地区相比存在显著的差异。

首先，印度洋经济体尽管经济发展程度不同，但有着类似的贸易结构，互补性不强。

如表 12 所示，许多印度洋经济体的贸易产品结构有类似的特点，如西亚与非洲国家的出口产品以初级产品和能源为主，而工业制成品则是其主要的进口产品。许多非洲国家以农业为主要产业，以农业出口为主。部分东南亚国家与南亚国家出口制成品，但其主要的市场则以域外为主，典型的如孟加拉国，生产大量的纺织产品出口欧美市场。与此同时，这些国家进口的主要也是制成品，以满足国内生产与消费需要，因为除少数国家之外，大部分印度洋经济体的工业体系并不足以满足其出口制成品的原料和机械设备需求，而制成品的主要来源同样是域外国家。整体来看，印度洋经济体对制成品普遍具有较高需求，但由于域内的工业生产能力不足以满足其进口需求，因此主要贸易伙伴都在域外。同样，印度洋经济体产出的初级产品，除部分能源产品之外，也不是主要供给域内国家。无论是出口还是进口，印度洋经济体对外部（主要是发达国家）的依赖性很强。通过对2007年与2017年的数据对比可以发现，10年间这样的贸易结构并没有发生太大变化。

表12　印度洋经济体出口占比与进口占比的特征

单位：%

国家或地区	2007年				2017年			
	出口占比		进口占比		出口占比		进口占比	
	初级产品*	制成品**	初级产品	制成品	初级产品	制成品	初级产品	制成品
澳大利亚	67.90	18.55	20.33	75.78	78.71	11.56	18.91	73.74
巴林	71.68	24.50	19.52	76.99	69.99	29.21	39.06	57.55
孟加拉国	9.19	90.66	39.03	59.48	4.94	94.84	35.21	64.11
科摩罗	20.53	77.49	34.34	62.27	69.66	29.66	36.70	61.13
吉布提	85.59	9.30	32.55	66.19	55.68	28.55	25.60	73.28
埃及	58.53	28.39	33.63	52.05	44.38	46.03	41.26	55.50
厄立特里亚	33.22	64.72	43.74	51.83	75.04	4.40	43.21	56.44
印度	35.11	54.38	41.12	45.51	29.38	61.03	40.12	44.22
印度尼西亚	57.12	42.26	38.06	58.91	56.99	41.83	34.02	64.42
伊朗	90.01	7.89	23.03	76.35	72.99	18.34	19.23	79.09
伊拉克	98.27	0.24	30.95	66.77	96.85	0.29	27.74	70.92
以色列	4.73	41.51	15.37	62.02	5.94	63.55	15.33	70.69
约旦	19.59	78.22	40.67	57.26	23.01	75.53	38.03	57.70
肯尼亚	63.83	33.77	33.75	64.39	71.94	27.24	36.70	62.06
科威特	92.02	7.41	16.78	82.65	82.21	16.08	18.61	79.99
马达加斯加	38.79	58.46	34.10	65.40	71.32	24.60	38.76	60.57
马来西亚	27.66	70.89	21.42	75.22	32.37	66.71	27.81	70.10
马尔代夫	92.64	5.47	42.26	57.73	94.00	6.00	43.02	56.71
毛里求斯	30.04	59.79	40.75	56.17	42.22	53.38	44.18	53.73
莫桑比克	95.53	3.67	34.87	52.21	91.43	4.72	52.01	47.50
缅甸	76.29	22.57	33.81	66.13	64.85	31.48	34.07	64.56

续表

国家或地区	2007年				2017年			
	出口占比		进口占比		出口占比		进口占比	
	初级产品*	制成品**	初级产品	制成品	初级产品	制成品	初级产品	制成品
阿曼	86.12	8.81	16.90	81.07	73.11	26.55	28.44	67.75
巴基斯坦	19.70	80.04	43.21	54.78	22.51	77.47	43.52	56.38
卡塔尔	90.50	8.53	8.66	91.08	88.83	10.25	17.75	81.62
沙特阿拉伯	85.45	14.24	18.85	80.38	75.07	24.30	22.01	75.47
塞舌尔	92.79	6.62	49.10	48.09	88.38	11.50	36.02	63.93
新加坡	19.50	73.17	25.43	69.83	18.65	72.29	28.80	64.30
索马里	69.81	17.62	54.85	39.57	85.03	14.84	54.89	44.79
南非	48.60	46.75	28.00	63.39	49.32	41.78	26.35	64.41
斯里兰卡	28.42	62.83	38.63	57.20	31.15	66.66	31.31	64.60
苏丹	—	—	—	—	73.04	2.76	28.11	71.55
泰国	22.50	74.89	29.29	67.69	22.88	73.43	26.08	68.80
东帝汶	78.31	20.83	42.98	50.91	88.91	10.28	46.48	48.31
阿拉伯联合酋长国	68.87	23.65	14.98	75.45	49.58	33.58	16.12	67.97
坦桑尼亚	62.56	14.96	34.40	64.43	53.68	13.47	31.70	67.59
也门	96.39	1.57	47.19	51.25	68.24	7.76	49.56	47.60
总体	51.75	42.04	27.04	66.84	46.82	45.88	28.47	63.92

* 此处初级产品指 SITC 分类（Rev3）中0、1、2、3、4、68类商品。

** 此处制成品指 SITC 分类（Rev3）中除667与68外的5、6、7、8类商品。

资料来源：根据 UNCTAD 数据制表。

但是，这并不仅仅是经济发展阶段造成的。实际上，我们发现，即便是这一地区的发达国家澳大利亚，其出口也以初级产品为主，2017年占比高达78.71%，只出口11.56%的制成品，其主要进口产品为机械产品、运输设备及化工产品等。印度作为这一地区最大的经济体，近年来制造业发展迅速，出口产品中制成品占比逐年提升，但也需要从域外国家进口大量的工业制成品以满足需求。而这一地区发展水平相对较高的东盟国家，同样具有向域外发达国家或地区出口制成品并从发达国家或地区进口制成品的贸易结构特征。由此可见，丰富的能源矿产和天然资源虽然是印度洋经济体得天独厚的禀赋，但这一地区的制造业难以发展成为区域经济支柱同样是普遍的事实。实际上，我们观察到，除新加坡等少数国家外，印度洋经济体的一个整体特征就是，无论经济发展程度如何，外部经济部门收入的提升依然高度依赖于要素禀赋，经济发展的落差并没有完全体现在制造业水平的落差上。这一地区主要的制成品出口国，其制造业发展规模与制成品的水平在争夺域内市场方面与域外国家相比没有明显优势，发展落差不足以大到形成域内蓬勃发展的产业间贸易。因此，哪怕是在印度洋地区国家之间实现了自由贸易，也不能推动从域内伙伴国进口成本低的产品以取代国内生产。这一特征决定了迄今印度洋经济体的对外相互依赖和较为紧密的经济联系都主要发生在域外国家与域内国家之间，而域内经济体之间的互补性不强。

其次，这一地区普遍较低的制造业水平导致该地区一直处于世界主要生产网络边缘，内部之间生产技术与生产成本的差异不足以发展产业内贸易与产品内贸易。

形成高度发达生产网络的地区，其产业内贸易与产品内贸易高度发达。以东亚生产网络为例，东亚地区“遵循产品在价值链上不同生产环节展开的地区性分工，并通过产业内贸易和产品内贸易形成的多层次、网络状的新型区域生产体系”①，由一开始的直接投资带动了大量的中间品与零部件贸易，促进了这一地区域内贸易的蓬勃发展和区域经济的快速发展。然而，迄今印度洋地区尚未发展起支撑域内生产网络的地区性“国际分散化生产”。

我们计算了印度洋地区零部件②（Parts and Components）贸易额占总贸易额的比重，作为估计其内部生产网络发展水平的一个标准。2017 年，38 个印度洋经济体域内零部件进口总额约为 395.56 亿美元，占其域内总进口额的 5.03%，而域内零部件出口总额约为 509.17 亿美元，占其域内总出口

---

① 刘中伟：《东亚生产网络、全球价值链整合与东亚区域合作的新走向》，《当代亚太》2014 年第 4 期，第 126～156 页。

② 零部件分布在 SITC 分类（Rev3）的 5、6、7、8 类商品中，本处估算所用的具体产品列表参考了 Khanindra（2014）的分类方法。参见 Das, Khanindra. C.，“Production Network Related Trade, Supply Chain Connectivity and FDI: An Analysis of Asian Developing Countries”, Presented at the “Asia-Pacific Trade Economists Conference”, UN ESCAP, Bangkok, Thailand, 22－23 September, 2014。

额的5.85%。与此形成对比的是，2017年仅中日两国之间的零部件贸易额就高达688.98亿美元，约占中日总贸易额的22.73%。

为什么会出现这种情况？如果生产网络建立在不同经济体之间的垂直专业化分工上，换言之，如果要使区域内各经济体共享生产网络带来的发展机遇，则不同经济体应当处于生产链的不同环节之上，这一点往往是基于经济发展阶段的不同与要素禀赋的差异性而形成的。为了满足垂直专业化的要求，参与分工的国家专业化地从事本国具有竞争优势的生产环节，在生产过程中使用进口的投入品，产出的产品也用于出口。而印度洋地区国家的困境就在于，尽管这个地区的经济体发展水平差距很大，但除去以色列和东盟国家等部分国家外，大部分印度洋地区国家位于生产链的类似环节上，而且同属于低端，其制造业水平无法形成本国的竞争优势，无法在价值链的不同区段形成专业化分工，也就是无法满足“使用进口投入品生产，同时出口产品”的关键前提要求。整体而言，尽管近年来印度洋经济体参与全球生产的程度逐步提升，但其生产链的另一端往往位于域外，而非域内。造成这一现象的主要原因包括类似的要素禀赋、滞后的制造业、经济发展水平较高国家（以色列、新加坡、澳大利亚）的经济体量不够大或经济体量较大国家（印度）的制造业发展水平不足以成为“火车头”等。举例来说，若根据对全球生产网络的参与程度来衡量，2018年印度在全球贸易中创造的附加值仅为中国的16.89%。[①] 就目前的情况来看，这一地区发展起高度区域化的生产网络尚需时日。

此外，生产网络的发展、分工的深化、贸易性质的变化导致在过去几十年中贸易和直接投资之间的关系发生了变化，大部分贸易已经成为跨国企业在全球不同地区之间配置生产资源的结果。因此，贸易与投资不再是相互替代的关系，而是形成了互补。在相当大的程度上，高度成熟的贸易网络与投资行为是联系在一起的。因此，印度洋域内贸易规模发展迟缓与域内相互投

① 数据来源于UNCTAD-Eora Global Value Chain Database。2018年中国创造的贸易附加值为21553.68亿美元，印度为3641.094亿美元。

资不足也是紧密联系在一起的。正如前文分析中提到的那样，大量的印度洋地区域内直接投资并没有与生产行为挂钩，因此与贸易之间也缺少相互促进的关系。

（二）制度的“低水平均衡”

正如前文所述，印度洋地区进行过多种域内经济整合的制度尝试，包括国际组织的建设与区域贸易协定的各类经济合作制度安排。整体来说，这一地区国际经济合作机制的问题集中体现在以下三个方面。首先，多年来一直没有具有代表性和“制度有效性”的地区性经济合作组织或框架性的贸易协定出现，环印联盟作为唯一一个有经济合作职能的泛地区经济组织赋权不足；其次，各个次区域合作机制在整合域内经济方面同样乏力，难以产生多米诺骨牌效应①；最后，印度洋地区的国际经济合作制度安排具有发展中国家国际经济合作制度安排的所有常见缺陷，特别是由于缺少足够的共容利益、有效的收益分配机制和有充分说服力的公共产品供给者，想要达成有效的集体行动比较困难，因此在制度建设上长期发展迟缓。

但是，并不能就此断言印度洋地区的经济合作存在制度瓶颈，因此亟须进行制度重组或制度创新。实际上，造成这一地区低制度化水平的根本原因可能是制度需求与制度供给均不足，从而造成相关的国际机制建设水准一直在低位徘徊。

第一，经济基础薄弱导致推动区域经济一体化安排的回报与激励不足，导致制度需求较低。

首先，印度洋地区成员国之间的相互依赖性和互补性不强，因此通过区域经济一体化安排获取的收益并不丰厚，难以推动成员国积极促成相关措施

---

① 多米诺骨牌效应最早由国际经济学家鲍德温在 1993 年研究欧盟一体化时提出，是一种对区域经济和自由贸易协定扩大路径的理论。鲍德温认为，如果关税同盟带来了明显的贸易转移，那么原先在关税同盟之外的非成员国为了避免进一步遭受损失或是为了促进本国福利就会愿意加入，从而使关税同盟或自由贸易协定的成员国规模不断扩大，扩大了的关税同盟或自由贸易协定带来的贸易转移又会进一步使非成员国加入，这一过程就如同推倒多米诺骨牌。

的达成。

从历史角度看，通过签署区域贸易协定促进区域单一市场或贸易集团的形成，一个前提条件是成员国在经济上已经存在较强的相互依赖性。由于现有的多边机制（如 WTO）在市场准入方面必须综合考虑多个不同发展阶段成员国的需求，在某些议题上无法深入，因此区域内的成员之间可以达成比多边机制更为优惠的安排，以进一步削减域内的贸易壁垒，开放和深化新领域（如劳动、环境、旅游、科研、知识产权等“第二代”贸易政策议题）。换言之，在这一情况下，区域经济一体化安排的实质是减少现存制度对国际经济活动的约束，以促进分工的深化和市场规模的扩大，最终体现为贸易与投资活动的增加。在这一过程中，成员国所要支付的成本包括达成一致行动中让渡的部分经济主权、谈判成本和进一步开放国内市场可能导致的福利损失，而获得的收益则来自扩大的贸易规模带来的好处和要素回报的提升。但是，在这一过程中收益大于成本的一个重要前提就在于成员国之间的经济依赖性与互补性足够强。

然而，正如前文分析指出的那样，整体来看，印度洋地区域内的互补性并不强。在成员国生产率、生产成本相似的情况下，通过关税同盟或 FTAs 来进行内部经济整合，更可能出现的情况是扩大贸易转移效应，却未能在域内产生足够大的贸易创造效应，成员国获得的收益与遭受的福利损失相比缺少足够的吸引力。通常来说参与一体化的机制安排不仅可以扩大市场准入，而且可以通过让国际规则与国内制度接轨来改善国内投资和营商环境，但是对于印度洋地区的发展中国家来说，由于其自身基础不足，“开放倒逼改革”的收益同样是难以明确的，反而有可能因为制度不匹配而带来进一步的损失。

其次，印度洋地区缺少统一的地缘经济格局。正如前文分析中所指出的，真正的“印度洋经济板块”是不存在的，内在经济联系的薄弱使“印度洋地区”实际上只是东南亚、南亚、中东与非洲的若干个分散的地理板块被“印度洋国家”这一概念统合在一起而已，而这些分散的区域实际上与非印度洋的、地理和经济上联系更紧密的其他域外国家的关系更加紧密，如东盟与东亚生产中心关系密切、非洲的印度洋地区国家与其他非洲国家或国际组织关系密切等。

实际上，若绘制以经济网络为主题的世界经济版图则会发现，大部分印度洋经济体位于印度洋之外的某个经济圈或生产网络的边缘地带，其生产、贸易与投资均更加依赖于该域外市场，但印度洋地区域内则缺少真正的经济中心，无法产生域内向心力，将这些松散的经济板块紧密地联系在一起，导致印度洋核心地区基本空虚，呈现“甜甜圈”式的特点。这也是印度洋地区域内至今无法构建有代表性的区域经济合作机制的主要原因之一。对于目前印度洋地区域内的这些不同经济板块来说，它们彼此之间现有的经济联系并没有发展到必须通过旧机制改革或新机制创建来突破制度发展瓶颈的地步。如果有，则通过双边或小多边的谈判或安排就能解决问题，如印度与东南亚、非洲和中东展开的一系列贸易谈判。因此，目前来说这一地区对一个泛印度洋地区的经济一体化或宏观经济合作机制构建的需求并不强烈。

第二，印度洋地区的制度化程度与国际制度供给天生不足。

印度洋地区机制建设不足、呈现碎片化特点的问题，并不仅仅局限于区域经济合作机制的不足。研究印度洋地区国际机制的学者很早就发现，这一地区虽然存在多个各种类型的政府间国际组织，但缺乏统一的、具有真正代表性的区域组织，区域经济合作机制的薄弱本质上只是这一问题在经济领域的体现。从制度视角来看，某个区域国际机制的构建可以看作对印太地区的制度化过程，即通过对概念的界定以及规则和秩序的设立、推广与执行，谋求用更有序（或更有利可图）的方式管理这一地区的国际事务。但是，谁来负责这一过程是一个问题。现实主义认为大国是国际制度的主要供给者，大国竞争塑造了区域合作制度的安排形式和变迁路径，因此某个特定区域的制度化应当由这一区域的大国来推动。与此同时，新自由制度主义则强调国际社会成员的需求是国际制度构建的重要动力，但这又涉及某个地区的成员国达成共识、形成有效集体行动的问题。对于印度洋地区来说，这两条路径现在都存在问题。

首先，长期以来，印度洋地区缺少单一的力量中心和有力的国际公共产品供给者。对于一个区域来说，一个或者数个大国有能力也有动机为本国所在的区域提供公共产品，以整合本地区的经济秩序，从中获得更多的铸币税，典型的情况如美国在北美自由贸易区中扮演的角色。但是，印度洋地区目前还没有能够起到这种作用的国家。从绝对的经济实力与国家实力来说，印度超过印度洋地区的其他国家，但是长期以来，印度的主要注意力集中在南亚地区与全球性层面，对其来说，维持其在南亚地区的霸主地位以及第三世界国家领导者或不结盟运动领导者地位，远比在印度洋地区供给地区性的制度公共产品要实际得多，也重要得多（尽管印度曾经提倡将印度洋地区建设为“和平区”）。诚然，这个情况正在发生变化，印度、澳大利亚和东盟都有在这个地区发挥更大作用的雄心，但目前它们还很难单凭自身实力成为一个泛印度洋地区经济秩序建设的领导者和单一地区国际公共产品的供给者。

其次，目前印度洋地区统一的地区身份认同依然不足，也还没有发展出真正的区域主义。“印度洋地区”在地区身份上的构建，是指对地理边界的定位，还包括在这一框架下对地区国际机制和秩序架构的整合与构建。但正如前文分析中所指出的，对于印度洋地区各个板块而言，根据自己的地缘政治或经济联系，首先考量次区域性国际公共产品的提供是更优的选择。这不仅仅是由于泛地区的经济一体化安排难度大，成本分担与收益分配不明确，还因为在提高集体利益方面，小多边机制可能更有效率，因为过大的集团要达成一致行动的谈判成本更高昂。在缺少足够向心力和回报预期的情况下，各个不同的经济板块首先尝试次区域、小多边的合作是理性的选择。正如前文所提到的，如果这样的合作能够产生足够多的收益，则有可能产生多米诺骨牌效应，将合作的范围与区域逐渐扩大，但是由于经济基础薄弱，这种情况并没有发生。

五　域外大国与印度洋地区经济整合的未来

通过前文的分析，我们可以将目前印度洋地区的区域经济整合情况总结如下。第一，印度洋经济体的相互依赖性不强，缺少高度发达的域内市场；

第二，印度洋经济体受地理范围限制，被切分成几大板块，各个区域之间的经济联系不深，在经济合作上各自为政，合作的意愿不强，合作成果不够显著，且每个次区域内部经济整合水准普遍较低；第三，印度洋地区的经济合作制度安排呈现低密度、碎片化的特征，且其成效与发展始终有限，现存机制从各方面来说都不够成熟。对于印度洋地区来说，无论是实现真正的区域主义还是域内经济一体化都还有很长的一段路要走。显然，要改变现状，促进印度洋地区的经济整合，则加强其内部经济联系、改善制度供给是必经之道。但是，目前印度洋地区还面对新的冲击，那就是域外大国的介入。

正如域外大国的介入曾间接塑造了东盟国家的地区身份认同，印度洋地区的身份认同同样是在域外大国政治博弈的情况下逐渐成形的。过去，域外大国没有在这一地区积极供给区域公共产品，印度也曾经长期试图将域外大国的影响拦在印度洋之外，但如今的情况已经大不一样，印度洋正在成为大国之间进行力量投射与扩展经济影响力的竞技场。于是，在“印度洋”自身的地区身份构建和域内秩序尚未完全成形的情况下，就已经受到了“印太”概念的冲击。2017 年美日印澳四方安全对话重启、同年特朗普推出“自由开放的印太”战略（FOIP Strategy）和 2018 年美国太平洋司令部改名为印太司令部，标志着由美国主导的“印太体系”开始从概念走向制度构建，在安全问题之外，域外大国也开始积极插手印度洋地区的经济建设。美国提出了“自由开放的印太”概念，通过《亚洲再保证倡议法》（ARIA），鼓励美国政府和企业与印太地区国家进行贸易谈判，与日澳合作“高质量基础设施建设”，允诺对印太地区给予更多的基础设施投资。日本在 2011 年提出了“更加广阔的亚洲”这一概念，2015 年又提出“高质量基础设施伙伴关系”，并相继提出了“孟加拉湾工业增长带”（Bay of Bengal Industrial Growth Belt，BIGB）和“亚非增长走廊”（Asia-Africa Growth Corridor，AAGC）等一系列印度洋地区的经济合作倡议。

“印度洋”本身与“印太”概念并没有矛盾之处，域外大国参与印度洋地区的基础设施建设、提供更多的贸易与投资合作机会、与域内国家合作建设经济秩序和贸易规则也并不是坏事，这一地区急需的发展基础、制度框架和集体行动都能从与域外大国的合作中得到提升。但关键在于，作为一项国际制度，“印太”是高度非中性的，也是有极强外部性的，它对印度洋地区的安全架构、经济合作机制和国际组织的影响、挑战乃至冲击将逐渐实质化。美国所主导的“印太体系”本质上是要与中国在这一地区的国际公共资源与空间分配、规则制定权与话语权上展开直接竞争，它也有可能冲击、分化、替代与整合印度洋地区现有的国际机制和地区秩序，稀释这些机制现有的地位和作用。当印度洋域内国家做出整合域内经济的努力时，它们不仅仅要面对印度洋地区本身基础薄弱的问题，还将面对到底是依托印度洋这个区域还是“印太”框架发挥作用的路径选择问题。

印度洋地区的区域经济整合与经济合作机制构建是塑造印度洋地区身份认同与发展区域主义的关键。加强各个板块之间的经济联系、发展域内生产网络和生产中心、建立经济合作的统一规则或制度框架，对于印度洋经济体未来的发展也是至关重要的。尽管实现这一目标对于印度洋地区来说是一个重大的挑战，但促进这一地区的经济整合依然是目前印度洋地区国家的目标，也符合其根本利益。这并不仅仅是因为区域经济整合对于单个经济体可能带来的巨大收益，还因为只有区域经济整合才能让印度洋地区摆脱单一的“能源通道”身份，成为在世界经济中真正举足轻重的实体。因此，对于有志在这一地区的经济发展和国际公共产品提供方面发挥更大作用的国家而言，在路径选择上更需谨慎。因为自区域主义开始萌发以来，历史经验已经告诉我们，只有开放包容、良性竞争与共赢合作才能为一个地区的经济整合提供最大的推动力。

B.7

印度洋岛国的经贸发展环境评估

李艳芳*

摘　要： 本报告主要对印度洋岛国的经贸发展水平及相关发展指标进行评估。具体分析步骤为：首先，综合相关概念界定出本研究所涉岛国的数量（48个），并基于地理和地缘标准划分出全球岛国所属的4大海域区和8个次海域区；其次，在全球岛国层面、印度洋域内三个岛国群层面以及印度洋域内岛国国别层面，分别进行纵向、横向的双维度经贸发展比较分析，其中全球岛国层面的比较对象主要是北大西洋和地中海欧洲岛国、南太平洋岛国和加勒比岛国；最后，选取40个综合评估指数构建发展环境评估体系，分别对影响印度洋岛国经贸发展的经济、政治、安全、制度、社会、生态等因素展开区域层面和国别层面的分析。主要结论有：第一，全球岛国对世界经贸发展做出的贡献不容忽视；第二，印度洋岛国整体发展水平在全球各地区岛国中较为突出；第三，印度洋域内岛国的经贸发展水平差距很大，东印度洋岛国在基本经济指标、贸易产品的资本技术密集度等方面都占据绝对优势；第四，印度洋岛国的经贸发展环境既有差异也有共性。基于营商环境、政治稳定性、制度建设和人类发展指标等分析，印度洋各岛国的发展基础相距甚远，但基于域内动力水平、地缘冲突以及生态环境等指标分析，印度洋岛国又都面临相似的发展约束。

* 李艳芳，云南财经大学印度洋地区研究中心副教授。

关键词： 印度洋 岛国 经贸水平 发展环境评估

一 岛国的发展研究进程：时间线与重点

20世纪70~80年代，西方学者开始关注包括岛国在内的“地理不利”国家的发展问题。[①] 得益于1992年6月在里约热内卢召开的联合国环境与发展大会，以及该会议对小岛屿发展中国家（Small Island Developing States，SIDS）集团的重视，这一时期出现了大量有关气候变化、海平面上升导致小岛屿国家生态脆弱[②]、经济脆弱[③]、对外依赖度高[④]的文献，并引发了对这些国家经济、社会、环境可持续发展问题[⑤]以及如何克服岛国脆弱性[⑥]的初步探讨。可以说，自20世纪90年代起，西方研究者已经完成了对岛国，尤其是对小岛国共性发展特征的梳理。进入21世

① Alexander L. M., Hodgson R. D., "The Role of the Geographically-Disadvantaged States in the Law of the Sea", *San Diego Law Review*, 1975, 13 (3), p. 558.

② Leatherman S. P., *Rising Sea Levels and Small Island States*, Ecodecision (Montreal), 1994, pp. 53–54; Mimura N., "Vulnerability of Island Countries in the South Pacific to Sea Level Rise and Climate Change", *Climate Research*, 1999, 12 (2–3), pp. 137–143.

③ Briguglio L., "Small Island Developing States and Their Economic Vulnerabilities", *World Development*, 1995, 23 (9), pp. 1615–1632.

④ Armstrong H. W., Read R., "Trade and Growth in Small States: The Impact of Global Trade Liberalisation", *World Economy*, 1998, 21 (4), pp. 563–585; Briguglio L., "Small Island Developing States and Their Economic Vulnerabilities", *World Development*, 1995, 23 (9), pp. 1615–1632.

⑤ Bass S., Dalal-Clayton D. B., "Small Island States and Sustainable Development: Strategic Issues and Experience", London: Environmental Planning Group, International Institute for Environment and Development, 1995; Bertram G., "Sustainability, Aid, and Material Welfare in Small South Pacific Island Economies, 1900–1990", *World Development*, 1993, 21 (2), pp. 247–258; Ring D. A., "Sustainability Dynamics: Land-based Marine Pollution and Development Priorities in the Island States of the Commonwealth Caribbean", *Colum. J. Envtl. L.*, 1997, 22, p. 65.

⑥ Charles M. E., "A Future for Small States: Overcoming Vulnerability", Commonwealth Secretariat, 1997.

纪后，西方文献对岛国的研究依旧聚焦于小岛屿发展中国家群体，除了对岛国资源禀赋、发展条件限制、气候变化等引发的传统问题进行深层次再思考①外，研究方向与内容也更加多元化。其中，有针对小岛国发展进程②的总结，也有针对小岛国经济增长、减贫与援助③等议题的探讨，还有关于气候难民等因素造成岛国社会不稳定和政治动荡④的研究。此外，学者们也开始关注这些国家区域地缘政治关系的变化⑤问题。2014 年联合国第三届可持续发展大会后，学界研究的重点开始转向小岛屿国家的可持续发展转型问题。不仅关注如何与岛国特征脱钩并获得发展⑥，而且对小岛屿国家消失后可能导致的主权丧失、海洋经济专属区归属以及流亡政府

① Campbell J. , Barnett J. , *Climate Change and Small Island States: Power, Knowledge and the South Pacific*, Routledge, 2010; Barnett J. , Waters E. , "Rethinking the Vulnerability of Small Island States: Climate Change and Development in the Pacific Islands", *The Palgrave Handbook of International Development*, Palgrave Macmillan, London, 2016, pp. 731 – 748.

② Douglas G. , Lockhart etc. , *The Development Process in Small Island States*, Routledge, 2002.

③ McGillivray M. , Naudé W. , Santos-Paulino A. U. , "Vulnerability, Trade, Financial Flows and State Failure in Small Island Developing States", *The Journal of Development Studies*, 2010, 46 (5), pp. 815 – 827; Scheyvens R. , Momsen J. H. , "Tourism and Poverty Reduction: Issues for Small Island States", *Tourism Geographies*, 2008, 10 (1), pp. 22 – 41; Feeny S. , McGillivray M. , "Aid and Growth in Small Island Developing States", *The Journal of Development Studies*, 2010, 46 (5), pp. 897 – 917.

④ Farbotko C. , Lazrus H. , "The First Climate Refugees? Contesting Global Narratives of Climate Change in Tuvalu", *Global Environmental Change*, 2012, 22 (2), pp. 382 – 390; Lewis N. , "Islands in a Sea of Change: Climate Change, Health and Human Security in Small Island States", *National Security and Human Health Implications of Climate Change*, Springer, Dordrecht, 2012, pp. 13 – 24.

⑤ Maingot A. , *The United States and the Caribbean: Challenges of an Asymmetrical Relationship*, Routledge, 2018.

⑥ Conrad E. , Cassar L. , "Decoupling Economic Growth and Environmental Degradation: Reviewing Progress to Date in the Small Island State of Malta", *Sustainability*, 2014, 6 (10), pp. 6729 – 6750; Croes R. R. , "A Paradigm Shift to a New Strategy for Small Island Economies: Embracing Demand Side Economics for Value Enhancement and Long Term Economic Stability", *Tourism Management*, 2006, 27 (3), pp. 453 – 465; Saliba M. A. , Zammit D. , Azzopardi S. , "A Study on the Use of Advanced Manufacturing Technologies by Manufacturing Firms in a Small, Geographically Isolated, Developed Economy: The Case of Malta", *The International Journal of Advanced Manufacturing Technology*, 2017, 89 (9 – 12), pp. 3691 – 3707.

等问题[①]进行了先验性研究。

20 世纪 90 年代前后，中国学界也有少量文献开始分析岛国地缘特征[②]，探讨岛国经济发展[③]，但绝大多数研究还停留在简单介绍岛国的地理、历史、旅游和文化层面。2000～2010 年，国内学者开始关注基于小岛国特征的气候变化[④]、发展依赖[⑤]、地缘政治变化以及区域内大国博弈[⑥]等问题，但文献数量也很少，1983～2018 年以小岛国为主题的研究只有 41 篇（CNKI）。2014 年以来，关于"一带一路"框架下中国与南太平洋岛国的互利合作[⑦]，及其区域地缘政治格局对中国开展岛国合作的影响[⑧]等研究成为热点。

在所有研究主体中，国际组织是岛国研究最重要的推动者，国内外学者的研究基本在追随国际组织的报告，或者相关会议提出的概念和热点。这些国际组织大致可以分为三种类型。第一类包括联合国框架内的诸多国际组织，如联合国环境规划署（UNEP），联合国开发计划署（UNDP），联合国贸易和发展会议（UNCTAD），小岛屿国家联盟（AOSIS），联合国减少灾害

---

① Yamamoto L., Esteban M., "Vanishing Island States and Sovereignty", *Ocean & Coastal Management*, 2010, 53 (1), pp. 1－9.

② 王维慈：《小岛国与内陆国的地缘特征》，《人文地理》1989 年第 2 期，第 31～33＋30 页。

③ 续建宜、刘亚林：《大洋洲诸独立岛国经济发展道路探析》，《亚太经济》1990 年第 1 期，第 33～37 页。

④ 刘长松：《气候谈判中"发展权"与"生存权"之争——兼论小岛国与最不发达国家的气候公平问题》，《发展研究》2016 年第 3 期，第 17～20 页。

⑤ 陈艳云、张逸帆：《日本对南太平洋岛国的政府开发援助》，《世界近现代史研究》2013 年第 00 期，第 181～195＋333～334 页。

⑥ 田京灵：《"太平洋重置"：新西兰外交活动的主轴》，《世界知识》2019 年第 4 期，第 54～74 页；梁甲瑞：《德国参与南太平洋地区海洋治理：方式、动因及意义》，《国际论坛》2019 年第 1 期，第 127～142＋159～160 页；汪诗明：《开放的区域主义与中澳在南太平洋岛屿地区的合作》，《国际问题研究》2019 年第 1 期，第 54～74 页。

⑦ 张颖：《试论"一带一路"倡议在南太平洋岛国的实施路径》，《太平洋学报》2019 年第 1 期，第 93～104 页；秦升：《超越"竞争性援助"："21 世纪海上丝绸之路"建设与太平洋岛国经济发展的新思考》，《太平洋学报》2017 年第 9 期，第 47～56 页。

⑧ 王成至：《美国在南太平洋推行"战略再平衡"及其对中国的影响》，《美国问题研究》2014 年第 2 期，第 39～51 页；梁甲瑞：《日本南太地区战略调整及对中国的影响》，《国际关系研究》2015 年第 5 期，第 108～126＋157 页。

风险办公室（UNISDR），联合国气候变化框架公约（UNFCCC），联合国最不发达国家、内陆发展中国家和小岛屿发展中国家高级代表办公室（UN-OHRLLS）以及联合国难民署（UNHCR）等组织都在关注小岛国的生存与发展问题。由于每个组织的职能不同，其关注点也有所不同，但大多围绕小岛屿发展中国家的脆弱性与依赖性开展研究。可以说，小岛屿发展中国家的界定标准、发展特征和发展类型等先行研究都出自这些国际组织。第二类是联合国框架外的全球性国际组织，如世界银行（WB）、国际货币基金组织（IMF）、国际气候变化委员会（IPCC）和经合组织（OECD）等，其中经合组织出版的相关报告提供了小岛国获得和使用外国发展援助的大量翔实资料。第三类是区域层面的国际组织，如亚洲开发银行（ADB）、太平洋岛国论坛（PIF）、加勒比共同体（CARICOM）等。其中，亚洲开发银行出版的《环太平洋经济监测》（*The Pacific Economic Monitor*，2009～2018 年共出版 25 期）提供了太平洋岛国的经济发展与政策分析资料（该研究将东帝汶作为太平洋国家，且缺失了纽埃的相关数据）。此外，一些国家的研究机构，如澳大利亚智库罗伊国际政策研究所（Lowy Institute）等也对太平洋尤其是南太平洋岛国进行了长期跟踪研究。

从研究对象看，国内外研究都聚焦于南太平洋和加勒比岛国/岛国群体。主要原因在于：首先，这些岛国有着很高的地理集中性和较强的地缘相似性，它们大多具有典型的小岛屿发展中国家特征，因此也更容易开展区域性整体研究；其次，南太平洋岛国与所谓的第二岛链相连，该地区已经成为高密度的外交战场，其域内大国博弈问题得到了国际社会的多方关注；最后，随着中国“一带一路”合作的拓展，中国与南太平洋、加勒比岛国的合作发展也引发了诸多讨论。值得注意的是，在南太平洋岛国研究中，澳大利亚作为大陆并不属于岛国研究的对象国范畴，其与新西兰主要被塑造为区域内的大国影响因素。

从现有文献看，国内外有关岛国发展研究的时间线和关注重点差别较大。西方研究从 20 世纪 90 年代前后就持续关注岛国的气候变化、人道主义和可持续发展问题，形成了大量国际组织和学者主导的理论与案例分析相结合的文献。中国学界直到2000年以后才逐渐对小岛国气候变化和可持续发展问题开展了少量研究，研究重点聚焦于岛国的地缘政治经济格局及其与中国开展的务实合作等方面。此外，相比南太平洋和加勒比岛国得到的高关注，国家数量同样众多的印度洋海域岛国研究显得非常匮乏。

事实上，印度洋岛国的地理位置比较分散，岛国所属区域的地缘特征各不相同，要总结其发展共性难度较大。在国别研究层面，现有文献对新加坡、印度尼西亚、斯里兰卡和毛里求斯的关注度较高，但缺少对这些国家基于岛国特征的发展问题分析。从岛国群体的研究看，东南亚岛国、南亚岛国都被归到东盟、南盟框架下，在区域共性的探讨中这些国家作为岛国的发展特性基本消失了。相比之下，西印度洋海域岛国有着相对独立的群体研究文献，但除了少数文献关注这些国家如何最大限度地扩张自身影响力外①，大多数研究聚焦于该区域对大国（殖民时期的英国和法国、冷战时期的苏联和美国、如今的印度和中国）开展战略竞争的重要性，而非这些岛国自身如何发展的问题。值得关注的是，近年来西印度洋区域频繁出现在印度学者的研究视域内，内容同样围绕该国的印度洋战略展开。例如，印度如何成为该区域的净安全提供者，以及印度与中国在毛里求斯、塞舌尔及马达加斯加开展的战略竞争等。

本报告以印度洋岛国为研究对象，选择从经贸发展分析入手，希望全面探讨经济、政治、社会、生态等因素对该区域岛国发展的影响。迄今，大多数岛国发展研究采取的是纵向比较的方式，因此很难对其在全球岛国中的发展位置进行客观判定。本报告将通过纵向、横向比较方式开展双向维度研究，因此需要解决几个层面的问题：首先，现行国际组织对岛国的界定模糊，不利于开展对比研究，需要使用新的划分标准明确界定岛国的数量和区域；其次，现有研究大多采取区域层面的整体研究，但印度洋岛国的地理集

① Bueger C., Wivel A., "How Do Small Island States Maximize Influence? Creole Diplomacy and the Smart State Foreign Policy of the Seychelles", *Journal of the Indian Ocean Region*, 2018, 14 (2), pp. 170 – 188.

中性和地缘相似性程度远不如南太平洋岛国和加勒比岛国，因此需要对其进行次区域层面以及国别层面的细化研究，即要通过各类发展指标，对印度洋岛国整体、印度洋海域各区域岛国，以及区域内岛国的发展共性、差异性和面临的主要发展问题进行深入分析。

二　印度洋岛国的经贸发展水平评估

本报告研究的海岛国家是指具有独立主权的、国土完全被水包围，与大陆或次大陆没有陆地边界的国家，它们由单一岛屿或群岛组成。截至2018年底，全球共有48个岛国[①]，其中有46个属于联合国成员。在这些岛国中，既有发达资本主义经济体，如日本、英国、冰岛和爱尔兰，也有新兴经济体中的翘楚，如新加坡、印度尼西亚等，但更多的岛国属于发展中国家群体，甚至是全球最不发达国家（LDCs），如东南亚海域的东帝汶、加勒比海域的海地，以及南太平洋海域的图瓦卢、基里巴斯和所罗门群岛等。此外，联合国框架下认定有36个岛国属于小岛屿发展中国家[②]，其中有34个是联合国成员[③]，有2个（库克群岛和纽埃）未加入联合国，它们虽有完整自治权但外交事务都交由新西兰托管。此外，在39个小岛屿国家联盟（AOSIS）成员中，只有35个属于严格意义上的独立主权海岛国家（小岛屿发展中国家列表中只有巴林不在此联盟中）。除了新加坡以外，这些国家都被认定为发展中国家或最不发达国家（见表1）。

① 全球岛屿众多，其中不乏要求独立者。本研究统计的是截至2018年底正式被联合国承认的46个拥有主权的岛国以及2个虽未加入联合国但有独立自治权的岛国，不包括西方同类研究中关注的中国台湾以及只有土耳其承认的北塞浦路斯。此外，澳大利亚被视为大陆，不属于本报告研究的范畴。

② 截至2018年底联合国经济及社会理事会列出了58个小岛屿发展中国家/地区，其中只有36个是严格意义上的拥有独立主权的岛国。

③ 38个小岛屿国家联盟成员中，伯利兹、苏里南、圭亚那和几内亚比绍4个国家并非严格意义上的岛国，因此未列入本研究的岛国范围。

表 1　全球岛国及联合国框架下的主要岛国

组织	岛　国
全球岛国	印度洋：东帝汶、菲律宾、文莱*、新加坡、印度尼西亚、巴林、斯里兰卡、马尔代夫、科摩罗、马达加斯加、毛里求斯、塞舌尔
	北太平洋：日本
	南太平洋：巴布亚新几内亚、斐济、基里巴斯、库克群岛、马绍尔群岛、密克罗尼西亚、瑙鲁、纽埃、帕劳、萨摩亚、所罗门群岛、汤加、图瓦卢、瓦努阿图、新西兰**
	加勒比海：安提瓜和巴布达、巴巴多斯、巴哈马、多米尼克、多米尼加共和国、格林纳达、古巴、海地、圣基茨与尼维斯、圣卢西亚、圣文森特和格林纳丁斯、特立尼达和多巴哥、牙买加
	北大西洋和地中海：爱尔兰、冰岛、英国、马耳他、塞浦路斯
	北大西洋西非海域：佛得角、圣多美和普林西比
小岛屿发展中国家（SIDS）	南太平洋：巴布亚新几内亚、斐济、基里巴斯、库克群岛、马绍尔群岛、密克罗尼西亚、瑙鲁、纽埃、帕劳、萨摩亚、所罗门群岛、汤加、图瓦卢、瓦努阿图
	加勒比海：安提瓜和巴布达、巴巴多斯、巴哈马、多米尼克、多米尼加共和国、格林纳达、古巴、海地、圣基茨与尼维斯、圣卢西亚、圣文森特和格林纳丁斯、特立尼达和多巴哥、牙买加
	印度洋：东帝汶、新加坡、巴林、马尔代夫、科摩罗、毛里求斯、塞舌尔
	北大西洋西非海域：佛得角、圣多美和普林西比
小岛屿国家联盟（AOSIS）	SIDS 列表中除了巴林的所有岛国

* 地理意义上菲律宾和文莱应属西太平洋，但二者受东印度洋海域国家地缘影响更甚，因此将其归入东印度洋海域岛国进行研究。

** 以地理划分南太平洋应该有 15 个岛国，但绝大多数关于南太平洋岛国的研究并没有将新西兰作为对象国。

资料来源：根据联合国相关组织（UNOHRLLS、AOSIS 等）资料整理。

（一）岛国的区域划分：基于地理和地缘的分析

本研究将全球 48 个岛国分为 4 大海域区，即印度洋海域岛国、太平洋海域岛国、大西洋海域岛国和地中海海域岛国。为方便比较分析，在 4 大海域区中又继续划分出 8 个较小的区域，分别是东印度洋海域（东南亚海域）5 国、北印度洋及波斯湾海域 3 国、西印度洋海域 4 国、北太平洋海域 1 国

（日本）、南太平洋海域 14 国与新西兰、加勒比海域 13 国、大西洋及地中海欧洲海域 5 国、西非海域 2 国。其中，南太平洋岛国和加勒比岛国是全球岛国最为集中的区域，印度洋岛国数量虽然也很多，但在地理上更加分散。

原有的岛国区域划分大多依附于洲级大陆或次大陆，本研究更偏向将其赋予大洋海域归属。以上岛国的区域划分原则首先是基于地理区位的接近，并加入了相关地缘相近性的因素。地理位置的集中性毋庸置疑，全球岛国主要位于大西洋加勒比海域、太平洋和 AIMS 海域①（即非洲、印度洋、地中海和南中国海），尤其集中于南太平洋、大西洋加勒比海域。地缘性表征方面，本研究选择的是这些岛国是否加入了同一个次区域、区域或跨区域合作组织。在印度洋海域，只有 5 个岛国加入了环印度洋地区合作联盟（Indian Ocean Rim Association for Regional Cooperation，IOR-ARC），可见印度洋岛国并没有一个具有代表性的跨区域合作机制，因此还需在区域合作层面继续细分以寻找它们的地缘相近性。例如，东部岛国除了东帝汶之外，菲律宾、文莱、新加坡和印度尼西亚都属于东南亚区域合作联盟（Association of Southeast Asian Nations，ASEAN），虽然菲律宾和文莱在地理意义上不属于印度洋地区国家，但二者更多受到东印度洋海域国家的地缘性影响；北部岛国中，斯里兰卡和马尔代夫归属南亚区域合作联盟（South Asian Association for Regional Cooperation，SAARC），巴林加入了海湾合作委员会（Gulf Cooperation Council，GCC）；西部岛国的科摩罗、马达加斯加、毛里求斯和塞舌尔都是东部和南部非洲共同市场（Common Market for Eastern and Southern Africa，COMESA）以及印度洋委员会（Indian Ocean Commission）的成员国，且同属于所谓的非洲法语区。另有两个非洲岛国佛得角、圣多美和普林西比虽与西印度洋海域 4 个岛国同属非洲联盟（African Union，AU），但与其地缘关系很弱，因此将二者独立划出。此外，由于分属太平洋岛国论坛（Pacific Islands Forum）、加勒比共同体（Caribbean Community）以及欧盟（European Union）等，国际上对上述其他岛国群体的区域划分并无争议。

① UNOHRLLS, “About the Small Island Developing States”, http://unohrlls.org/about-sids/.

（二）印度洋岛国的经贸发展：基于全球各区域岛国的比较分析

1. 综合经贸指标比较分析

截至2018年，从陆地面积、人口数量，以及主要宏观经济指标的情况分析（见表2），岛国（整体）虽然人口数量不占优，但其经济总量、国际贸易投资的全球占比以及GDP增长率都相对较高。岛国数量约占全球国家/地区总数的20.60%。[①] 其中，印度洋岛国数量占全球国家/地区总数的5.15%，占全球岛国总数的25.00%。岛国面积约占世界陆地总面积的3.58%。其中，印度洋岛国面积约占世界陆地总面积的2.18%（仅印度尼西亚土地面积就占了1.42%），占全球岛国总面积的60.97%。岛国人口约占全球总人口的9.06%。其中，印度洋岛国人口占全球总人口的5.70%，占全球岛国总人口的62.95%。岛国GDP约占全球GDP的12.66%。其中，印度洋岛国GDP占全球GDP的2.27%，占全球岛国GDP的17.90%。岛国进口与出口额（货物贸易与服务贸易总和[②]）分别占全球进口与出口总额的13.23%和13.29%。其中，印度洋岛国进口与出口额分别占全球进口与出口总额的3.81%和3.91%，占全球岛国进口与出口总额的28.83%和29.44%。岛国FDI（存量）流入、流出额分别占全球FDI（存量）流入、流出总额的15.71%和17.08%。其中，印度洋岛国FDI（存量）流入、流出额分别占全球FDI（存量）流入、流出总额的5.31%和3.17%，占全球岛国FDI（存量）流入、流出总额的33.81%和18.58%。总体来看，在全球48个岛国中，印度洋岛国（12国）在土地面积和人口数量上占据绝对优势。在GDP份额、贸易进口与出口份额以及FDI（存量）流入、流出份额比较中，印度洋岛国虽然整体落后于大西洋和地中海欧洲岛国（5国）与日本，但远高于国家数量相当的南太平洋岛国（14国）和加勒比岛国（13国）。此外，从图1可见，除西非岛国以及大西洋和地中海欧洲岛国外，其他区域岛国的经济增长率总体呈现下

① 截至2018年底，全球共有233个国家和地区。

② 本报告所有的贸易皆为货物贸易与服务贸易的加总。

表 2　2017 年全球岛国的海域分布及基本发展情况

所属海洋区域	序号	国家	陆地面积（平方公里）	人口（万人）	GDP（十亿美元）	贸易总额（百万美元）	FDI 流入（亿美元）	FDI 流出（亿美元）
东印度洋海域（东南亚海域）	1	东帝汶	14870	133	2.96	1331.49	3.39	1.12
	2	菲律宾	298170	10737	313.60	232329	787.88	478.24
	3	文莱	5270	43	12.13	10577.24	61.62	15.50
	4	新加坡	709	583	323.90	1036400	12849.29	8414.02
	5	印度尼西亚	1811570	26828	1015.54	382697.70	2485.10	658.71
北印度洋及波斯湾海域	6	巴林	778	161	35.33	46161.56	265.74	192.33
	7	马尔代夫	300	44	4.87	7128.24	37.32	0
	8	斯里兰卡	62710	2098	87.36	46302.67	110.70	12.78
西印度洋海域	9	科摩罗	1861	84	0.65	291.14	1.24	0
	10	马达加斯加	581800	2664	13.21	6439.24	65.28	0.16
	11	毛里求斯	2030	127	13.37	12873.43	51.22	8.42
	12	塞舌尔	460	10	1.49	3469.34	29.00	2.88
北太平洋海域	13	日本	364560	12700	4872.42	1745711	2074.88	15199.83
南太平洋海域与新西兰	14	巴布亚新几内亚	452860	850	22.01	13334	44.22	4.73
	15	斐济	18270	91	4.87	5455	44.78	0.97
	16	基里巴斯	810	12	0.20	128.93	0.14	0.02
	17	库克群岛	236	1.7	0.31	150.41	1.03	107.16
	18	马绍尔群岛	181	5	0.20	185	0.17	0
	19	密克罗尼西亚	700	10	0.34	315	2.35	0.05
	20	瑙鲁	24	1.1	0.11	66	0	0
	21	纽埃	260	0.16	0.02	14.20	0	0
	22	帕劳	460	2	0.29	164.23	4.28	0
	23	萨摩亚	2830	19	0.85	737.80	0.75	0.18
	24	所罗门群岛	27990	62	1.21	1426.62	5.89	0.59
	25	汤加	720	11	0.43	419.22	4.37	1.08
	26	图瓦卢	30	1.1	0.04	63.68	0.08	0
	27	瓦努阿图	12190	28	0.86	905.69	5.75	0.26
	28	新西兰	263310	477	205.85	107289	764.08	180.43

续表

所属海洋区域	序号	国家	陆地面积（平方公里）	人口（万人）	GDP（十亿美元）	贸易总额（百万美元）	FDI 流入（亿美元）	FDI 流出（亿美元）
加勒比海域	29	安提瓜和巴布达	440	10	1.51	717.60	7.23	0.40
	30	巴巴多斯	430	28	4.71	4386.38	70.78	40.53
	31	巴哈马	10010	40	11.79	8397.71	206.34	45.17
	32	多米尼克	750	7	0.49	218.10	3.72	0
	33	多米尼加共和国	48310	1094	75.93	40120.90	365.02	8.94
	34	格林纳达	340	11	1.13	445.15	22.22	0.32
	35	古巴	104020	1148	96.85	26620.54	0	0
	36	海地	27560	1118	8.41	6187.47	17.45	0.02
	37	圣基茨与尼维斯	261	5	0.93	358.95	16.80	0.24
	38	圣卢西亚	610	18	1.72	782.01	9.01	2.54
	39	圣文森特和格林纳丁斯	390	11	0.78	372.43	11.89	0.82
	40	特立尼达和多巴哥	5130	137	22.11	18922.67	90.99	5.47
	41	牙买加	10830	290	14.83	12795.06	159.87	5.75
西非海域	42	佛得角	4030	55	1.77	1870.80	19.46	0
	43	圣多美和普林西比	960	21	0.39	304.71	4.44	0.04
大西洋及地中海欧洲海域	44	爱尔兰	68890	483	331.43	610915.20	8801.57	8994.79
	45	冰岛	100250	33	24.48	21910.26	100.92	55.19
	46	英国	241930	6678	2622.43	1650725.00	15638.67	15316.83
	47	马耳他	320	43	12.54	31746.92	2035.71	740.24
	48	塞浦路斯	9240	119	22.05	16411.86	2257.79	2162.19

注：库克群岛的 GDP 数据来自穆迪统计；纽埃的 GDP 数据来自 2012 年 IMF 的统计。

资料来源：根据 UNCTAD、世界银行和 worldpopulationreview. com 等数据库数据整理。

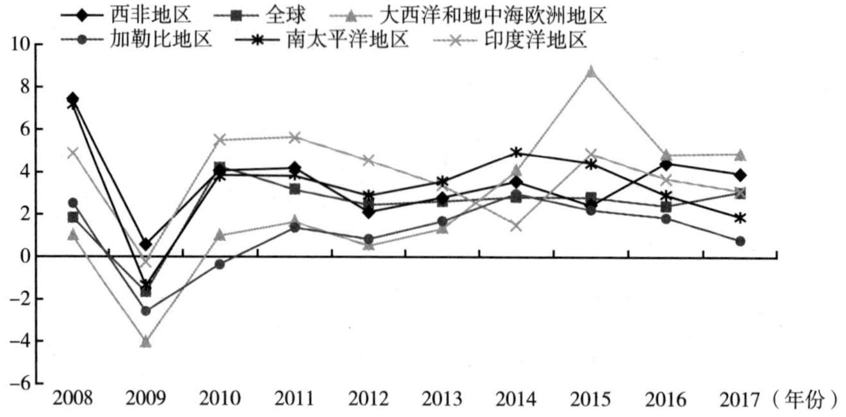

图1　全球各区域岛国GDP增长率趋势

资料来源：根据UNCTAD数据计算制图。

滑趋势。其中，印度洋岛国的10年平均增长率约为3.70%，高于西非岛国（3.55%）、南太平洋岛国（3.40%）、大西洋和地中海欧洲岛国（2.40%）以及加勒比岛国（1.14%）。总体来看，全球各区域中，只有加勒比岛国的平均增长率低于全球平均水平（2.38%）。

数据分析也显示，全球4大海域8个区域的48个岛国中，区域内、区域间的经济社会发展不平衡问题非常明显。48个岛国中，以土地面积衡量，有1个巨型国家、3个大型国家、5个中型国家、10个小型国家、29个微型国家。① 从数据分析看，全球岛国大部分是小型或微型国家。其中，南太平洋海域和加勒比海域除了巴布亚新几内亚和古巴以外，其余都是小型或微型国家，而西非海域以及大西洋和地中海欧洲海域则全部是微型岛国。从人口数量的六个档次分类看，岛国中只有3个国家的人口超过1亿人，6个国家的人口为1000万~1亿人，人口为100万~1000万人的国家有10个，有4个国家的人口为50万~100万人，有14个国家的人口为10万~50万人，

① 巨型国家，土地面积在100万平方公里以上；大型国家，土地面积为35万~100万平方公里；中型国家，土地面积为10万~35万平方公里；小型国家，土地面积为1万~10万平方公里；微型国家，土地面积为1万平方公里以下。

有 11 个国家的人口少于 10 万人。其中，南太平洋岛国人口普遍偏少，除巴布亚新几内亚外，其他岛国的人口都不到 100 万人，甚至有 7 个南太平洋岛国的人口不足 10 万人。在加勒比岛国中，也有 5 个国家的人口不到 100 万人，3 个国家的人口不足 10 万人。此外，西非岛国人口也非常少。

与南太平洋岛国、加勒比岛国的整体水平较为平均不同，印度洋岛国的情况差异较大。从国家陆地面积衡量，印度洋岛国从巨型国家（印度尼西亚，全球土地面积排名第 15 位）、大型国家（马达加斯加）、中型国家（菲律宾）、小型国家（东帝汶、斯里兰卡）到微型国家（新加坡、文莱、巴林、马尔代夫、科摩罗、塞舌尔和毛里求斯）类型齐全。从人口数量看，印度洋岛国既有人口超过 1 亿人或接近 1 亿人的印度尼西亚、菲律宾、斯里兰卡和马达加斯加，也有人口在 10 万人左右的文莱、马尔代夫和塞舌尔。此外，东帝汶、巴林、新加坡和毛里求斯的人口处于 100 万～1000 万人的区间，而科摩罗的人口处于 50 万～100 万人的中间档次。

2. 国际贸易规模与贸易结构的比较分析

通过国际贸易（货物贸易和服务贸易）的全球份额比较发现，各区域岛国的国际贸易水平差距非常大。其中，2017 年大西洋和地中海欧洲岛国的进口与出口份额分别达到 5.13% 和 5.02%，日本的进口与出口份额分别为 3.72% 和 3.83%，印度洋岛国的进口与出口份额分别在 2016 年和 2013 年超过了日本，2017 年分别达到 3.81% 和 3.91%（见图 2、图 3）。相比之下，其他地区岛国的贸易水平非常低，南太平洋岛国的进口与出口份额都只有 0.05%，加勒比岛国的进口与出口份额分别为 0.28% 和 0.24%，西非岛国的进口与出口份额甚至都不到 0.01%。从贸易增长趋势看，近十年来各区域岛国进口与出口增长率波动都非常大，贸易整体增长趋势并不明显。此外，从贸易平衡角度看，除了印度洋与南太平洋海域，其余区域岛国的国际贸易都呈现逆差状态。

从印度洋海域内部看，三个区域的贸易发展水平也参差不齐。其中，2017 年东印度洋海域 5 国贸易总额达 16633.36 亿美元，占区域所有岛国贸易总额的 93.13%。事实上，在进口与出口增长率水平相差不大的情况下，

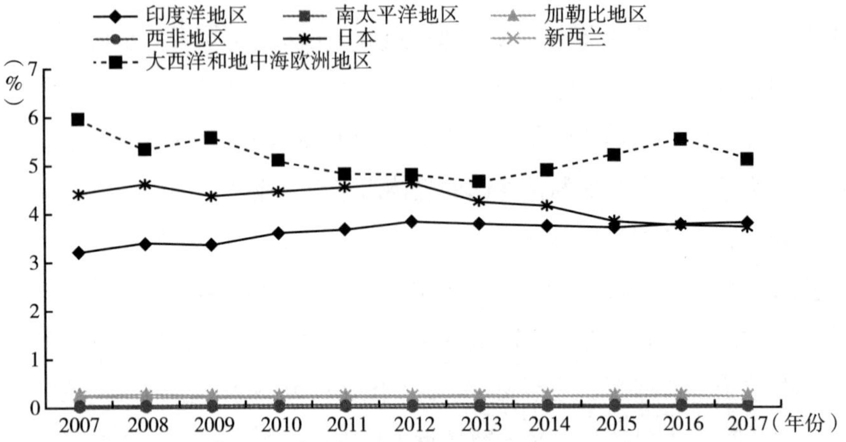

图2　各区域岛国贸易进口在全球贸易总进口中的份额

资料来源：根据 UNCTAD 数据计算制图。

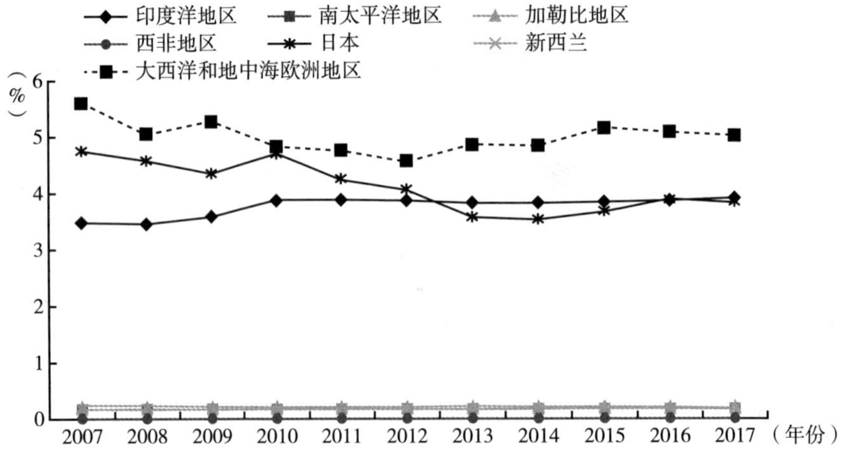

图3　各区域岛国贸易出口在全球贸易总出口中的份额

资料来源：根据 UNCTAD 数据计算制图。

仅东印度洋岛国进口与出口的全球占比就分别达到了 3.55% 和 3.65%，其余两个区域岛国的贡献率非常低（见图 4、图 5）。此外，印度洋岛国对外贸易总体呈现顺差，2017 年顺差总额达 178.63 亿美元。其中，东印度洋岛国、北印度洋岛国对外贸易都呈现顺差，但西印度洋岛国贸易则呈现逆差，逆差总额达35.18亿美元。

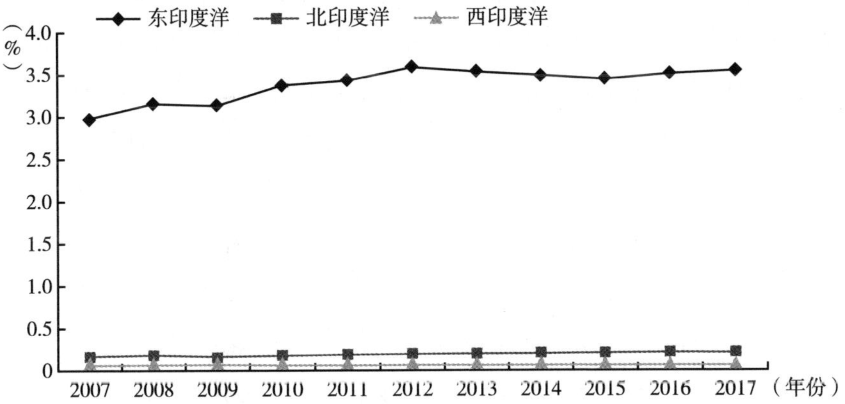

图4　印度洋三个区域岛国贸易进口的全球占比

资料来源：根据UNCTAD数据计算制图。

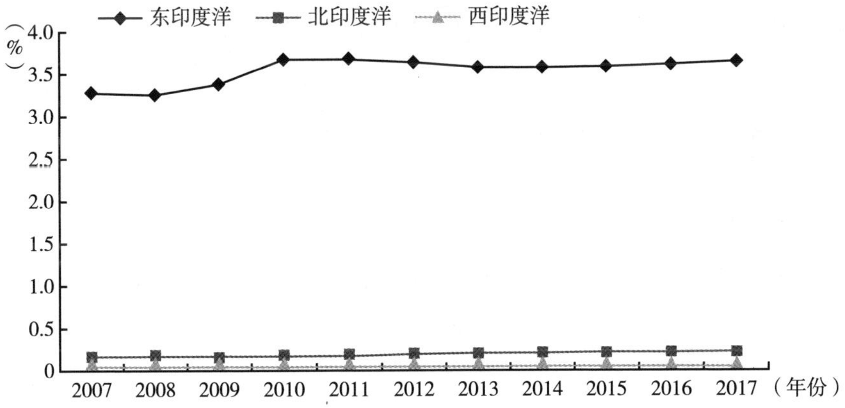

图5　印度洋三个区域岛国贸易出口的全球占比

资料来源：根据UNCTAD数据计算制图。

虽然外贸增长波动较大，但各区域岛国的贸易伙伴都保持相对稳定，主要是美国、中国、澳大利亚、日本、欧洲国家和东盟的新兴经济体。事实上，各区域岛国最重要的贸易伙伴一直没有变化。例如，2008～2017年，中国和澳大利亚分别都是印度洋岛国和南太平洋岛国最大的贸易伙伴，而美国也一直是加勒比岛国以及大西洋和地中海欧洲岛国最大的贸易伙伴。与中国、美国分别在印度洋岛国、加勒比岛国以及大西洋和地中海欧洲岛国提高贸易占比不同，10 年间澳大利亚在南太平洋岛国的贸易份额下降了 10 个百分点。从数据看，中国内地在欧洲岛国、加勒比岛国的贸易份额分别提高了 1～2 个百分点，在南太平洋岛国的贸易份额则提高了约 8 个百分点。此外，美国在印度洋岛国和南太平洋岛国中的贸易份额在逐步下滑（见表 3）。相比之下，印度洋岛国的贸易伙伴情况变化较大。在印度洋地区，中国、日本、美国和欧盟国家是主要的贸易竞争对手。其中，中国不仅已经成为东印度洋岛国和西印度洋岛国最大的贸易伙伴，而且在三个区域中的贸易份额都在不断增加。与此同时，日本、印度、美国以及欧洲国家在这三个区域的贸易份额则都在减少（见表 4）。

进一步分析贸易结构。从表 5 可知，与 2008 年相比，印度洋岛国的进口与出口结构变化不大，整体出口还是以工业制成品为主，尤其是资本和技术密集型产品的进口与出口在其进口与出口总额中的占比较大，超过了大西洋和地中海欧洲岛国、南太平洋岛国和加勒比岛国。但是，印度洋岛国的贸易结构水平差别较大，东印度洋岛国的工业制成品，尤其是资本和技术密集型产品的进口与出口占比都大大超过了北印度洋岛国和西印度洋岛国，区域差别非常明显（见表 6）。

与通常认知不同的是，除了发达岛国外，其他岛国的服务贸易贡献度都不算高。从 2017 年服务贸易的全球占比看，大西洋和地中海欧洲岛国、印度洋岛国、日本、加勒比岛国、新西兰和南太平洋岛国分别占到了 2.17%、1.08%、0.81%、0.09%、0.06% 和 0.01%（见图 6）。其中，印度洋岛国的服务贸易在印度洋岛国贸易总额中的平均占比为 28.04%，远低于西非岛国（53.94%）、大西洋和地中海欧洲岛国（42.72%）和加勒比岛国（36.38%），略高于新西兰（27.13%）、日本（21.52%）和南太平洋岛国（21.31%）（见图 7）。其中，东印度洋、北印度洋和西印度洋岛国的服务贸易在各自区域岛国贸易总额中的占比分别为 27.47%、37.33% 和 29.49%（见图 8）。

表3　各区域岛国前十名贸易伙伴变化情况

单位：%

印度洋岛国				加勒比岛国				南太平洋岛国				大西洋和地中海欧洲岛国			
2008年		2017年		2008年		2017年		2008年		2017年		2008年		2017年	
国别	占比	国别	占比	国别	占比	国别	占比	国别	占比	国别	占比	国别	占比	国别	占比
中国内地	9.72	中国内地	14.94	美国	34.24	美国	38.29	澳大利亚	34.60	澳大利亚	24.49	美国	11.46	美国	12.95
日本	9.57	美国	8.52	委内瑞拉	6.43	中国内地	7.62	新加坡	12.48	中国内地	14.21	德国	11.04	德国	11.99
美国	9.10	马来西亚	7.54	中国内地	5.2[illegible]	西班牙	3.35	日本	7.40	日本	11.56	荷兰	6.74	荷兰	6.94
马来西亚	8.21	日本	7.47	西班牙	4.56	加拿大	3.27	中国内地	5.98	新加坡	9.27	法国	6.50	中国内地	6.88
印尼	5.11	中国香港	5.84	巴西	3.56	委内瑞拉	2.64	新西兰	5.32	新西兰	4.65	比利时	5.29	法国	6.18
韩国	5.03	中国台湾	4.94	加拿大	3.26	墨西哥	2.53	美国	5.27	美国	4.50	中国内地	5.28	比利时	5.09
中国香港	4.87	韩国	4.74	特立尼达和多巴哥	3.04	哥伦比亚	2.38	韩国	3.34	马来西亚	3.30	英国	4.32	英国	3.68
新加坡	4.81	泰国	3.87	墨西哥	2.91	巴西	2.33	德国	2.66	韩国	2.78	爱尔兰	4.05	意大利	3.47
印度	3.62	印度	3.82	哥伦比亚	2.26	俄罗斯	2.02	英国	2.59	中国台湾	2.69	意大利	3.73	爱尔兰	3.31
泰国	3.56	新加坡	3.69	荷兰	2.17	德国	1.76	印度	2.27	泰国	2.65	挪威	3.46	瑞士	3.03
小计	63.60	小计	65.37	小计	67.66	小计	66.19	小计	81.91	小计	80.10	小计	61.87	小计	63.52

资料来源：根据 UNCTAD 数据计算整理。

表 4　印度洋各区域主要贸易伙伴国

单位：%

东印度洋岛国				北印度洋岛国				西印度洋岛国			
2008 年		2017 年		2008 年		2017 年		2008 年		2017 年	
国别	占比	国别	占比	国别	占比	国别	占比	国别	占比	国别	占比
中国内地	9.99	中国内地	15.22	沙　特	13.81	阿联酋	11.10	法　国	13.12	中国内地	12.60
日　本	9.95	美　国	8.48	印　度	10.44	印　度	10.35	印　度	10.61	法　国	12.35
美　国	9.23	马来西亚	7.92	美　国	7.44	中国内地	10.17	中国内地	10.49	印　度	8.26
马来西亚	8.65	日　本	7.72	阿联酋	5.40	美　国	9.85	英　国	7.29	美　国	6.44
印　尼	5.36	中国香港	6.15	中国内地	4.30	沙　特	8.36	南　非	5.70	南　非	6.19
韩　国	5.23	中国台湾	5.19	新加坡	4.23	新加坡	3.94	美　国	5.30	阿联酋	5.27
中国香港	5.09	韩　国	4.95	日　本	4.12	日　本	3.92	阿联酋	3.73	英　国	3.54
新加坡	4.88	泰　国	4.01	英　国	3.80	英　国	2.96	德　国	3.28	西班牙	3.25
泰　国	3.68	印　尼	3.78	伊　朗	2.88	德　国	2.25	意大利	2.58	德　国	3.15
中国台湾	3.62	新加坡	3.70	德　国	2.82	意大利	1.94	日　本	2.55	意大利	2.60
小　计	65.68	小　计	67.12	小　计	59.24	小　计	64.84	小　计	64.65	小　计	63.65

资料来源：根据 UNCTAD 数据计算整理。

表 5　各区域岛国贸易结构变化

单位：%

区域	2008 年			2017 年		
区域	初级产品进口比重	工业制成品进口比重	资本和技术密集型产品进口比重	初级产品进口比重	工业制成品进口比重	资本和技术密集型产品进口比重
印度洋岛国	35.11	55.35	42.17	37.31	57.58	45.37
南太平洋岛国	67.74	30.12	13.21	58.23	41.41	20.24
加勒比岛国	77.82	22.16	8.88	69.52	30.22	11.58
大西洋和地中海欧洲岛国	31.56	65.92	41.66	31.69	66.23	44.22
区域	初级产品出口比重	工业制成品出口比重	资本和技术密集型产品出口比重	初级产品出口比重	工业制成品出口比重	资本和技术密集型产品出口比重
印度洋岛国	37.84	58.16	43.65	38.2	57.39	44.97
南太平洋岛国	67.37	30.49	14.46	58.31	41.07	18.04
加勒比岛国	72.56	26.37	8.21	54.83	43.46	12.82
大西洋和地中海欧洲岛国	33.24	63.85	39.22	32.21	66.36	42.53

注：根据 SITC 分类法计算，未列出其他未归类产品的比重，资本和技术密集型产品归属工业制成品。
资料来源：根据 UNCTAD 数据计算整理。

表 6 印度洋各区域岛国贸易结构

单位：%

区域	2008 年			2017 年		
	初级产品进口比重	工业制成品进口比重	资本和技术密集型产品进口比重	初级产品进口比重	工业制成品进口比重	资本和技术密集型产品进口比重
东印度洋岛国	34.55	55.48	43.04	35.83	59.09	47.36
北印度洋岛国	43.93	55.98	35.75	70.90	29.10	14.90
西印度洋岛国	38.88	59.67	15.63	57.67	42.32	13.12
区域	初级产品出口比重	工业制成品出口比重	资本和技术密集型产品出口比重	初级产品出口比重	工业制成品出口比重	资本和技术密集型产品出口比重
东印度洋岛国	37.10	58.85	44.81	37.08	58.76	46.64
北印度洋岛国	56.08	43.92	24.59	56.12	43.19	25.34
西印度洋岛国	34.14	64.45	19.44	43.93	55.96	18.64

资料来源：根据 UNCTAD 数据计算整理。

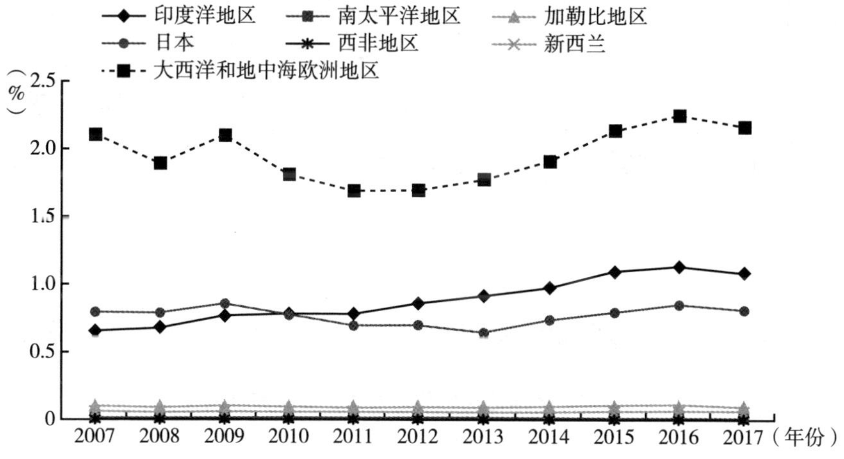

图 6 各区域岛国服务贸易的全球占比

资料来源：根据 UNCTAD 数据计算制图。

在服务贸易领域，旅游业发展对大多数岛国而言非常重要。由表 7 可知，2018 年印度洋岛国的旅游业对全球旅游业 GDP（直接和综合）、就业人数（直接和综合），以及入境消费额和旅游投资额都做出了突出贡献，创造

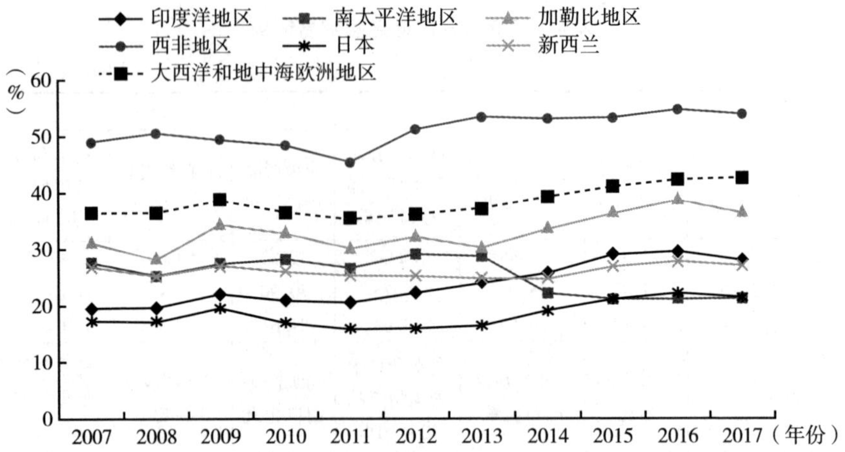

图 7　各区域岛国服务贸易在地区总贸易中的占比

资料来源：根据 UNCTAD 数据计算制图。

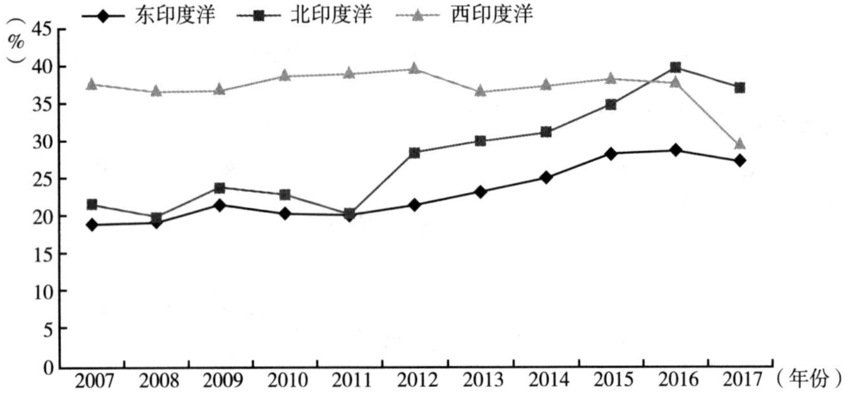

图 8　印度洋各地区岛国服务贸易占其总贸易的比重

资料来源：根据 UNCTAD 数据计算制图。

出了全球旅游业直接 GDP 的 29.08%、全球入境消费总额的 67.38% 和全球旅游总投资的 41.09%。其中，西印度洋岛国在旅游业 GDP（直接和综合）、入境消费与旅游投资方面贡献巨大，而东印度洋岛国则在就业人数（直接和综合）上占优。事实上，印度洋多数岛国的经济、贸易和投资增长在较大程度上依赖于旅游业的发展，尤其是南亚岛国和西印度洋岛国。其中，以马尔代夫旅游业对该国的综合贡献最大，其次是塞舌尔和毛里求斯。以马尔代夫为例，该国旅游业对其 GDP 的直接贡献和综合贡献分别达到了 39.6% 和 76.6%，对其就业的直接贡献和综合贡献分别达到了 16.0% 和 37.4%，入境旅游消费在总出口中的比重达到了 74.7%，对旅游业的投资在总投资中的比重也高达 29.6%（见表 8）。事实上，除了能源丰富的文莱、巴林，以及金融业发达的新加坡外，印度洋岛国的经济增长、就业拉动尤其是出口增长的主要驱动力都是旅游业，旅游业对这些国家经济的贡献度普遍高于全球水平。

表 7　2018 年印度洋岛国旅游业对全球旅游业的贡献

单位：%

区域	旅游业直接GDP的全球占比	旅游业综合GDP的全球占比	旅游业直接就业人数的全球占比	旅游业综合就业人数的全球占比	入境消费额全球占比	旅游投资额全球占比
北印度洋岛国	0.29	0.20	0.39	0.32	0.65	0.17
西印度洋岛国	26.47	21.52	0.29	0.31	63.95	37.63
东印度洋岛国	2.32	1.91	6.00	6.51	2.77	3.28
总　和	29.08	23.62	6.69	7.14	67.38	41.09

资料来源：根据 WTTC 国别报告数据整理计算制表。

表 8　印度洋岛国旅游业的经济贡献

单位：%

国家	对GDP的直接贡献	对GDP的综合贡献	对就业的直接贡献	对就业的综合贡献	入境旅游消费占总出口比重	旅游投资占总投资比重
东印度洋岛国						
菲律宾	8.7	21.1	5.8	19.2	8.0	2.4
文莱	1.7	9.0	2.6	9.3	6.4	11.1
新加坡	4.1	10.2	4.6	8.8	3.5	20.9
印度尼西亚	1.9	5.8	3.7	10.0	7.0	3.7
北印度洋及波斯湾岛国						
巴林	4.2	9.7	4.0	9.4	7.9	6.5
马尔代夫	39.6	76.6	16.0	37.4	74.7	29.6
斯里兰卡	5.3	11.6	5.1	11.0	25.3	4.1
西印度洋岛国						
科摩罗	4.4	9.7	3.7	8.4	31.8	2.8
马达加斯加	6.3	16.6	5.0	13.9	26.0	19.0
毛里求斯	7.4	23.8	7.2	22.6	35.9	5.2
塞舌尔	26.4	65.3	26.5	66.0	40.2	29.3

续表

国家	对 GDP 的直接贡献	对 GDP 的综合贡献	对就业的直接贡献	对就业的综合贡献	入境旅游消费占总出口比重	旅游投资占总投资比重
北太平洋岛国						
日本	2.2	6.8	1.7	6.4	4.1	3.1
南太平洋岛国						
巴布亚新几内亚	0.7	1.8	0.5	1.6	0	3.7
斐济	14.4	40.3	13.0	36.5	40.1	24.3
基里巴斯	8.7	20.9	6.9	17.3	18.7	2.5
所罗门群岛	4.3	10.4	3.7	9.1	14.6	8.3
瓦努阿图	18.2	46.1	14.4	39.3	61.6	15.5
新西兰	6.0	17.9	8.8	22.0	20.7	7.0
加勒比岛国						
巴巴多斯	13.0	40.6	13.5	40.5	68.2	22.7
多米尼克	12.4	37.6	11.3	34.4	56.4	12.1
多米尼加共和国	5.4	17.2	4.8	15.9	38.7	3.8
格林纳达	7.0	23.3	6.4	21.4	60.8	14.0
海地	3.3	9.7	2.8	8.5	34.4	4.2
圣基茨与尼维斯	6.6	26.8	6.5	25.6	33.4	16.7
圣卢西亚	15.0	41.8	26.4	50.8	67.1	24.7
圣文森特和格林纳丁斯	5.9	23.4	5.5	21.5	48.0	19.1
特立尼达和多巴哥	2.8	7.7	3.7	9.9	8.2	11.0
牙买加	10.3	32.9	9.2	29.8	60.9	12.9
其他加勒比国家	12.7	33.4	17.4	41.5	54.5	16.1
西非岛国						
圣多美和普林西比	10.8	24.3	10.8	23.6	59.2	7.4
大西洋和地中海欧洲岛国						
爱尔兰	1.9	5.9	1.9	5.9	3.3	11.0
冰岛	8.5	34.6	7.2	36.0	37.6	17.0
英国	3.7	10.5	4.9	11.6	4.7	5.2
塞浦路斯	7.3	22.3	6.9	22.7	23.4	12.0
马耳他	14.2	27.1	15.7	28.3	12.3	11.2
全球						
全球平均水平	3.2	10.4	3.8	9.9	6.5	4.5

资料来源：根据 WTTC 数据整理，部分国家数据缺失。

3. FDI 存量规模及投资领域的比较分析

全球国家利用 FDI 促进本国经济增长已经成为发展主流，尤其是发展中国家由于缺乏资金而对外资的需求不断攀升。2017 年全球岛国吸引 FDI 存量为49540.43 亿美元，占全球 FDI 流入总额的 15.71%，其中印度洋岛国吸引 FDI 存量达 16747.78 亿美元，占全球 FDI 流入总额的 5.31%，其 FDI 流入的全球份额仅次于大西洋和地中海欧洲岛国（9.15%），远高于南太平洋岛国（0.04%）、加勒比岛国（0.31%）和西非岛国（0.01%），也高于日本（0.66%）和新西兰（0.24%）（见图 9）。

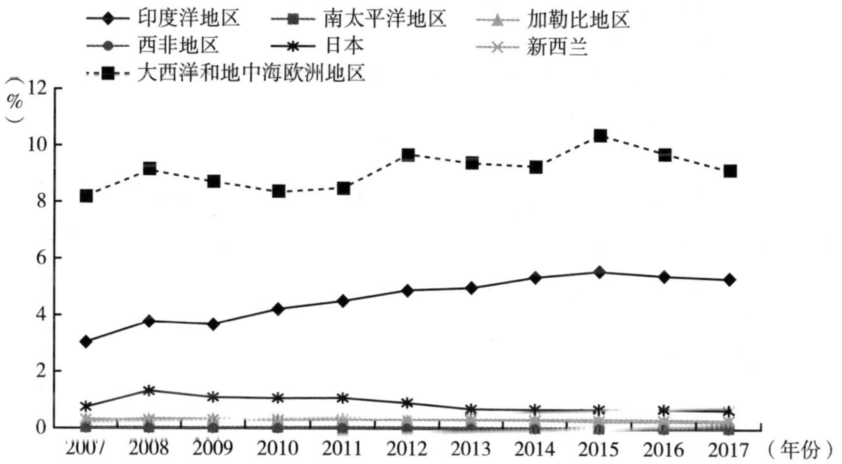

图 9　各区域岛国 FDI 流入额的全球占比

资料来源：根据 UNCTAD 数据计算制图。

随着经济增长和资本市场的进一步开放，岛国对外投资总额也在不断增加。2017 年全球岛国对外投资存量为 52658.94 亿美元，占全球 FDI 流出总额的 17.08%。其中，印度洋岛国对外投资存量达 9784.16 亿美元，占全球 FDI 流出总额的 3.17%，仅次于大西洋和地中海欧洲岛国（8.84%）和日本（4.93%），远高于南太平洋岛国（0.04%）、加勒比岛国（0.04%）、西非岛国（0.001%）和新西兰（0.06%）（见图 10）。

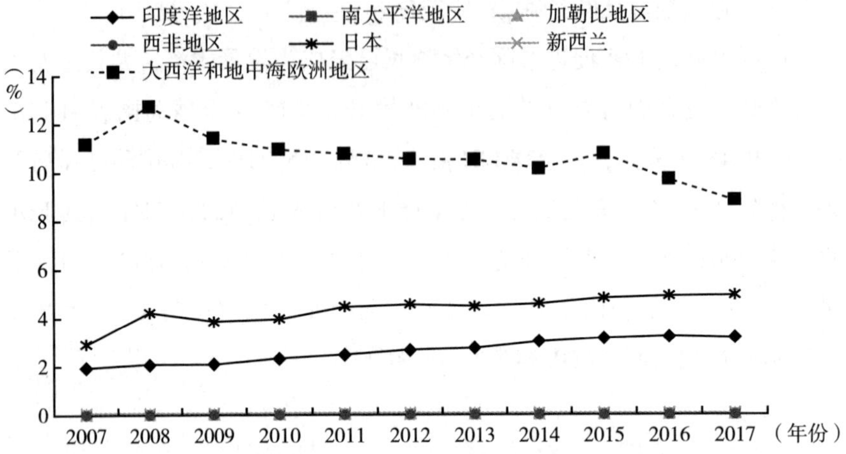

图 10　各区域岛国 FDI 流出额的全球占比

资料来源：根据 UNCTAD 数据计算制图。

印度洋岛国的 FDI 流入、流出额分别占全球岛国 FDI 流入、流出总额的 33.81% 和 18.58%。从区域内部分析，东印度洋、北印度洋和西印度洋三个区域岛国的 FDI 流入额分别为 16187.28 亿美元、413.76 亿美元和 146.74 亿美元，流出额分别为 9567.59 亿美元、205.11 亿美元和 11.46 亿美元。其中，仅东印度洋岛国的 FDI 流入、流出额在印度洋岛国 FDI 流入、流出总额中就分别占 96.65% 和 97.78%。印度洋地区各区域 FDI 流入、流出额的全球占比分别见图 11、图 12。

从主要投资国和投资领域情况分析，由 UNCTAD 发布的《2018 年世界投资报告》可知，2017 年小岛屿发展中国家（南太平洋岛国 14 国、加勒比岛国 13 国、印度洋岛国 7 国和西非岛国 2 国）排名前十位的投资国（地区）分别是加拿大、美国、巴西、印度、新加坡、澳大利亚、南非、英国、泰国和中国香港。其中，2017 年对小岛屿发展中国家的净并购投资中 95.18% 的并购金额来自印度，并购领域主要是矿产和服务业，大约有 48.85% 的资金投向了金融服务设施和保险业；绿地投资几乎全部投向了服务业，尤其是商业服务业的投资占比达到了 79.57%，金融服务投资占比为 28.85%，交通、储藏和通信业的投资占比为 7.45%。这些绿地投资大约有 85.10% 来自发展

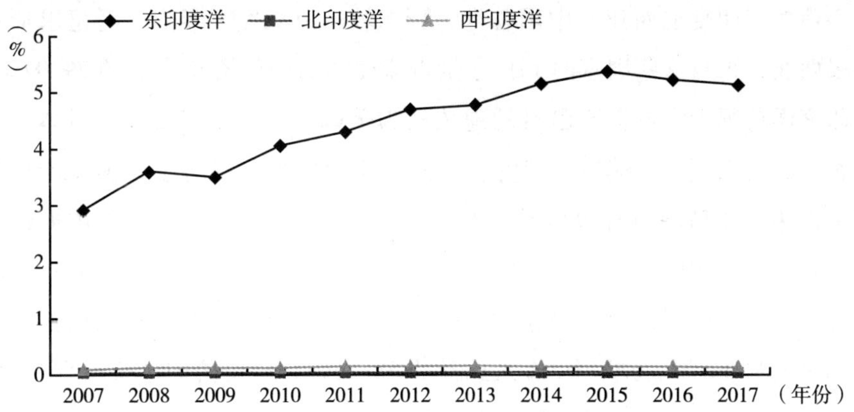

图 11　印度洋地区各区域 FDI 流入额的全球占比

资料来源：根据 UNCTAD 数据计算制图。

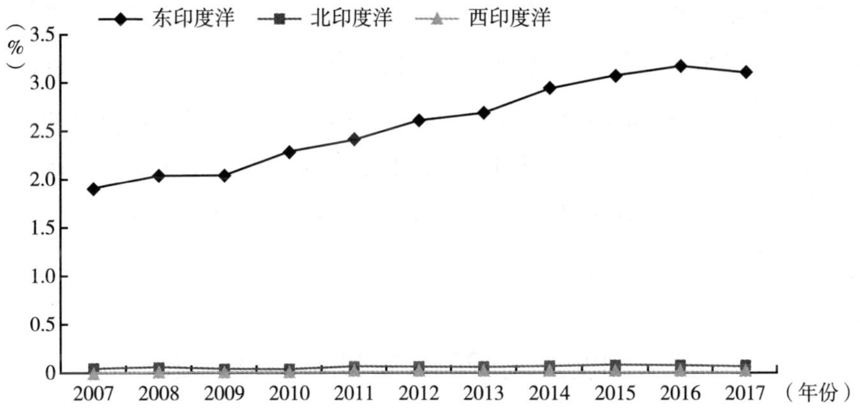

图 12　印度洋地区各区域 FDI 流出额的全球占比

资料来源：根据 UNCTAD 数据计算制图。

中国家，其中 79.57% 的绿地投资来源于拉丁美洲和加勒比地区。①

从印度洋岛国的情况看，根据 IMF 的 CDIS 数据（存量）计算，截至 2017 年，印度洋岛国十大投资流入来源国（地区）依次为中国内地、印

① UNCTAD, "World Investment Report 2018", https://unctad.org/en/PublicationsLibrary/wir2018_en.pdf.

度、荷兰、印度尼西亚、中国香港、新加坡、卢森堡、泰国、毛里求斯和马来西亚，来自这些国家的 FDI 存量占印度洋岛国外资总存量的 79.92%。而印度洋岛国十大投资流出目的地依次为美国、荷兰、卢森堡、日本、中国香港、马来西亚、瑞典、印度、澳大利亚和韩国，流向这些国家的投资存量占印度洋岛国对外投资总存量的 83.23%。此外，东盟投资数据也显示，新加坡、印度尼西亚、文莱和菲律宾的主要投资来源国（地区）是新加坡、荷兰、中国内地、爱尔兰、美国、日本、中国香港、马来西亚、瑞士和澳大利亚，占东盟 FDI 流入总额的 58.46%，主要流向了金融保险业、批发零售业、制造业、信息通信业、房地产业及其他服务业等领域；东帝汶的外资主要来自东盟、澳大利亚、新西兰、葡萄牙和欧美，主要流向了旅馆业、基建业、旅游业和咖啡种植业等领域；北印度洋岛国的投资来源主要是新加坡、卢森堡、科威特、土耳其、巴基斯坦、毛里求斯、孟加拉国等，投资领域主要集中于基础设施、旅游业、房地产业等；西印度洋岛国中，科摩罗的外资主要来自中东、法国、南非和中国内地，马达加斯加的外资主要来自加拿大、韩国和日本，毛里求斯的外资主要来自欧洲、印度、中国内地和马来西亚等，总体来看，西印度洋岛国的外资大多流向了旅游业、金融业、基建业和房地产业。①

三　印度洋岛国的经贸发展环境评估

对印度洋岛国的经贸发展环境进行评估，实质上就是测评这些国家的可持续发展能力。现行评估发展的指标较多，联合国、经合组织和各类国际组织都有自己的评价体系。本研究选取 40 个综合评估指数构建发展环境评估体系，对影响印度洋岛国经贸发展的经济、政治、安全、制度、社会、生态等因素展开分析（见表 9）。需要说明的是，虽然一些综合指标的子指标有所重复，但因为综合指标各有侧重，并不影响分析。

① 数据来源于 ITC 数据库。

表9　印度洋岛国的经贸发展环境评估体系

3大类发展环境	8类发展环境细分构成	40个综合评估指数	主要评估内容
经济环境	国内市场环境	营商指数	市场监管质量与效率水平
		经济自由度 贸易开放度 投资开放度	市场自由度与开放度
	国内经济增长稳定性及竞争力	经济增长率 人均GDP 失业率 通货膨胀率 偿债能力 国家信誉评级	经济基础与增长稳定性
		全球竞争力指数(GCI) 创新指数	国家竞争力水平
	域内发展动力水平	域内贸易占比 域内投资占比	经贸发展的内生动力
	域外国际经济投入水平	域外贸易的全球占比 域外投资的全球占比 侨汇水平 官方发展援助流入净额 全球化指数	经贸发展的外部动力
政治、安全与制度环境	主权国家的政治、社会稳定及外部环境	政治风险指数 政治稳定和非暴力系数 内部冲突指数 FFP脆弱性指数	东道国的政治风险
		ICRG外部冲突指数 战争风险指数	外部冲突风险
	制度环境	政府效能指数 法律规制指数 腐败控制指数	制定履行相关政策的质量
社会、生态环境	社会发展与社会公平	联合国人类发展指数 教育不平等指数 收入不平等指数 衡量收入分配相关指数	社会发展与社会公平现状
	生态环境	联合国生态环境8项指数	生态环境现状

（一）经济环境评估

经济环境评估实质上是对影响印度洋国家经贸发展的国内、域内、域外三层面的经济指标进行评估。主要是对国内市场环境、国内经济增长稳定性及竞争力、域内发展动力水平以及域外国际经济投入水平等指标进行分析。

1. 国内市场环境评估

首先，主要选取营商指数综合指标对印度洋岛国的市场监管质量与效率水平进行评估。世界银行营商指数衡量的是一国开办企业、获得各类商业许可证和经营所需资源（劳动力及资本），以及开展经营、执行合同、办理破产的质量与效率。从2019年的情况看，印度洋岛国的综合营商水平差距非常大，既有全球营商指数排名第2位的新加坡，也有排名倒数的东帝汶。事实上，除了新加坡、毛里求斯和文莱外，印度洋岛国排名都在中下游，商业投资的效率及监管还存在许多不足（见表10）。值得肯定的是，相比上一年，除塞舌尔得分稍有下降外，其他各国市场监管质量与效率综合得分都有稳步提升，市场改良趋势整体向好。

表10　2019年印度洋岛国的营商指数得分及排名

东印度洋岛国		北印度洋岛国		西印度洋岛国	
国家	分数(排名)	国家	分数(排名)	国家	分数(排名)
新加坡	85.24(2)	巴林	69.85(62)	毛里求斯	79.58(20)
文莱	72.03(55)	斯里兰卡	61.22(100)	塞舌尔	62.41(96)
印度尼西亚	67.96(73)	马尔代夫	54.43(139)	马达加斯加	48.89(161)
菲律宾	57.68(124)			科摩罗	48.66(164)
东帝汶	41.60(178)				

资料来源：世界银行。

其次，采用经济自由度、贸易开放度、投资开放度等指标衡量印度洋岛国的市场自由度与开放度。Heritage的经济自由度综合指数可以测评市场的法治化水平、政府干预度和监管能力，以及市场开放度等，包含对私有产权保护、腐败控制、商业自由、劳动力自由度以及贸易、投资和金融自由的综合评估。根据表11，印度洋岛国经济自由度整体得分为60分左右。其中，东印度洋岛国除文莱因腐败及劳动自由度问题得分稍有下降外，其他各国的经济自由度得分均有提升；北印度洋岛国的经济自由度得分及排名由于腐败上升等原因普遍下滑；西印度洋岛国马达加斯加和毛里求斯的经济自由度得分变化不大，但排名大幅下滑。此外，从主要的子指标数据看，印度洋岛国的贸易自由度得分都不算低，但投资自由度、金融自由度得分普遍偏低。总体而言，新加坡经济自由度水平在全球名列前茅，毛里求斯、巴林的经济自由度水平也高于一般发展中国家，但马尔代夫、斯里兰卡和科摩罗的投资自由度和金融自由度排名非常靠后（见表12）。

表11　印度洋岛国经济自由度得分及排名

国家	2013年	2014年	2015年	2016年	2017年	2018年
菲律宾	58(100)	60(89)	62(78)	63(72)	66(55)	65(61)
文莱	N/A	69(39)	69(40)	67(50)	70(35)	64(67)
新加坡	88(2)	89(2)	89(2)	88(2)	89(2)	89(2)
印度尼西亚	57(105)	59(96)	58(108)	59(104)	62(79)	64(69)
巴林	76(9)	75(13)	73(18)	74(17)	69(42)	68(47)
马尔代夫	49(149)	51(146)	53(136)	54(130)	50(157)	51(157)
斯里兰卡	61(82)	60(90)	59(101)	60(95)	57(115)	58(111)
科摩罗	48(153)	51(143)	52(143)	52(141)	56(116)	56(120)
马达加斯加	62(72)	62(77)	62(77)	61(86)	57(112)	57(119)
毛里求斯	77(8)	77(8)	76(11)	75(13)	75(19)	75(22)
塞舌尔	55(125)	56(112)	58(112)	62(81)	62(82)	62(88)

注：得分范围为0~100，得分越高表示经济自由度越高，括号内数据表示排名；东帝汶数据缺失。
资料来源：Heritage。

表12　2018年印度洋岛国经济自由度子指标得分及排名

国家	贸易自由度得分	贸易自由度排名	投资自由度得分	投资自由度排名	金融自由度得分	金融自由度排名
菲律宾	85	78	60	94	60	66
文莱	84	47	65	73	50	76
新加坡	95	2	85	18	80	13
印度尼西亚	80	70	45	134	60	53

续表

国家	贸易自由度得分	贸易自由度排名	投资自由度得分	投资自由度排名	金融自由度得分	金融自由度排名
巴林	84	45	75	39	80	4
马尔代夫	63	152	35	149	30	145
斯里兰卡	76	97	40	142	40	128
科摩罗	70	118	45	132	30	138
马达加斯加	69	124	55	111	50	93
毛里求斯	88	9	80	35	70	34
塞舌尔	81	69	55	115	30	152

注：得分范围为0~100，得分越高表示自由度越高，括号内数据表示排名；东帝汶数据缺失。

资料来源：Heritage。

从贸易开放度指标看，印度洋各岛国的水平呈现较大差异。新加坡、马尔代夫、巴林和塞舌尔的贸易开放度较高，排名都在全球前20位，而印度尼西亚、东帝汶等国的贸易开放度相对较低，全球排名非常靠后。其余各国的贸易开放度水平都在全球平均水平上下（见表13）。相比之下，印度洋岛国的投资开放度总体不高，2017年除新加坡、马尔代夫和塞舌尔之外，只有文莱、菲律宾和马达加斯加的排名约在全球中游水平，其余各国的得分都比较低（见表14）。

表13　印度洋岛国贸易开放度

单位：%

国家	2012年	2013年	2014年	2015年	2016年	2017年
东帝汶	26.28	25.47	34.60	53.72	58.66	45.06
菲律宾	64.90	60.25	61.47	62.69	64.90	70.66
文莱	105.64	110.94	99.37	84.90	87.32	85.18
新加坡	370.69	365.69	359.25	329.05	310.26	322.43
印度尼西亚	49.58	48.64	48.08	41.94	37.44	39.54
巴林	185.89	191.88	175.56	154.07	139.55	132.17
马尔代夫	159.80	161.34	163.83	147.60	150.27	150.42
斯里兰卡	51.49	49.26	50.25	49.56	50.01	51.07
科摩罗	72.00	76.17	77.17	65.08	59.69	61.90

续表

国家	2012 年	2013 年	2014 年	2015 年	2016 年	2017 年
马达加斯加	67.62	68.82	69.90	67.59	69.26	74.45
毛里求斯	119.50	109.97	113.29	107.64	98.43	97.13
塞舌尔	216.48	189.46	192.02	197.28	199.73	119.93

注：东帝汶数据来自 UNCTAD。
资料来源：世界银行。

表 14　印度洋岛国投资（净流量）开放度

单位：%

国家	2012 年	2013 年	2014 年	2015 年	2016 年	2017 年
东帝汶	0.58	0.88	1.22	1.39	0.20	0.22
菲律宾	1.29	1.37	2.02	1.93	2.72	3.21
文莱	4.54	4.29	3.32	1.32	-1.32	3.86
新加坡	19.33	21.18	22.32	23.21	23.97	19.65
印度尼西亚	2.31	2.55	2.82	2.30	0.49	2.11
巴林	5.02	11.46	4.55	0.21	0.76	1.47
马尔代夫	7.90	10.95	9.02	7.44	10.81	11.26
斯里兰卡	1.38	1.26	1.13	0.84	1.10	1.58
科摩罗	1.82	0.68	0.72	0.91	1.30	1.33
马达加斯加	7.85	5.19	4.86	2.53	4.51	3.12
毛里求斯	5.05	2.42	3.27	1.78	2.86	2.19
塞舌尔	57.88	4.31	8.06	7.70	2.87	8.38

注：东帝汶数据来自 UNCTAD。
资料来源：世界银行。

2. 国内经济增长稳定性及竞争力评估

首先，使用经济增长率、人均 GDP、失业率、通货膨胀率、偿债能力、国家信誉评级等指标衡量一国的经济基础与增长稳定性。从图 13 可以看出，近年来印度洋岛国整体经济增长波动较大，且增长率水平一直较低，近年来的增长率只略高于全球平均水平。2017 年马尔代夫、菲律宾和塞舌尔的年均增长率都在 6% 以上，印度尼西亚也保持了 5% 左右的增速，文莱、马达加斯加和东帝汶的经济增长非常缓慢，尤其是东帝汶常年处于负增长状态，其余岛国的经济增长率则在 3% ~4% 徘徊。

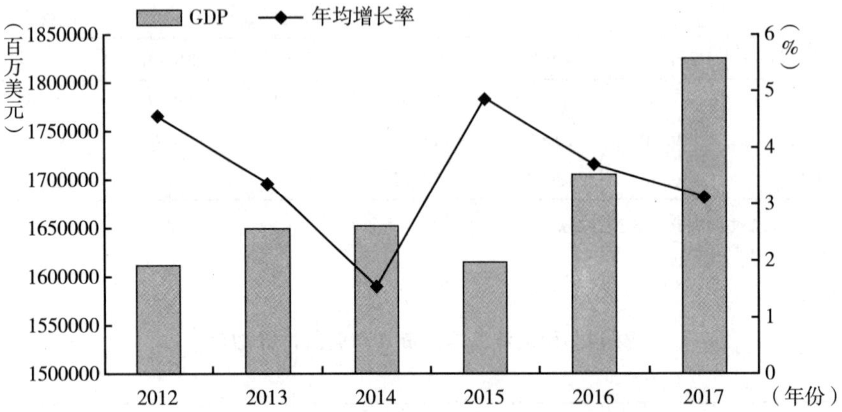

图 13　印度洋岛国整体的 GDP 增长情况

资料来源：根据 UNCTAD 数据计算制图。

从人均 GDP 情况看，印度洋岛国间的差距也非常明显。其中，新加坡、文莱、巴林、塞舌尔和毛里求斯被联合国认定为高收入或较高收入国家，人均 GDP 超过世界平均水平（10664 美元，2017 年）。与此同时，西印度洋岛国马达加斯加人均 GDP 甚至不足 500 美元，科摩罗的人均 GDP 也刚刚超过 1500 美元，都被列为全球最不发达国家。其余岛国，如东帝汶、菲律宾、斯里兰卡和印度尼西亚的人均 GDP 均未超过 5000 美元，即使旅游业相对发达的马尔代夫，其人均 GDP 也不到 9000 美元（见表 15）。从劳动力市场情况看，印度洋岛国的失业率整体并不算高。除文莱、毛里求斯的失业率略高于 7%，其余岛国的失业率水平都保持在 5% 以下（见表 16）。与此同时，这些岛国按消费者价格指数衡量的通货膨胀率也普遍较低，只有马达加斯加和斯里兰卡突破了 7%（见表 17）。令人担忧的是，近年来印度洋岛国外债负担相对较重。其中，外债在 GNI 中占比最高的是毛里求斯，该国的债务负担在全球排在第 2 位，其外债比已经从 2009 年的 8.56% 上升到 2017 年的 155.94%，短期债务率也高达 49.70%，在全球排在第 4 位。除了毛里求斯，斯里兰卡的债务负担也值得关注，该国的外债比已经从 2009 年的 44.26% 上升到 2017 年的 59.1%，外债比和短期债务水平分别排在全球第 35 位和第 31 位。印度尼西亚的外债占 GNI 的比重虽然比较低，但其短期债务负担也比较重，2017 年排在全球第 23 位。其余印度洋岛国的此项占比为 30%～50%，比起 10 年前均有较大幅度下降，整体外债负担并不重。从表 18 的数据可以看出，印度洋岛国中只有斯里兰卡的偿债率接近国际警戒线，其余岛国的外债还本付息负担并不重，发生债务危机的概率也不算高。国际三大评级机构给出的国家信誉评级结果也符合上述判断，除新加坡获得了很高的评级外，其余岛国整体都处于中下级，其中斯里兰卡的国家信誉评级比较低（见表 19）。

表 15　印度洋岛国人均 GDP

单位：美元

国家	2012 年	2013 年	2014 年	2015 年	2016 年	2017 年
东帝汶	4057.73	3527.15	2547.15	3009.14	2967.73	2672.09
菲律宾	2278.63	2399.60	2505.82	2615.66	2752.11	2891.36
文莱	35898.16	34618.57	33259.49	32665.78	31430.74	31439.71
新加坡	49649.69	51312.37	52449.15	52782.50	53209.54	54300.62
印度尼西亚	3415.35	3560.11	3692.94	3827.55	3974.73	4130.66
巴林	20920.33	21798.81	22389.92	22437.43	22343.46	22135.70
马尔代夫	7458.86	7776.54	8124.71	8156.17	8559.35	8971.13
斯里兰卡	3286.08	3380.67	3531.80	3692.46	3841.81	3954.02
科摩罗	1410.64	1500.04	1521.77	1516.07	1542.46	1559.35
马达加斯加	480.88	474.99	477.37	481.11	487.21	480.05
毛里求斯	8597.27	8872.58	9190.72	9500.36	9844.32	10201.20
塞舌尔	11483.40	12111.49	12590.72	13143.58	13664.60	14442.85

资料来源：UNCTAD。

表 16　印度洋岛国失业率

单位：%

国家	2013 年	2014 年	2015 年	2016 年	2017 年	2018 年
东帝汶	N/A	N/A	N/A	N/A	4.1	N/A
菲律宾	3.50	3.60	3.04	2.71	2.35	1.88
文莱	5.88	6.97	6.84	6.93	7.08	7.11
新加坡	2.79	2.80	1.69	1.80	2.02	1.84
印度尼西亚	4.34	4.05	4.51	4.12	4.18	4.32
巴林	1.21	1.21	1.21	1.22	1.20	1.19

续表

国家	2013 年	2014 年	2015 年	2016 年	2017 年	2018 年
马尔代夫	4.97	5.21	5.05	5.03	4.99	4.97
斯里兰卡	4.44	4.40	4.67	4.37	4.08	4.14
科摩罗	4.38	4.36	4.34	4.35	4.34	4.33
马达加斯加	0.89	1.19	1.80	1.80	1.80	1.80
毛里求斯	8.00	7.72	7.92	7.30	7.13	7.05

注：塞舌尔数据缺失。

资料来源：世界银行。

表 17 印度洋岛国按消费者价格指数衡量的通货膨胀率

单位：%

国家	2012 年	2013 年	2014 年	2015 年	2016 年	2017 年
东帝汶	N/A	N/A	N/A	N/A	-1.3	0.6
菲律宾	3.0	2.6	3.6	0.7	1.3	2.9
文莱	0.1	0.4	-0.2	-0.4	-0.7	-0.2
新加坡	4.6	2.4	1.0	-0.5	-0.5	0.6
印度尼西亚	4.3	6.4	6.4	6.4	3.5	3.8
巴林	2.8	3.3	2.6	1.8	2.8	1.4
马尔代夫	10.9	3.8	2.1	1.0	0.5	2.7
斯里兰卡	7.5	6.9	3.2	3.8	4.0	7.7
马达加斯加	5.7	5.8	6.1	7.4	6.7	8.3
毛里求斯	3.9	3.5	3.2	1.3	1	3.7
塞舌尔	7.1	4.3	1.4	4.0	-1.0	2.9

注：科摩罗数据缺失。

资料来源：世界银行。

表 18 印度洋岛国偿债率

单位：%

国家	2012 年	2013 年	2014 年	2015 年	2016 年	2017 年
东帝汶	0	0	0	0.01	0.04	0.05
菲律宾	7.30	7.13	6.12	6.83	7.70	5.26
印度尼西亚	4.64	5.60	14.13	8.20	9.34	9.19
马尔代夫	3.11	2.43	2.47	2.49	2.70	2.37
斯里兰卡	13.33	11.93	24.27	17.38	14.64	19.25

续表

国家	2012 年	2013 年	2014 年	2015 年	2016 年	2017 年
科摩罗	13.20	0.54	0.65	7.25	4.44	1.87
马达加斯加	2.32	2.15	2.69	4.36	3.30	3.07
毛里求斯	1.05	0.70	0.96	0.91	0.99	1.84

注：部分国家数据缺失。
资料来源：世界银行。

表 19　印度洋岛国信誉评级指数

国家	信誉评级		
	穆迪	标普	惠誉国际
菲律宾	Baa2	BBB	BBB
新加坡	Aaa	AAA	AAA
印度尼西亚	Baa2	BBB -	BBB
巴林	B2	B +	BB -
马尔代夫	N/A	N/A	B +
斯里兰卡	B2	B	B
毛里求斯	Baa1	N/A	N/A
塞舌尔	N/A	N/A	BB -

注：部分国家数据缺失。
资料来源：Tradingeconomics. com。

其次，利用全球竞争力指数（GCI）和创新指数评价印度洋岛国的竞争力水平。世界经济论坛发布的全球竞争力指数由 12 项指标构成，主要衡量三类国家竞争力水平。一是由基建、宏观经济稳定性和医疗、初等教育组成的基本竞争力；二是由高等教育、劳动力市场效率、金融市场成熟度、技术成熟度和市场规模等构成的效率型竞争力；三是关于商业成熟度、创新能力的竞争力。根据 2018 年的数据分析，除新加坡排名靠前外，其余各国的全球竞争力指数排名都在中游水平，整体竞争力都不算强（见表 20）。继续抽取 GCI 中重要的创新指标来衡量印度洋岛国在人力资本投入、研发、基建，以及创造性产出、知识、技术性产出水平等方面的能力。从表 21 的全球排名可以看出，除新加坡之外其他岛国在创新方面的竞争力也普遍较弱。

表 20　2018 年印度洋岛国全球竞争力指数得分及排名

东印度洋岛国			北印度洋岛国			西印度洋岛国		
国家	分数	排名	国家	分数	排名	国家	分数	排名
菲律宾	62.1	56	巴　林	63.6	50	毛里求斯	63.7	49
文莱	61.4	62	斯里兰卡	56.0	85	塞舌尔	58.5	74
新加坡	85.6	2						
印度尼西亚	64.9	45						

注：共有 137 个国家在榜，得分范围为 0～100，得分越高全球竞争力越强；部分国家数据缺失。
资料来源：世界经济论坛：《2018 年全球竞争力报告》，2018。

表 21　2018 年印度洋岛国创新指数得分及排名

东印度洋岛国			北印度洋岛国			西印度洋岛国		
国家	分数	排名	国家	分数	排名	国家	分数	排名
菲律宾	31.60	72	巴　林	31.70	71	马达加斯加	24.80	105
文莱	32.80	67	斯里兰卡	28.70	88	毛里求斯	31.30	74
新加坡	59.80	5						
印度尼西亚	29.80	84						

注：共有 125 个国家在榜，得分范围为 0～100，得分越高综合创新能力越强；部分国家数据缺失。
资料来源：康奈尔大学、世界知识产权组织。

3. 域内发展动力水平评估

印度洋域内的贸易、投资合作水平，在一定程度上可用于评估该区域经贸发展的内生动力。因此，有必要对印度洋主要合作机制的一体化水平进行评估。

以涵盖范围划分，印度洋地区内部有四类合作组织：第一类是涵盖印度洋所有区域的地区经济合作组织，如环印度洋地区合作联盟（IOR-ARC）和印度洋委员会（IOC）；第二类是印度洋地区内的区域性合作组织，如东部和南部非洲共同市场（COMESA）、东南亚国家联盟（ASEAN）、南亚区域合作联盟（SAARC）和海湾合作委员会（GCC），以及一些开展专项合作的区域组织，如印度洋金枪鱼委员会（IOTC）和专注于旅游合作的香草群岛协会（VIO）等；第三类是印度洋地区内跨区域开展合作的组织，如环孟加拉湾多领域经济技术合作组织（BIMSTEC）等；第四类是一些由省/邦参与的次区域经济合作组织，如孟中印缅经济走廊（BCIMEC）等。此外，还有一些涉及印度洋国家的跨洲的合作组织，如印度洋岛国广泛参与的国际海事组织（IMO）、小岛屿国家联盟（AOSIS）和非加太国家集团（ACP）等（见表22）。

表22 印度洋各区域岛国主要参与的地区性经济合作机制

序号	成立时间	多边机制名称	参与印度洋岛国	目标宗旨
1	1997年	环印度洋地区合作联盟(IOR-ARC)	毛里求斯、新加坡、印度尼西亚、马达加斯加、斯里兰卡	促进区域经贸合作和科技交流，扩大人力资源开发、基建等方面的合作
2	1982年	印度洋委员会(IOC)	科摩罗、毛里求斯、马达加斯加、塞舌尔、留尼汪岛(法属)	促进地区合作，并在国际合作中维护印度洋岛国的利益
3	1996年	印度洋金枪鱼委员会(IOTC)	科摩罗、印度尼西亚、马达加斯加、毛里求斯、马尔代夫、斯里兰卡、菲律宾、塞舌尔	促进缔约成员与非缔约方的合作，通过适当管理确保实现渔业的可持续发展
4	2005年	印度洋工商联合会(UCCIOI)	科摩罗、留尼汪岛(法属)、马达加斯加、毛里求斯、马约特岛(法属)、塞舌尔	促进印度洋业务关系发展，持续改善印度洋商业环境
5	2012年	香草群岛协会(VIO)	马达加斯加、毛里求斯、科摩罗、塞舌尔、留尼汪岛(法属)、马约特岛(法属)	协调相关旅游战略项目，发挥区域性旅游优势
6	1994年	东部和南部非洲共同市场(COMESA)	马达加斯加、毛里求斯、科摩罗、塞舌尔	协调成员国关税政策，分阶段实现共同对外关税
7	1967年	东南亚国家联盟(ASEAN)	文莱、印度尼西亚、菲律宾、新加坡	实现东盟宪章确定的各项目标，促进东盟内部合作，发展域外伙伴关系
8	1985年	南亚区域合作联盟(SAARC)	马尔代夫、斯里兰卡	促进南亚人民的互信理解，加强域内经济、社会、文化和科技合作
9	1981年	海湾合作委员会(GCC)	巴林	共享有关经济、法律法规等方面的成果，共同制定贸易规则，降低贸易成本
10	1997年	环孟加拉湾多领域经济技术合作组织(BIMSTEC)	斯里兰卡	在经济、社会、技术和科学领域促进共同发展

续表

序号	成立时间	多边机制名称	参与印度洋岛国	目标宗旨
11	1959 年	国际海事组织(IMO)	印度洋所有岛国	创建一个监管公平和有效的航运业框架
12	1990 年	小岛屿国家联盟(AOSIS)	新加坡、马尔代夫、巴林、科摩罗、毛里求斯、塞舌尔	支持小岛屿发展中国家应对全球气候变化的发声平台
13	1975 年	非加太国家集团(ACP)	马达加斯加、毛里求斯、塞舌尔、科摩罗(以 COMESA 成员国身份整体加入)	在成员国中推进可持续发展和消除贫困,促进提升域内国家的全球化水平

资料来源：根据各组织官方资料整理制表。

现实情况是，印度洋各类经济合作组织的经贸合作水平普遍偏低，主要原因在于这些地区整体经济发展水平不高。本研究以东盟、南盟、海合会、东部和南部非洲共同市场为例，尝试对印度洋岛国现有的域内发展动力进行评估。根据 2017 年联合国和世界银行的数据计算，印度洋岛国所属四区域土地面积和人口数量的全球占比分别为 16.30% 和 40.06%，但其 GDP、贸易总额以及 FDI 存量流入、流出的全球份额分别只有 10.12%、14.11%、10.59%、5.55%，人均 GDP 也只是全球水平的 79.14%（见表 23）。除了一些东盟新兴经济体和海合会高收入国家外，多数国家属于欠发达或最不发达国家。此外，与全球平均半数人口居住在城镇不同，除海合会国家的城市化率较高外，其余三个区域近 68.00% 的人口居住在农村。

表 23　2017 年印度洋岛国所属区域组织的经济基础评估

区域	GDP(百万美元)	人均 GDP(美元)	FDI 存量流入(百万美元)	FDI 存量流出(百万美元)	贸易总额(百万美元)
东盟	2765029.64	4270.42	2161950.09	1204078.83	2573586.15
南盟	660158.48	1236.77	453444.25	158930.41	971768.24
海合会	1459651.30	26422.40	461087.65	315068.90	1210758.06
东部和南部非洲共同市场	3265087.18	1826.29	262890.47	33353.21	282820.42
区域总和/平均(1)	8149926.60	8438.97	3339372.47	1711431.35	5038932.88
世界总额(2)	80501413.58	10664.00	31524355.73	30837927.03	35706201.25
(1)/(2)(%)	10.12	79.14	10.59	5.55	14.11

资料来源：UNCTAD。

除了发展基础薄弱外，印度洋四区域的域内贸易、投资水平也很低。由表24可知，印度洋区域组织的域内贸易水平都比较低。其中，2017年，环印联盟的域内贸易水平仅为1.79%；印度洋36国的域内贸易占比相对较高，进一步分析发现，海合会与南盟国家之间的能源贸易，以及南非、莫桑比克与其他非洲国家间的农产品及电力贸易推高了域内贸易水平；四个主要的区域组织中，东盟的域内贸易水平较高，但也远低于欧盟（61.38%），其余区域的域内贸易水平都较低，与加勒比岛国（9.74%）和南太平洋岛国（6.49%）的水平相差不大。域内投资方面，由于没有统一数据库来源的数据可供分析（UNCTAD双边数据只更新到2013年，IMF的协调投资调查数据与报告国数据差别很大），本研究分别采用了各区域数据库数据或区域投资报告中的数据。根据海合会的相关统计，该组织2017年FDI流入中，域内投资超过了17.00%，主要来源国为沙特阿拉伯和阿拉伯联合酋长国。根据东盟投资数据库数据，2017年该组织的域内投资占比约为19.89%，主要投资国为新加坡、马来西亚和泰国，三个国家的域内投资额分别占东盟域内投资总额的69.52%、14.79%和8.79%。东盟其余岛国的域内投资力量较弱，如菲律宾、文莱和印度尼西亚的域内投资分别仅占东盟域内投资总额的1.39%、0.12%和0.08%。根据UNCTAD数据，2013年南盟域内投资份额只有3.00%。虽然该区域的域内投资主要依靠印度拉动，但在IMF协调投资调查中，截至2017年印度对南盟的投资占该区域FDI存量流入总额的比重不到1%。根据COMESA统计局数据，2007～2014年东部和南部非洲共同市场接收域内投资最多的是马达加斯加，该国7年中仅获得1.48亿美元的域内投资，而毛里求斯则连续11年没有获得过域内投资。总体而言，海合会、东盟的域内投资水平相对较高，而缺乏投资能力或域内投资意愿的南盟、东部和南部非洲共同市场的域内投资水平非常低。

4. 域外国际经济投入水平评估

域内发展动力不足，意味着印度洋岛国需要从域外获得更多的国际经济资源来实现发展。本报告采用域外贸易、域外投资的全球占比，以及侨汇水平、官方发展援助流入净额、全球化指数等评估印度洋岛国经贸发展的外部动力。

表 24　印度洋主要区域组织/国家集群的域内贸易份额

单位：%

组织/国家集群	2012 年	2013 年	2014 年	2015 年	2016 年	2017 年
环印联盟	5.50	5.54	5.21	5.04	5.29	1.79
东盟	24.24	24.12	24.04	23.44	22.96	22.64
南盟	4.34	4.55	5.27	5.54	5.88	5.75
海合会	7.56	9.02	8.88	10.68	10.45	10.80
东部和南部非洲共同市场	6.67	7.60	7.44	7.63	6.82	8.04
印度洋国家	33.24	33.10	32.97	31.70	30.73	31.15
印度洋岛国	11.28	11.02	10.98	10.04	9.90	9.40
非加太国家集团	16.83	17.45	17.04	17.32	17.04	16.60

注：印度洋国家包括国土毗邻印度洋、波斯湾、红海和苏伊士运河的具有独立主权的 36 个国家。
资料来源：UNCTAD。

2017 年印度洋岛国所属四区域的域外贸易总额达到了 4.23 万亿美元，整体占全球贸易总额的 11.83%（见表 25），与 2009 年的份额（10.56%）相比有所提高，但提升不大。投资方面，如果忽略域内投资数量，2017 年四区域的外资流入总额约占全球外资存量流入总额的 10.59%，与 2009 年的份额（8.18%）相比同样也有进步。从区域比较看，印度洋岛国的域外贸易和投资则大部分流向了东盟和海合会。

表 25　2017 年印度洋岛国所属区域组织的域外贸易全球份额

单位：百万美元

指标	东盟	南盟	海合会	东部和南部非洲共同市场
域内贸易总额(1)	581883.93	55282.60	133854.65	19599.64
区域贸易总额(2)	2570437.25	961908.09	1239157.57	243785.10
域外贸易额(2)-(1)	1988553.32	906625.49	1105302.92	224185.46
域外贸易的全球占比(%)	5.57	2.54	3.10	0.63

资料来源：UNCTAD。

侨汇方面，根据欧洲 Credendo 集团的数据（见表 26），科摩罗、菲律宾、斯里兰卡的侨汇对本国 GDP 的贡献度都比较大。其中，科摩罗和菲律宾的侨汇对本国 GDP 的贡献度都在 10% 以上，斯里兰卡的侨汇对本国 GDP 的贡献度则长年保持在 8% 左右。相比之下，其他岛国的侨汇对本国 GDP 的贡献度都比较低。

表 26 侨汇占 GDP 的份额

单位：%

国家	2008 年	2009 年	2010 年	2011 年	2012 年	2013 年	2014 年	2015 年	2016 年	2017 年
菲律宾	10.82	11.86	10.80	10.29	9.84	9.83	10.08	10.18	10.21	10.46
印度尼西亚	1.33	1.26	0.92	0.78	0.79	0.83	0.96	1.12	0.96	0.89
马尔代夫	0.28	0.19	0.12	0.11	0.11	0.10	0.09	0.09	0.09	0.08
斯里兰卡	7.18	7.93	7.27	7.89	8.77	8.64	8.87	8.68	8.88	8.23
科摩罗	11.07	11.09	9.61	10.57	10.85	10.39	10.97	13.03	12.75	12.96
马达加斯加	3.34	3.32	5.22	3.39	3.33	3.37	3.23	3.35	2.99	2.98
毛里求斯	NA	NA	NA	NA	NA	NA	2.55	1.91	1.59	1.89
塞舌尔	0.33	1.90	1.79	2.37	1.67	0.97	1.12	1.34	1.55	1.45

注：部分国家数据缺失。

资料来源：Credendo 集团。

发展援助方面，从表 27 分析，2008 ~ 2017 年印度洋岛国共获得了 18279.81 亿美元的官方发展援助（ODA）净值。其中，约 57.51% 的发展援助来自发展援助委员会（DAC）国家，其五大援助国依次是美国（2821.69 亿美元）、澳大利亚（2323.77 亿美元）、法国（1952.62 亿美元）、韩国（825.32 亿美元）和德国（493.70 亿美元），占 DAC 国家对该地区 ODA 投入的 80.07%，占全球 ODA 对该地区流入的 46.05%，可见印度洋岛国的 ODA 来源集中度非常高。总体来看，域外流向印度洋岛国的 ODA 净值增长缓慢，而且在全球 ODA 净值流出中的比重非常低，2017 年仅为 0.99%。

事实上，从全球化指数排名也可以看出印度洋岛国向国际社会开放的程度。经济全球化指数衡量了贸易、直接投资和证券投资的限制程度，政治全球化指数衡量的是该国在全球政治行动、联合国行动中的参与度等，社会全球化指数则含有更多涉及国际社会交往紧密度的指标。总体来看，新加坡、毛里求斯和塞舌尔的经济全球化指数排名较靠前，印度尼西亚、菲律宾和斯里兰卡的国际政治参与度较高，而国际社会融合度方面只有新加坡的排名靠前（见表 28）。

表 27　印度洋岛国获得的官方发展援助净值

单位：百万美元，%

类别	国家	2012 年	2013 年	2014 年	2015 年	2016 年	2017 年
总官方援助	东帝汶	283.65	258.56	249.53	212.30	223.55	231.96
	菲律宾	-3.41	192.04	677.44	515.32	283.65	160.22
	马尔代夫	56.75	21.71	22.53	26.80	27.01	41.89
	斯里兰卡	490.88	403.19	491.65	427.25	357.15	297.03
	科摩罗	101.63	81.22	74.93	65.78	53.78	66.83
	马达加斯加	368.47	499.28	588.13	676.97	621.77	779.61
	毛里求斯	176.67	145.73	44.61	78.44	42.30	11.65
	塞舌尔	34.76	27.41	12.01	6.76	5.77	18.90
	小计	1509.40	1629.14	2160.83	2009.62	1614.98	1608.09
	ODA 的全球总额	133751.47	151138.04	161729.72	153219.64	158218.01	162801.37
	印度洋岛国占比	1.13	1.08	1.34	1.31	1.02	0.99
发展援助委员会(DAC)国家提供的官方援助	东帝汶	209.88	199.19	183.35	148.64	160.94	163.53
	菲律宾	-29.40	209.16	631.49	533.89	268.78	163.26
	马尔代夫	17.86	14.10	16.40	16.34	13.71	7.72
	斯里兰卡	356.39	272.50	286.36	147.54	75.04	107.65
	科摩罗	31.60	38.64	30.54	26.28	20.61	24.72
	马达加斯加	184.64	225.59	190.97	316.96	263.53	249.93
	毛里求斯	86.37	64.55	75.13	38.68	7.76	7.77
	塞舌尔	6.03	7.26	3.36	3.54	-8.96	9.71
	小计	863.37	1030.99	1417.60	1231.87	801.41	734.29
	DAC 国家总 ODA	88458.24	93430.21	94805.51	94158.10	103109.53	105559.85
	印度洋岛国占比	0.98	1.10	1.50	1.31	0.78	0.70

注：部分国家没有官方发展援助流入。

资料来源：OECD。

表 28　印度洋岛国全球化指数排名（2016 年）（194 国）

国家	综合全球化指数排名	经济全球化指数排名	政治全球化指数排名	社会全球化指数排名
菲律宾	71	106	48	111
文莱	83	59	146	64
新加坡	20	1	100	11
印度尼西亚	90	137	35	131
巴林	62	19	142	66

续表

国家	综合全球化指数排名	经济全球化指数排名	政治全球化指数排名	社会全球化指数排名
马尔代夫	150	75	183	98
斯里兰卡	103	152	61	128
科摩罗	187	170	167	155
马达加斯加	153	138	119	177
毛里求斯	51	16	136	53
塞舌尔	92	31	161	76

资料来源：瑞士理工学院。

（二）政治、安全与制度环境评估

1. 政治、安全环境评估

政治、安全环境评估可分为两个部分：一是主权国家的政治、社会稳定状况评估；二是外部环境评估，包括对地缘政治与区域态势等因素的分析等。

首先，通过Credendo集团的政治风险指数、世界银行的政治稳定和非暴力系数，以及和平基金会（FFP）的脆弱性指数对印度洋岛国的政治风险展开分析。Credendo集团将政治风险分为短期政治风险和长期政治风险，指标评测涉及外汇短缺、战争、革命、自然灾害和任意政府行为产生的风险，分别衡量1年以内和2年以上可能产生的政治风险。从表29可以看出，2018年印度洋岛国短期政治风险最高的是马达加斯加，而长期政治风险最高的是科摩罗。西印度洋的塞舌尔以及北印度洋的巴林、马尔代夫和斯里兰卡都面临较高的长期政治风险，其余国家无论是得分还是排名都不算很高。

表29　2018年印度洋岛国政治风险排名

国家	短期政治风险排名	短期政治风险得分	长期政治风险排名	长期政治风险得分
菲律宾	139	2	148	3
文莱	157	1	156	2
新加坡	191	1	192	1

续表

国家	短期政治风险排名	短期政治风险得分	长期政治风险排名	长期政治风险得分
印度尼西亚	128	2	108	3
巴林	54	4	85	5
马尔代夫	104	3	101	5
斯里兰卡	72	4	109	5
科摩罗	93	3	4	7
马达加斯加	40	5	65	6
毛里求斯	131	2	142	3
塞舌尔	110	3	77	6

注：共有 200 个国家在榜，得分范围为 1 ~ 7，得分越高风险越高；东帝汶数据缺失。
资料来源：Credendo 集团。

除了政治风险，政治稳定性也是衡量一国政治、安全的重要指标。世界银行的政治稳定性指数包括政府权力无序转移、武装冲突、暴力示威、社会动荡，以及恐怖主义和宗教、种族或地区冲突的可能性大小。从得分与排名看，印度洋岛国中，新加坡、文莱的政治稳定性较高，而菲律宾、巴林、印度尼西亚、马达加斯加、斯里兰卡和科摩罗面临的政局动荡风险较高（见表 30）。从 ICRG 指数看，印度洋岛国近年来都面临较大的内部冲突压力，尤其是文莱、新加坡、马达加斯加和斯里兰卡发生内部冲突的可能性较大（见表 31）。此外，从和平基金会的指标可以测评这些国家在派系斗争、经济衰退、宗教冲突、人口压力、难民和高外部干预等情况下的脆弱程度，该指标得分范围为 0 ~ 120，分数越高国家越脆弱。从表 32 可以看出，新加坡、毛里求斯、塞舌尔、文莱应对危机和冲突的能力较强，而东帝汶、菲律宾、斯里兰卡、马达加斯加和科摩罗的脆弱性指数较高。

与此同时，印度洋岛国也存在宗教冲突、教派冲突和恐怖主义问题。例如，巴林自 2011 年以来国内动乱就一直持续不断，该国什叶派穆斯林（占比 72%）与逊尼教徒的冲突时有发生；2009 年马达加斯加政局非正常更迭后局势一直不算稳定，并在 2016 年发生了恐怖事件；菲律宾国内有数个反政

表 30　印度洋岛国的政治稳定性指数得分及排名

国家	2000 年得分	2000 年排名	2010 年得分	2010 年排名	2016 年得分	2016 年排名	2017 年得分	2017 年排名
菲律宾	-1.39	165	-1.65	184	-1.44	176	-1.24	173
文莱	1.30	15	1.28	10	1.15	14	1.15	15
新加坡	1.14	31	1.17	16	1.50	2	1.59	3
印度尼西亚	-2.0	181	-0.85	153	-0.37	128	-0.51	135
巴林	0.06	95	-0.49	135	-0.79	155	-0.95	164
马尔代夫	1.18	24	-0.18	112	0.42	71	0.26	79
斯里兰卡	-1.90	177	-0.54	159	0	100	-0.06	108
科摩罗	0.02	100	-0.56	140	0.04	97	0.03	100
马达加斯加	0.15	87	-0.98	160	-0.29	122	-0.33	127
毛里求斯	0.76	51	0.64	60	1.01	24	0.99	32
塞舌尔	1.28	18	0.86	40	0.73	54	0.68	57

注：共有 195 个国家在榜，得分范围为 -2.5 ~ 2.5，得分越低表示政治风险越高。
资料来源：世界银行。

表 31　印度洋岛国内部冲突指数

国家	2009 年	2010 年	2011 年	2012 年	2013 年	2014 年	2015 年	2016 年
菲律宾	7.50	7.46	7.00	7.25	7.38	7.42	7.79	8.33
文莱	12.00	12.00	12.00	12.00	12.00	11.17	10.50	10.58
新加坡	10.50	10.50	10.50	10.50	10.00	9.67	9.50	9.50
印度尼西亚	8.46	8.42	8.29	8.00	8.25	8.46	8.50	8.50
巴林	10.00	9.79	8.96	8.58	7.29	7.00	7.00	6.50
斯里兰卡	8.67	9.25	8.83	8.54	8.50	8.21	8.92	9.29
马达加斯加	8.83	8.54	9.00	8.54	8.50	9.00	8.88	9.38

注：得分范围为 0 ~ 12，得分越高表示发生冲突的可能性越大；部分国家数据缺失。
资料来源：ICRG。

表 32　2018 年印度洋岛国脆弱性指数得分及排名

东印度洋岛国			北印度洋岛国			西印度洋岛国		
国家	得分	排名	国家	得分	排名	国家	得分	排名
东帝汶	88.3	38	巴　　林	64.4	113	科摩罗	82.6	57
菲律宾	85.5	47	马尔代夫	72.4	89	马达加斯加	83.6	54
新加坡	30.4	161	斯里兰卡	84.9	50	毛里求斯	40.5	151

续表

东印度洋岛国			北印度洋岛国			西印度洋岛国		
国家	得分	排名	国家	得分	排名	国家	得分	排名
文莱	59.8	124				塞舌尔	56.8	125
印度尼西亚	72.3	91						

注：共有176个国家在榜，得分范围为0~120，得分越高国家越脆弱；部分国家数据缺失。
资料来源：FFP，"Fragile States Index 2018"，2018。

府武装力量，2017年"穆特组织"和阿布沙耶夫武装在马拉维与政府军爆发战争，不仅造成上千人死亡，而且使近50万人流离失所；印度尼西亚近年来地区分离主义和民族宗教冲突逐步减少，但随着伊斯兰国式微，许多原印度尼西亚恐怖组织成员开始回流，他们于2016~2018年分别在首都雅加达、第三大城市万隆、第二大城市泗水制造了恐怖爆炸和枪击事件。

其次，可采用ICRG外部冲突指数、战争风险指数衡量外部冲突风险。外部冲突指数可以衡量外交压力、贸易限制、领土纠纷和制裁等，也能评估外部冲突和战争可能性。得分越高，表示外部冲突越严重。印度洋岛国的地缘政治环境和外部安全环境不确定性较高，即便是自身政府和社会稳定性较高的国家也面临较大的外部压力（见表33）。此外，通过Credendo集团的战争风险指数也能分析外部冲突和内部冲突带来战争风险的强度。由表34可知，巴林、科摩罗面临较高的战争风险，马达加斯加和菲律宾的内外部环境也存在冲突性，但大多数印度洋岛国没有战争之虞。这一点可以用各国的军费开支占比作为佐证。斯德哥尔摩国际和平研究中心数据表明，印度洋岛国的军费开支占比普遍偏低。其中，毛里求斯的军费开支仅占该国GDP的0.20%，新加坡和巴林的军费开支占比分别为3.6%和3.5%。其余国家的军费开支占比大多在1%左右。

虽然传统安全方面的风险不高，但是印度洋整体环境并不太平。由于资源、能源及贸易通道的重要性不断上升，印度洋的大国战略竞争不断展开，地区非传统安全事件也在持续发生。近年来典型的非传统安全事件主要是海

表 33　印度洋岛国外部冲突指数

国家	2009 年	2010 年	2011 年	2012 年	2013 年	2014 年	2015 年	2016 年
东印度洋岛国								
菲律宾	11.00	11.00	11.00	11.00	10.83	10.00	10.00	10.00
文莱	11.50	11.50	11.50	10.83	10.50	10.13	10.00	10.00
新加坡	10.50	10.50	10.50	10.50	10.50	10.50	10.50	10.50
印度尼西亚	10.50	10.50	10.50	10.50	10.50	9.75	9.50	9.50
北印度洋岛国								
巴林	11.00	11.00	11.00	10.75	10.00	10.00	10.00	10.00
斯里兰卡	10.79	11.00	11.00	10.54	10.50	10.50	11.00	11.00
西印度洋岛国								
马达加斯加	10.54	10.17	10.50	10.21	10.00	10.21	10.50	10.88

注：得分范围为 0 ~ 12，得分越高意味着面临外部冲突的可能性越大。
资料来源：ICRG。

表 34　印度洋岛国面临的战争风险指数

国家	2014 年	2015 年	2016 年	2017 年	2018 年
菲律宾	3	2	2	4	4
文莱	1	2	2	2	2
新加坡	1	1	1	1	1
印度尼西亚	2	3	3	3	3
巴林	3	3	1	5	5
马尔代夫	4	3	3	3	3
斯里兰卡	3	3	3	3	3
科摩罗	5	5	5	4	5
马达加斯加	4	4	4	4	4
毛里求斯	1	1	1	1	1
塞舌尔	2	2	2	3	2

注：得分范围为 1 ~ 7，得分越高意味着风险越高；东帝汶数据缺失。
资料来源：Credendo 集团。

盗与武装抢劫航船。国际商会数据显示，2013 ~ 2017 年，东南亚已经变成全球海盗事件高发地带。东印度洋海域实际发生以及未遂的袭击事件共 497 起，其中印度尼西亚 406 起、马六甲海峡 7 起、菲律宾 52 起、新加坡 32

起。西印度洋岛国虽然不属于非洲海盗与武装抢劫的重灾区，但每年也在反海盗方面花费巨大。例如，2009 年塞舌尔因海盗活动导致其 GDP 下降约 4%，随之而来的是保险费用上升 50%，港口渔业下降 30%，且每年要拿出 230 多万欧元进行反海盗巡逻与监视。此外，印度洋地区渔业资源非常丰富，但该地区相关海洋管理薄弱，许多非法、不报告、无监管（IUU）的海洋渔业活动非常猖獗。联合国相关报告也指出，印度洋地区的武器、毒品、麻醉品走私以及人口贩卖问题也很严重，因为许多岛屿无人居住，宗教极端组织和恐怖组织极有可能在那些地方开展活动。

2. 制度环境评估

主要可以通过政府效能、法律规制及腐败控制等指数来评估印度洋岛国制定履行相关政策的质量。世界银行的政府治理指数（WGI）中，政府效能指数反映出公众对公共服务质量、公务员队伍素质、政府制定推行政策的能力，以及政府的政策承诺是否可信。从政府效能指数分析，菲律宾、巴林、马尔代夫、斯里兰卡、科摩罗、毛里求斯的政府效能得分都有所下滑。新加坡的政府治理得分依然排在全球首位，文莱、毛里求斯的排位也相对较高，其余各国的政府效能得分均属中下水平（见表 35）。在民众较为关注的政府反腐领域，可以采用腐败控制指数衡量。从表 36 可以看出，新加坡政府的腐败控制能力非常强，在全球排名第 6 位。其余各国中文莱、塞舌尔和毛里求斯等国民众对本国政府的控腐能力认可度较高，全球排位也比较靠前。从法律规制系数看（见表 37），印度洋岛国中，只有新加坡、毛里求斯、文莱和巴林的得分较高，其余国家在法律法规制度的完善与推行中依然存在诸多问题。

表 35　印度洋岛国政府效能指数得分及排位

国家	2014 年得分	2014 年排位	2015 年得分	2015 年排位	2016 年得分	2016 年排位	2017 年得分	2017 年排位
东帝汶	-1.18	12.50	-1.05	13.46	-1.01	14.42	-1.00	15.87
菲律宾	0.19	61.06	0.11	57.21	-0.02	51.92	-0.06	51.92
文莱	1.09	82.21	1.06	82.21	1.08	82.21	1.14	84.13
新加坡	2.18	100	2.24	100	2.19	100	2.21	100

续表

国家	2014年得分	2014年排位	2015年得分	2015年排位	2016年得分	2016年排位	2017年得分	2017年排位
印度尼西亚	-0.04	53.85	-0.24	45.67	0.01	52.88	0.04	54.81
巴林	0.57	72.60	0.56	73.08	0.32	65.87	0.19	60.10
马尔代夫	-0.36	42.31	-0.38	40.87	-0.32	40.87	-0.45	35.58
斯里兰卡	0.05	56.25	-0.01	53.37	-0.03	51.44	-0.15	48.08
科摩罗	-1.67	2.40	-1.52	5.77	-1.55	5.29	-1.57	5.29
马达加斯加	-1.30	8.65	-1.30	8.65	-1.18	10.58	-1.14	12.02
毛里求斯	1.04	81.73	1.05	81.73	0.96	78.37	0.90	78.37
塞舌尔	0.36	66.83	0.42	68.75	0.37	67.79	0.42	67.31

注：共有193个国家在榜，得分范围为-2.5~2.5，得分越高排名越靠前，表明政府治理效率越高。排位范围为0~100，反映的只是一个大概的全球位置，排位越高说明治理效能越高。

资料来源：世界银行WGI数据。

表36 印度洋岛国腐败控制指数得分及排位

国家	2014年得分	2014年排位	2015年得分	2015年排位	2016年得分	2016年排位	2017年得分	2017年排位
东帝汶	-0.53	35.58	-0.52	36.54	-0.51	34.62	-0.54	34.62
菲律宾	-0.44	40.38	-0.45	39.90	-0.49	36.06	-0.48	39.90
文莱	0.53	69.71	0.57	69.23	0.57	70.19	0.71	75.00
新加坡	2.07	96.15	2.09	96.63	2.09	97.12	2.13	97.60
印度尼西亚	-0.56	33.65	-0.46	39.42	-0.40	41.83	-0.25	48.08
巴林	0.28	63.94	0.14	61.06	-0.02	57.69	-0.14	51.92
马尔代夫	-0.38	43.75	-0.48	37.98	-0.67	28.85	-0.79	21.63
斯里兰卡	-0.34	44.71	-0.34	45.19	-0.31	45.67	-0.45	41.35
科摩罗	-0.61	31.73	0.72	25.96	-0.67	29.33	-0.68	26.92
马达加斯加	-0.84	21.63	-0.85	20.19	-0.90	16.35	-1.05	13.46
毛里求斯	0.35	65.87	0.30	65.87	0.21	62.98	0.20	62.02
塞舌尔	0.44	68.27	0.88	77.88	0.78	76.92	0.68	74.52

资料来源：世界银行WGI数据。

表 37　印度洋岛国法律规制系数得分及排位

国家	2014 年得分	2014 年排位	2015 年得分	2015 年排位	2016 年得分	2016 年排位	2017 年得分	2017 年排位
东帝汶	-1.12	10.58	-1.12	11.06	-1.16	10.10	-1.17	10.10
菲律宾	-0.32	43.75	-0.34	43.27	-0.35	39.42	-0.41	37.02
文莱	0.47	69.23	0.41	66.83	0.56	71.63	0.65	74.52
新加坡	1.82	93.27	1.81	94.23	1.83	96.15	1.82	96.63
印度尼西亚	-0.34	42.79	-0.42	39.42	-0.34	40.38	-0.35	40.87
巴林	0.41	68.27	0.43	67.31	0.46	67.31	0.45	67.31
马尔代夫	-0.53	33.65	-0.58	32.69	-0.41	36.54	-0.62	30.77
斯里兰卡	-0.17	50.00	0.04	57.69	0.11	58.17	0.06	55.29
科摩罗	-0.89	18.27	-0.82	21.63	-1.00	16.35	-1.05	13.94
马达加斯加	-0.74	26.92	-0.69	29.33	-0.81	19.71	-0.86	19.71
毛里求斯	0.91	78.85	0.85	77.88	0.75	75.96	0.68	75.96
塞舌尔	0.13	62.02	0.20	62.98	0.15	59.13	0.10	58.17

资料来源：世界银行 WGI 数据。

（三）社会、生态环境评估

第一，可以通过联合国人类发展指数（HDI）、教育不平等指数、收入不平等指数，以及衡量收入分配的相关指数来评估印度洋岛国的社会发展与社会公平现状。其中，人类发展指数是联合国开发计划署发布的用以衡量各国社会经济发展程度的标准，是根据平均寿命、受教育年限、人均国民总收入等计算得出的综合指标。2018 年列出的 189 个国家中，新加坡、文莱、巴林排名靠前，被列为“极高人类发展水平国家”（HDI 高于 0.800），塞舌尔、毛里求斯、斯里兰卡和马尔代夫被列为“高人类发展水平国家”（HDI 为 0.700 ~ 0.799），菲律宾、印度尼西亚和东帝汶被列为“中等人类发展水平国家”（HDI 为 0.550 ~ 0.699），而马达加斯加和科摩罗则被称为“低人类发展水平国家”（HDI 在 0.549 以下）。在印度洋岛国中，受教育年限分配不平等问题在东帝汶、马尔代夫、科摩罗和马达加斯加较为严重，其余国家的情况均好于世界平均水平。从收入不平等指数看，相比全球平均水平，菲律宾、新加坡、印度尼西亚、科摩罗和塞舌尔等国家的收入不平等情况都比较突出，而以全国最富有的20%人群与最贫困的20%人群的平均收入比（五分位数比）和基尼系数衡量，印度洋岛国收入分配不公平情况都比较严重（见表38）。虽然印度洋岛国的社会发展指数不高，社会不平等指数和基尼系数相对较高，但印度洋岛国近年来的社会治安环境相对较好（马达加斯加除外）。根据联合国相关数据分析，仅2015年，马达加斯加就发生了2189起袭击案件。除此之外，除了新加坡的偷窃率较高（每10万人中有243人偷窃）、菲律宾和斯里兰卡的抢劫率（每10万人中分别有48人和30人抢劫）和偷窃率（每10万人中分别有20人和17人偷窃）相对较高外，这些国家近年来较少出现严重的社会犯罪问题。

表38　2018年全球岛国人类发展指数、社会不平等指数和基尼系数

国家	人类发展指数排名	人类发展指数值	教育不平等（%）	收入不平等（%）	五分位数比	基尼系数
东帝汶	132	0.625	44.9	13.6	4.1	28.7
菲律宾	113	0.699	11.6	26.8	7.2	40.1
文莱	39	0.853	—	—	—	—
新加坡	9	0.932	8.2	25.0	—	45.9*
印度尼西亚	116	0.694	16.5	24.9	6.6	39.5
巴林	43	0.846	19.0	—	—	—
马尔代夫	101	0.717	40.0	20.5	7.0	38.4
斯里兰卡	76	0.770	12.8	21.0	6.8	39.8
科摩罗	165	0.503	47.6	56.0	11.2	45.3
马达加斯加	161	0.519	35.0	20.4	8.7	42.6
毛里求斯	65	0.790	13.2	18.2	5.9	35.8
塞舌尔	62	0.797	—	29.3	9.8	46.8
全球		0.728	22.0	22.6	—	—
小岛屿发展中国家		0.722	19.6	33.5	—	—
最不发达国家		0.524	36.2	21.4	—	—

注：新加坡的基尼系数来自CIA。

资料来源：联合国开发计划署等机构。

第二，可以通过联合国生态环境指标评估印度洋岛国的生态环境现状。在联合国的生态环境指标中，化石能源消耗占比是指石油、煤炭和天然气在能源消耗总量中的占比，可再生能源消耗占比则是指水力发电、地热、太阳能、潮汐、风能等可再生能源在最终能源消耗总量（TFC）中的比重。印度洋岛国对化石能源的依赖度很高，文莱、巴林的依赖度更是高达100%，同时，一些国家的可再生能源开发、使用也取得了成效，如马达加斯加和斯里兰卡等国都推出了鼓励开发利用水电、太阳能的政策。

联合国还使用二氧化碳排放指标衡量二氧化碳排放的经济效率，即每1美元GDP（以2011年购买力平价计算的GDP）对应的二氧化碳排放量（以千克计），该值越小越有效率。从数据看，巴林的二氧化碳排放值最大，达到0.53%，其次是文莱和马尔代夫，其他国家的排放值均小于世界平均水平，与小岛屿发展中国家的水平相近。从森林面积看，塞舌尔、文莱和印度尼西亚等国的森林面积都超过了其国土面积的一半，东帝汶的森林覆盖率也达到了46.1%。从趋势看，1990年以来巴林、菲律宾的森林覆盖率提升较大，塞舌尔的森林覆盖率基本没有变化，其他国家的森林覆盖率则出现了不同程度的下滑，尤其是东帝汶、印度尼西亚和斯里兰卡的森林退化问题较为严重。

环境污染问题也是生态环境评估的重要内容。联合国污染评测指数主要有空气污染和水污染两类，分别指每10万人口中死于空气污染的人数和死于水污染的人数。从数据看，菲律宾、科摩罗、马达加斯加、东帝汶和印度尼西亚的指数都高于或接近全球平均水平，尤其是科摩罗和马达加斯加的两个指数都远高于全球平均水平。此外，红色名录指数（RLI）是基于世界自然保护联盟（IUCN）红色名录制定的评估物种濒危状况变化的指数，从该指数看，毛里求斯、斯里兰卡和菲律宾不同濒危物种灭绝的风险都比较高（见表39）。

除了上述指标，印度洋岛国还面临气候变化带来的海平面上升问题，以及过度开发造成的淡水资源缺乏、海岸资源和海洋资源退化等问题。1950～2007年全球海平面年均上升1.7毫米，2008年以来海平面年均上升达到了

表 39　印度洋岛国的生态环境指数

国家	化石能源消耗占比（2010～2015 年）（%）	可再生能源消耗占比（%）	二氧化碳排放*（%）	森林面积在国土面积中的比重（2015 年）（%）	森林面积变化率（1990～2015 年）（%）	家庭与环境污染（每 10 万人）	不安全的水、卫生设施等（每 10 万人）	红色名录指数**（RLI）
东帝汶	—	18.2	0.06	46.1	－29.0	139.8	9.9	0.889
菲律宾	62.0	27.5	0.16	27.0	22.7	185.2	4.2	0.648
文莱	100	0	0.29	72.1	－8.0	13.3	0.1	0.828
新加坡	97.5	0.7	0.13	23.1	－5.5	25.9	0.1	0.862
印度尼西亚	65.6	36.9	0.18	50.2	－23.2	112.4	7.1	0.763
巴林	100	0	0.53	0.8	144.1	40.1	0.1	0.849
马尔代夫	—	1.0	0.24	3.3	0	25.6	0.3	0.846
斯里兰卡	50.3	52.9	0.08	33.0	－9.4	79.8	1.2	0.569
科摩罗	—	45.3	0.14	19.9	－24.5	172.4	50.7	0.764
马达加斯加	—	70.2	0.10	21.4	－8.9	159.6	30.2	0.795
毛里求斯	84.5	11.5	0.18	19.0	－6.1	38.3	0.6	0.401
塞舌尔	—	1.4	0.22	88.4	0	49.3	0.2	0.670
全球	80.6	18.2	0.33	30.8	－3.2	114.1	11.7	—
小岛屿发展中国家	—	17.8	0.22	69.4	1.3	91.9	8.9	—
最不发达国家	—	73.2	0.13	26.8	－12.4	166.5	34.3	—

* 每 1 美元 GDP 对应的二氧化碳排放量（以千克计），其中 GDP 是以 2011 年购买力计算的 GDP。

** 数据范围为 0～1，0 表示红色名单上所有物种都已灭绝。

资料来源：联合国开发计划署等机构。

3.3毫米，这使许多国家，尤其是岛国都面临严峻的生态考验。例如，因为海平面上升，印度尼西亚和菲律宾有近7%的人口的居住地被淹没。马尔代夫的问题更加严重，由于该国80%的陆地低于海平面1米，海平面上升已经对该国沿海地区的家庭和工业构成了巨大威胁。此外，气候变化也对马尔代夫的饮水安全造成了很大影响，2004年印度洋海啸发生后，该国仅剩11%的岛屿拥有可饮用的地下水①，未来将面临严重的淡水供给危机。

四　结论

本报告通过纵向、横向的双维度分析，对印度洋岛国的经贸发展水平，以及影响这些国家经贸发展的相关经济、政治、安全、制度、社会与生态等指标进行了评估分析，主要结论如下。

第一，全球岛国对世界经贸发展做出的贡献不容忽视。48个岛国的面积仅占全球陆地面积的3.58%，却供养着全球9.06%的人口，并创造了全球GDP的12.66%。其贸易进口与出口的全球占比分别为13.23%和13.29%，FDI（存量）流入、流出的全球占比分别达到了15.71%和17.08%。

第二，印度洋岛国整体发展水平在全球各地区岛国中较为突出。在全球48个岛国中，印度洋岛国的面积和人口份额非常大，分别达到了60.97%和62.95%；在GDP份额、贸易进口与出口份额以及FDI（存量）流入、流出份额比较中，印度洋岛国的整体水平虽然落后于大西洋和地中海欧洲岛国与日本，但远高于国家数量相当的南太平洋岛国和加勒比岛国；印度洋岛国服务贸易的全球贡献度也仅次于大西洋和地中海欧洲岛国；印度洋岛国贸易产品的资本、技术密集度超过了包括大西洋和地中海欧洲岛国在内的其他区域岛国。此外，印度洋岛国创造出了全球旅游业直接GDP总额的29.08%、全

① "Climate Hot Map, Union of Concerned Scientists", http://www.climatehotmap.org/global-warming-locations/republic-of-maldives.html.

球入境消费总额的67.38%和全球旅游总投资的41.09%，超过了所有区域的岛国。

第三，印度洋岛国的经贸发展水平差距很大。与南太平洋岛国和加勒比岛国发展水平较为接近不同，无论是基于国家面积、人口数量，还是基于基本经贸发展指标的比较，印度洋岛国的国别发展水平差异都非常大。尤其是新加坡等新兴经济体的巨大经贸体量，使东印度洋岛国的GDP份额、贸易份额、FDI份额都远高于北印度洋岛国和西印度洋岛国。此外，东印度洋岛国贸易结构中资本技术含量、对外贸易顺差水平也超过了其他两个区域。在投资结构方面，东印度洋岛国的FDI主要流向了金融保险业、制造业、基建和其他服务业，其他两区域的FDI则集中于基建、旅游和房地产业。

第四，印度洋岛国的经贸发展环境既有差异性也有共性。基于营商环境、政治稳定性、制度建设和人类发展指数等分析，新加坡、文莱、巴林的发展优势明显，而东帝汶、马达加斯加和科摩罗的多项指标在全球的排名都非常靠后。若基于域内动力水平、地缘冲突以及生态环境等指标分析，印度洋各国又都面临相似的发展约束，主要体现为对外依赖性增强、生态环境脆弱，以及地缘层面的非传统安全风险增大等。

事实上，印度洋大多数岛国同时具有小岛屿发展中国家和海上运输通道的双重特性。这些岛国大多属于落后的发展中国家，但除其脆弱性与对外依赖性等发展特征外，它们也同时具有地缘区位优势，甚至兼具物流枢纽、能源通道乃至战略咽喉等多重属性。随着美日印澳四国相继提出和推行“印太”战略，以及中国在印度洋的地缘经济影响力不断提升，印度洋岛国也将逐渐成为域内外大国地缘经济、地缘政治争夺的重点。在不断上升的地缘政治干扰下，印度洋岛国未来发展的不确定性可能会增加。

B.8
"印太"战略国家对缅政策调整下的中缅经济走廊国际安全环境评估

刘 务*

摘 要： 随着中国国力的上升，美国及中国周边大国已把中国视为国际体系和地区战略格局的挑战者，并组建"印太"战略集团试图遏制中国的崛起。作为"一带一路"经济走廊重要组成部分的"人字型"中缅经济走廊是中国从陆上进入印度洋的经贸大通道，其战略意义明显。"印太"战略集团相关国家不愿意看到中缅经济走廊建设带来的中国在该地区影响力的上升，它们势必调整对缅甸的外交政策，恶化中缅经济走廊建设的国际安全环境，迟滞中缅经济走廊的顺利推进，从而达到从西南面遏制中国的目的。

关键词： "印太"战略　中缅经济走廊　国际安全环境

随着中国的快速崛起，美日印三国合谋在"印太"战略框架下围堵和遏制中国的意图愈加明显。缅甸是中国从西南方进入印度洋的陆路通道，因而成为"印太"战略国家从西南面遏制中国的重要节点国家。作为新时期提升中缅两国关系和推进中缅两国共同发展的"人字型"中缅经济走廊，既是落实中缅两国共建"一带一路"的关键举措，也是中国实施陆上进入

* 刘务，云南财经大学印度洋地区研究中心副教授。

印度洋冲破“印太”战略对中国封锁的重要战略部署，更是构建周边命运共同体的重要步骤。鉴于“人字型”中缅经济走廊所具有的重要战略意义，一直试图对中国进行围堵和遏制的“印太”战略国家并不乐见该经济走廊的顺利推进，它们竭力采取各种手段影响、阻遏中缅经济走廊的建设，中缅两国共建的经济走廊必将面临复杂的国际安全环境，因此有必要对大国对缅政策调整下中缅经济走廊建设的国际安全环境进行较为全面的研判。

一 “印太”战略主要国家的对缅政策调整

“印太”战略的实质是“印太”战略集团中的大国如美国、日本、印度及澳大利亚等国联合共同遏制中国的战略。由美国、日本、印度和澳大利亚四国组成的“印太”战略四国同盟中，美国视中国为未来几十年中最大的战略竞争对手，是其亚太霸权和全球霸权的挑战者；日本视中国为其亚太领导地位的最大战略威胁；印度视中国为印度洋战略格局的挑战者。“印太”战略四国同盟中的美国、日本和印度三大国家与中国在相当程度上形成了“三对一”的战略格局。[①] 美国、日本和印度对缅政策的调整都存有从缅甸方向遏制中国影响的战略意图。

（一）美国对缅政策调整

自2008年金融危机以来，美国在亚洲、太平洋和印度洋战略的调整，经历了“重返亚太”“转向亚洲”“亚太再平衡”“‘印太’战略构想”等多个阶段。这些战略出台的背景是亚太地区、印太地区出现了不利于美国霸权的权力格局的变化。近年来，中国的国力和军力快速提升并发展，特别是中国已成为全球第二大经济体、第二大军费开支大国。随着中国的持续快速崛起，美国的实力相对衰落。美国认为中国崛起造成的亚洲、太平洋及印度洋

① 罗圣荣、李代霓：《中国的国际安全环境评估与战略选择：历史与现实的考察——2017年“第八届西南论坛暨第五届国际安全研究论坛”综述》，《萍乡学院学报》2018年第4期，第22页。

地区权力结构的变化，已威胁到美国在这些地区的霸权，甚至威胁到美国的全球霸权。为了摆脱此种不利局面，美国不断出台遏制中国的新战略，如奥巴马时期拉拢西太平洋国家遏制中国的“亚太再平衡战略”、特朗普时期鼓动印度洋和太平洋地区亲美与非友华国家遏制中国的“印太”战略等。

2016 年特朗普在总统竞选演说中从未提到东南亚地区在美国外交政策中的重要作用，特朗普至今也尚未把缅甸纳入重要关注的国家和需要优先发展关系的国家。除非东南亚爆发有损美国利益的严重恐怖袭击，东南亚不太可能成为特朗普政府的优先选项，而且相比奥巴马时期，东南亚不太可能受到特朗普政府的关注。① 另外，无论是从特朗普的竞选演说，还是从其施政大纲，抑或是从外交政策实践来看，其表现出来的外交思想就是“美国第一”，强调现实的国家利益，不看重较为虚幻的意识形态争夺，对向他国输出西式民主、自由和政治制度并不热心。而美缅关系自 1988 年以来的一个重要互动基础就是围绕缅甸的民主转型和人权进行。与前几届美国总统不同，特朗普对向其他国家传播民主、自由和制度并不感兴趣，也不把东南亚地区视为其对外政策的优先选项。因此，特朗普上台后，美缅关系在奥巴马时期建立起来的高层互访、高层互动热络情景未能继续。两国最高领导人至今未能实现会晤，也未透露有互访和交流的迹象。

特朗普是商人出身，对投入、成本、产出和收益有着本能的算计，在其执政后的对外关系上也是如此。他重视每一份既有制度安排中的权利与义务关系，与很多国家自首次双边会晤起就在“钱”的问题上斤斤计较，近乎偏执地要求美国在任何与外部世界的经济关系中绝对不能吃亏。② 特朗普的对外政策较为功利，且比较看重看得见的实际收益。其对缅政策也是如此。缅甸虽然资源丰富，经济发展潜力巨大，发展机会众多，但美国距离缅甸路途遥远，并且在缅甸已长期耕耘的日本、中国、印度、东盟等经济体已在其

① 朱陆民：《特朗普“美国第一”外交与美国东南亚政策及其趋势》，《统一战线学研究》2017 年第 6 期，第 97 页。

② 王一鸣、时殷弘：《特朗普行为的根源——人格特质与对外政策偏好》，《外交评论》2018 年第 1 期。

经济发展中占有先发优势。如果单从发展双边关系获取经济收益来看，美国发展对缅经贸关系获取收益很难，且缅甸极小的经济体量对美国经济的促进作用也微乎其微。

缅美两国关系发展的重心历来在政治上，而不在经济上。缅甸发展对美关系，1988~2015年主要是新军人政权及新军人政府为之背书的吴登盛政府，希望通过发展对美关系来获取政权的合法性。美国在1988~2010年打压、制裁缅甸政府，其目的是在缅甸推进西方的民主和政治制度。奥巴马时期解除对缅甸的大部分制裁，努力实现美缅关系的正常化，其目的就是希望拉拢缅甸，实现奥巴马遏制中国崛起的"亚太再平衡"政策。因此，如果从经济合作的角度看，特朗普不可能有多少动力发展对缅关系。至于在缅甸推进民主化、欧美的政治制度以及参与缅甸的和平进程，这些问题在特朗普看来都是要美国投入资源，却看不见收益的事，特朗普也不会热心。

当前美国对缅关系主要是应激型和问题型，美国尚未公布对缅甸的长期战略和政策。特朗普已抛弃前几届政府对缅甸民主、自由等问题的指责和压力。美缅两国关系目前主要围绕"罗兴伽人"问题及缅甸的民族和解问题展开。[①] 特朗普首次提到缅甸问题是2017年11月访问亚洲参与东亚峰会期间。但是他对"罗兴伽人"问题的表态与其说是批评缅甸政府在这一问题上的做法，不如说是表达了美国在"罗兴伽人"问题上不做更多干预的态度。特朗普声称："至少有60万人在治安维持者和安全部队的袭击后逃离了自己的家园。"美国支持努力结束暴力，确保对其犯下的暴行负责，并促进难民安全和自愿返回。特朗普表示："我们欢迎缅甸政府的承诺，我们准备支持实施若开邦的建议。"[②]

在美国国内要求重视缅甸问题的情况下，美国国务卿雷克斯·蒂勒森（Rex Tillerson）在陪同特朗普总统结束亚洲行后，于2017年11月15日访

① 缅甸政府及主流观点认为罗兴伽人不是缅甸合法的少数民族，因此"罗兴伽人"问题还不属于缅甸民族问题，不属于缅甸民族和解的范畴。

② Jeremy Diamond, "Trump Pledges US Support to End Violence in Myanmar", CNN, November 14, 2017, https://edition.cnn.com/2017/11/14/politics/donald-trump-myanmar/index.html.

问了缅甸。这是特朗普上任以来美国国务卿首次访问缅甸。蒂勒森访缅的主要议题是发生在若开邦的政治和人道主义危机，这场危机涉及若开邦北部的罗兴伽穆斯林。蒂勒森访缅期间会见了缅甸最重要的领导人丹瑞大将、缅甸国防军总司令敏昂莱将军和文官政府首脑杜昂山素季。蒂勒森的访缅标志着特朗普政府在美国国内要求重视缅甸问题的压力下，开始介入缅甸问题，这曾是奥巴马政府的一项重要外交政策的重点。① 不过，特朗普政府在处理“罗兴伽人”问题上并无过多的政策选择。一方面是因为特朗普政府对杜昂山素季在“罗兴伽人”问题上的立场和做法并不认可；另一方面是因为特朗普政府如果要对缅甸施加影响，又不能放弃支持杜昂山素季对推动缅甸民主化的重要作用。权衡利弊，特朗普决定把支持缅甸民主化进程与解决“罗兴伽人”问题脱钩，回避缅甸必须为罗兴伽人提供政治和公民权利的要求，抛弃奥巴马把民主化与罗兴伽人捆绑在一起的做法。同时，鉴于缅甸军人集团是缅甸两大权力中心之一，美国对军人集团的态度也变得缓和，对军人集团在“罗兴伽人”问题上的做法也未做出严厉批评。美国不想冒孤立内比都的风险，因为代价高昂。由于中国在缅甸的影响力迅速提升，再加上中国在缅甸民族和平进程中拥有无可比拟的政治影响力，美国目前承受不起让杜昂山素季政府独善其身的后果。②

（二）日本对缅政策调整

进入 21 世纪后，中国快速崛起为军事、政治和经济大国，日本在亚洲的领导地位受到挑战。为了夺回亚洲领导地位，日本推出了一系列对外战略遏制中国继续崛起，如强化追随美国的外交、巩固美日同盟、期望联合美国共同遏制中国、在美日同盟下实现亚洲的领导地位等。同时，为了拉拢更多的“印太”国家一起围堵中国，日本还鼓吹并向“印太”海洋国家兜售

① Angshuman Choudhury，“What Tillerson's Myanmar Visit Means”，The Diplomat，November 22，2017，https：//thediplomat. com/2017/11/what - tillersons - myanmar - visit - means/.

② Angshuman Choudhury，“What Tillerson's Myanmar Visit Means”，The Diplomat，November 22，2017，https：//thediplomat. com/2017/11/what - tillersons - myanmar - visit - means/.

“海洋国家理论”，拉拢太平洋和印度洋国家一道遏制中国。其目的是希望把同样具有海洋国家属性，具有共同的民主、自由价值观的海洋国家纠集在一起，或与大陆国家保持距离，或遏制大陆国家的崛起，因为大陆国家代表着专制、落后与好战。

日本推进的“印太”战略囊括了之前日本在亚太及太平洋地区推进的各种战略和政策，如“民主安全菱形”构想、“海洋民主国家联盟”构想、“亚非增长走廊”计划等，即企图通过覆盖地域更加宽广、对华针对性更强的“印太”战略构想，在美日同盟框架下，联合环绕中国的海洋国家构建所谓的民主、自由国家来对抗中国，尤其是被日本称为代表专制、落后、危险的“陆权国家”——中国的包围圈，缓解日本臆想的中国将利用军事力量控制从印度洋到太平洋的“印太”经济生命线，抵制中国主导的亚太霸权的形成，并妄图在美国的扶持下，遏制中国的崛起，构建日本主导的亚太或“印太”秩序。

当前，日本发展和提升对缅关系是日本妄想维持其亚洲领导权并遏制中国崛起的“印太”战略的一部分。对于日本发展对缅关系的政策目标，梳理众多学者的观点，主要是两个方向的目标：一个是经济目标，即获取缅甸丰富的自然资源，开发缅甸市场，增强双方经济的相互依赖性①，最主要的是增强缅甸对日本经济的依赖性；另一个是战略目标，即保持日缅两国传统友好关系，平衡、削弱中国在缅甸的影响，在缅甸实践其亚洲独立外交和政治大国的抱负，以确保其在缅甸的安全和战略利益。② 近年来日本虽然在对缅经济援助、对缅投资和对缅双边贸易方面加大了力度，日本对缅经济合作也令人印象深刻，但从缅甸获取经济利益并不是日本对缅政策的核心目标。日本发展对缅关系的核心目标是战略利益，正如2013年初麻生太郎访问缅

① 毕世鸿：《缅甸民选政府上台后日缅关系的发展》，《印度洋经济体研究》2014年第3期，第23页。

② 范宏伟、刘晓民：《日本在缅甸的平衡外交：特点与困境》，《当代亚太》2011年第2期，第134页；韩召颖、田光强：《试评近年日本对缅甸官方发展援助政策》，《现代国际关系》2015年第5期，第36页；白如纯：《日本对缅甸经济援助：历史、现状与启示》，《现代日本经济》2017年第5期。

甸所明确表达的那样：日本提升对缅关系，其目的不仅是因为缅甸对于日本经济的重要性，而且是旨在压制中国的崛起、平衡和削弱中国在缅不断上升的影响力，同时配合美国“亚太再平衡”战略的实施。①

日本推进“印太”战略构想下的日缅关系，把战略考虑而非经济目标列为对缅政策的核心。日本的对缅经济政策为对缅战略服务，其对缅战略目标清晰，政策推进着实有力。日本大力发展与缅经济合作，通过提升缅日经济合作来实现战略利益的做法，使众多研究者认为日本发展对缅关系的目标在于在缅经济利益的最大化，而非追求在缅战略目标的实现。

相比日本对缅政策具有清晰的战略目标而言，近年来中国对缅政策目标并不十分清晰，在对缅政策上存在在寻求战略目标和实现经济目标之间摇摆不定的情况。中国对缅政策在新军人执政的特殊时期，因为欧美日等西方经济体杯葛缅甸，中国在对缅政策上某些时段能够同时实现战略目标和经济目标，甚至在战略利益与经济目标上都能实现利益的最大化。但是随着缅甸民主化转型后各国对缅关系的正常化，美日等国利用缅甸从中国西南方向遏制中国，力图平衡中国在缅甸的影响后，中国对缅政策已不可能同时实现战略目标和经济目标，或者已不能同时在战略利益和经济收益方面实现最大化了。

（三）印度对缅政策调整

印度对外战略随着印度国力的增强、区域内国家力量的变化以及国际权力结构的变化，呈现明显的阶段性特征。在尼赫鲁时期，印度主要是争当第三世界的领头羊；在中印边境自卫反击战之后的英迪拉·甘地和拉吉夫·甘地时期，印度进行战略收缩，把重心放到南亚地区；在古杰拉尔时期，印度推行睦邻友好的“古杰拉尔主义”；20 世纪 90 年代，在失去苏联的援助后，印度开始推行“向东看”政策，希望向东发展与东盟的关系，来提升本国

① Antoni Slodkowki，“Special Repor：How Japan Incstole a March in Myanar，Reuters，Yangon/Tokyo”，2 Oct.，2012，http：//www. reuters. com/article/2012/10/02/us – japan – myanmar – idus –；施爱国：《近年来日本对缅甸政策析评》，《国际论坛》2016 年第 1 期，第 29 页。

经济并平衡中国在东南亚地区的影响；随着国力的进一步增强，瓦杰帕依政府实施大周边外交，其大周边的范围包括邻国及与邻国相邻地区①；在辛格时期，印度把大周边延伸到与其有着重要战略关系的地区，包括西亚、中亚、东南亚、南亚、亚太及环印度洋地区。② 莫迪上台后，印度的对外战略更具野心和针对性。

莫迪上台执政后，其对外战略的一个重要方面是积极回应"印太"战略，与"印太"战略的其他国家在印度洋、太平洋及亚洲地区的广大范围内围堵和遏制中国的崛起。印度从缅甸方向推进"印太"战略，缅甸是支点或重要支柱。印度与缅甸接壤，两国陆上边境线长达1600公里。印度东北部的那加兰邦、曼尼普尔邦、米佐拉姆邦以及所谓的"阿鲁纳恰尔邦"（中国藏南）与缅甸的克钦邦、石皆省、钦邦毗邻。缅甸朝向安达曼海和孟加拉湾的海岸线长约1900公里，这使缅甸能够自由进入印度洋。此外，缅甸是唯一一个毗邻印度的东盟国家，是印度陆上通往东南亚的门户，也是印度"东向行动"政策向东经济一体化及扩展亚太地区军事安全影响的通道。因此，从地理上看，缅甸对印度国防和国内安全、东北地区的稳定和发展以及印度在孟加拉湾和东南亚影响力的扩张至关重要。③

鉴于缅甸在印度"邻国优先"外交中的重要性，莫迪加大了对缅外交攻势，民盟政府为了夯实多边外交，也积极回应莫迪政府提升印缅两国关系。其中，莫迪于2014年11月和2017年9月两次出访缅甸，缅甸国家军政领导人吴廷觉、国家顾问杜昂山素季、缅甸国防军总司令敏昂莱、副总统赛貌康等先后多次访问印度。印缅两国的经济外交、军事安全外交、非传统安全外交、民间外交等都跨入了新的阶段。

为了拉拢缅甸，印度还在"罗兴伽人"问题上保持沉默，在"罗兴伽

---

① "India's Foreign Relations (1998 - 1999)", Embassy of India (Washington D. C.), http: //www. indianembassy. org/policy.

② Yashwant Sinha, "12th SAARC Summit and Beyond", February 3, 2004, http: //www. outlookindia. com/article. aspx? 222849.

③ Ashok Kumar, "Chinese Angle in India-Myanmar Relations IOSR", *Journal of Humanities and Social Science*, Vol., 22, Issue 8, Ver. 16, August 2017, p. 1.

人”问题上与欧美国家阵营及伊斯兰国家拉开了距离。西方政府和媒体都强烈批评缅甸军方，批评杜昂山素季在“罗兴伽人”问题上的做法，但印度拒绝承认缅甸政府对罗兴伽人的暴力。印度外交部前秘书长卡皮尔·西巴尔（Kapil Sibal）表示，印度不能因为加入了那些喜欢在人道主义问题上挑拨离间、虚伪的阵营而浪费在缅甸的战略利益。①

印度还积极发挥缅甸连接东南亚重要地理位置的优势，以缅甸为重要支点推进“东向行动”政策。2014 年 11 月，新任总理莫迪就是在缅甸举办的东盟峰会上宣布将“向东看”政策升级为“东向行动”政策的。为了夯实“东向行动”政策，实现与发展程度比印度更高的东盟间的经济整合，印度以缅甸为跳板和重要节点，开启了向东发展的一系列经济走廊项目和区域合作项目。如加快印缅泰高速公路建设，并计划将该高速公路推进至老挝、柬埔寨、越南。该高速公路预计于 2019 年 12 月投入运营，以便让印度能与中南半岛实现陆路联通，到时将改善印度与东盟国家之间的连通性。

二　“印太”战略主要国家对缅政策调整下的中缅经济走廊国际安全环境

（一）美国“印太”战略影响下的中缅经济走廊安全环境

拉拢缅甸，让美缅关系重获动力的可能就是特朗普上台后推进的“印太”战略。特朗普上台后，虽然“逢奥必反”，全面反对奥巴马的内政外交政策，抛弃“亚太再平衡”政策，但围堵中国、遏制中国对美霸权形成挑战的目标并没有改变，只不过名称发生了变化，从“亚太再平衡”政策变为“印太”战略。

“印太”概念不是美国首先提出的，但是把“印太”概念升华为“印

① Dr. Rajaram Panda, “Japan's Myanmar Diplomacy-Analysis”, Eurasia Review, January 18, 2018, https://www.eurasiareview.com/18012018-japans-myanmar-diplomacy-analysis/.

太”战略构想并付诸政策实践则离不开特朗普的大力推动。2017 年 11 月，特朗普出席在越南举办的亚太经合组织（APEC）年度峰会，在访问亚洲的过程中正式提出“印太”战略，该战略的核心是“通过加大对中国的战略遏制来扩大美国的地区参与”。[①] 2017 年 12 月，特朗普政府颁布《国家安全战略报告》，报告中有 33 次提到中国，并将中国视为战略竞争对手。[②] 2018 年 1 月发布的《美国国防战略》（概要）再次将中国定位为寻求印太地区霸权，取代美国全球主导地位的战略竞争对手。美国这些政策和战略的出台，特别是“印太”战略的出台，其核心目标就是在美国实力相对衰落、中国快速崛起的过程中，美国应该采取遏制政策围剿所谓的中国寻求亚太霸权的努力和对美国的全球霸权形成挑战。

美国推进遏制中国崛起的“印太”战略的主要力量是日本、印度、澳大利亚和美国“四方安全对话”国家。美日印澳四国只是实现“印太”战略构想的四个重要支柱国家，不过仅仅这四国远远不够，还需要拉拢印太区域更多的国家参与，特别是像缅甸这样具有重要地缘战略地位国家的参与和配合。

在东盟国家中，缅甸不像菲律宾和泰国那样是美国的非北约盟友，也不像印度尼西亚、马来西亚、越南那样受美国特别关注，加上缅甸奉行中立主义外交，因此长期以来，缅甸并未进入美国需要重要发展外交关系的国家之列。奥巴马时期，实现了两国领导人的互访，美国解除了对缅甸的大部分制裁，美缅关系一度向好。美缅关系的改善曾一度被外界视为美国希望拉拢缅甸遏制中国的重要手段，被视为缅甸利用美国来增强吴登盛政府政权合法性和平衡中国的利器。但是美缅关系的发展并未因中缅关系的动荡、摇摆而快速发展，美缅关系随后因民族问题，特别是“罗兴伽人”问题而出现后退。

① Zack Cooper, “U. S. Strategy in Asia: Mixing Economic Nationalism with Security Internationalism”, Regional Security Outlook 2018, Council for Security Cooperation in the Asia Pacific (CSCAP), 2018, p. 7, http://www.cscap.org/uploads/docs/CRSO/CSCAP2018WEB.pdf.

② 高原：《从文化层面看中国海洋战略的长期目标与意图》，《亚太安全与海洋研究》2018 年第 1 期，第 18 页。

追求实利的特朗普对缅甸的民主转型进程、和平进程、“罗兴伽人”问题、经济发展其实并不感冒，因为在这些方面与缅甸做交易，美国不可能获利，这也是特朗普上台后美缅关系进展不大甚至冷淡的原因。今后美缅关系能否重获发展动力，取决于特朗普执政团队怎么看待缅甸的地缘政治地位在遏制中国崛起中所起的作用，以及在“印太”战略构想中的地位。

一旦特朗普认定缅甸能够在“印太”战略中发挥重要作用，并能够对中国“一带一路”倡议的南向印度洋通道发挥重要作用，他将重新审视缅甸的地缘政治地位，并从多个方面阻挠“人字型”中缅经济走廊的推进。特别是美国将打着人权的旗号，拿“罗兴伽人”问题做文章。如美国国会以多数票通过谴责缅甸军人屠杀罗兴伽人的决定，并迫使美国政府宣布对涉及“罗兴伽人”问题的 14 名缅甸军官实施制裁。①

美国推进的遏制中国的“印太”战略必将与印度、日本等国防范中国的政策形成共振。“人字型”中缅经济走廊建设除了受美国主导推行的“印太”战略的影响外，还将受到印度及日本等国在亚洲及印度洋政策的影响。

（二）日本“印太”战略影响下的中缅经济走廊安全环境

日本加大对缅经济外交力度，帮助缅甸提升经济发展能力的做法，在短期内迅速恢复并提升了原本就具有较好历史基础的日缅关系。日缅两国经济外交升温，使日本较为顺利地介入缅甸大选、民族和解进程、军事合作等政治问题，扩大了日本在缅影响力，最终在战略上实现了在日缅关系中植入涉华议题，平衡中国在缅以及在东南亚地区影响力的战略目的，同时对中缅关系造成了重大影响。

首先，日本对缅加大经济外交力度的核心目的虽然不是为商业利益，但日本与缅甸经济合作的提升，无疑会提升日缅经济上的相互依赖程度，造成缅甸对中国企业、资本及商品需求的下降，削弱中国对缅经济影响力，并对

① 唐威迪、刘明明、廖亚辉：《缅甸：2017 年回顾与 2018 年展望》，《东南亚纵横》2008 年第 1 期，第 50 页。

中国对缅经济外交造成更大压力。日缅经贸合作势头必将影响中缅经济合作，并对中缅经贸合作带来一定影响。[①] 如日本推进的蒂洛瓦经济特区快速发展，对我国力主推进的皎漂经济特区造成了非常大的压力。此种压力有可能导致作为“人字型”中缅经济走廊建设重要部分的皎漂经济特区建设对缅甸让渡更多的权益。另外，日本对缅甸官方发展援助政策的转变既是配合美国对缅政策的外交举措，同时也存在制衡中国在缅影响力、逐步扩大日本在缅影响力的战略意图。[②]

其次，日缅两国关系的快速发展提升了日本在缅甸的民主进程、和平进程、军政转型等问题上的影响力，间接弱化了中国在缅影响力。例如，日本在缅甸大选中提供选举器材及监督援助支持缅甸大选的做法赢得参选政党、选民的认可；日本向缅甸派出民族和解代表，打着“国际协调和积极和平主义”的旗号，为缅甸民族和解提供政治支持和经济援助[③]，借此对缅甸民族和解进程发挥特殊影响力。日本向缅甸派任民族和解代表，支援缅甸民族和解及民主化进程，开创日本插手别国在上述议题上设置政府代表的先河。[④] 缅甸民族和解的重点和难点在于缅北各支民地武。因这些民地武与中国在地缘上和历史上的联系，中国对缅甸民族和解的方向和进程本应有较大的影响力和发言权，中国也一直在推动缅甸的民族和解。鉴于以民族和解为中心的和平进程本身的复杂性，即使民盟政府把解决该问题作为其执政的优先事项，但解决起来仍困难重重。如果和平进程久拖不决，缅甸国内将会有更多不利于中缅关系的声音，因为缅甸社会长期以来就存在缅北民地武得到中国援助和支持的声音，而日本将会利用久拖不决的和平进程在缅甸事务中发挥更大的作用，并对“人字型”中缅经济走廊建设施加

---

① Sueo Sudo, *The International Relations of Japan and South East Asia*: *Forging a New Regionalism*, Routledge, 2001, p. 56.

② 韩召颖、田光强：《试评近年日本对缅甸官方发展援助政策》，《现代国际关系》2015 年第 5 期，第 36 页。

③ 毕世鸿、田庆立：《日本对缅甸的“价值观外交”及其与民盟政府关系初探》，《东南亚研究》2016 年第 4 期，第 54 页。

④ 施爱国：《近年来日本对缅甸政策析评》，《国际论坛》2016 年第 1 期，第 27 页。

影响。

最后，日本还利用不断深化的日缅关系，利用缅甸在诸多问题上向中国施压，妄图离间中缅关系。例如，2015 年 11 月 13 日，缅甸国防军总司令敏昂莱会见日本大使樋口建史（Tateshi Higuchi），双方就缅甸大选、缅甸外交政策、加强两国国防关系等问题交换了看法。[①] 2016 年 5 月 3 日，日本外务大臣岸田文雄（Fumio Kishida）拜见杜昂山素季，表示希望她支持日本和美国在南海问题上的立场。2016 年 11 月 2 日，杜昂山素季访问日本，安倍晋三向缅甸领导人兜售“印太”战略，并表达了就朝鲜核问题、南海问题等与缅甸继续合作的愿望。[②] 日本还推动日缅峰会机制化，该峰会在包括基础设施建设、环保、人文交流、朝核问题、南海问题等方面展开讨论与协调。自 2012 年 9 月举办第一次日缅峰会以来已举行了 5 次，峰会已成为推动日缅关系发展的重要平台。

日本对缅政策的最终目的在于，努力使缅甸成为由日本主导的接受经济援助、走向市场经济和实现政治转型的样板国家[③]，以此在缅甸抢占先机并获取政治和经济利益，将缅甸纳入其“自由与繁荣之弧”，从而针对中国形成对日本相对有利的地区战略格局，并为日本确立在东南亚地区的主导地位、实现政治大国奠定基础。[④] 日本调整对缅政策还有一个目的和特点，就是配合美国的亚太战略，制约中国在缅甸的影响力，进而扩大日本的影响力。[⑤] 为了拉拢缅甸、牵制中国，日本还在“罗兴伽人”问题上与西方国家拉开了距离，不愿谴责缅甸军方，批评杜昂山素季。日本在 2017 年 12

① 钟梅、秦羽：《缅甸：2015 年回顾与 2016 年展望》，《东南亚纵横》2016 年第 1 期，第 24 页。

② Minnistry of Foreign Affairs of Japan, “Meeting between Prime Minister Abe and Myanmar State Counsellor Aung San Suu Kyi”, November 2, 2016, https://www.mofa.go.jp/s_sa/sea1/mm/page4e_000547.html.

③ 毕世鸿：《当前美日两国在改善对缅关系上的合作与竞争》，《和平与发展》2012 年第 3 期，第 60 页。

④ 毕世鸿、田庆立：《日本对缅甸的“价值观外交”及其与民盟政府关系初探》，《东南亚研究》2016 年第 4 期，第 57 页。

⑤ 廉德瑰：《日本对缅甸的政策调整及其特点》，《东北亚学刊》2012 年第 5 期，第 13 页。

月5日的联合国人权理事会决议上投了弃权票，该决议旨在谴责若开邦罗兴伽人的处境，讨论在缅调查罗兴伽人难民问题。日本不愿批评或施压缅甸，也不愿公开针对罗兴伽人的侵犯人权行为，这可能与日本在缅甸的经济利益、日本与中国在缅甸的竞争，以及日本倾向于采取的安静接触的政策方式有关。①

（三）印度"印太"战略影响下的中缅经济走廊安全环境

"印太"战略构想的目的就是围堵和遏制不断崛起的中国，美日澳拉拢印度就是希望利用印度在印度洋地区的影响力及重要地缘政治地位在印度洋方向对中国形成压力。缅甸是中国进入印度洋的重要陆上通道，如果中国能从缅甸陆路进入东印度洋，给印度造成的战略想象就是中国可以经海路和陆路进入东印度洋地区。而印度洋海域被印度视为自己的后院，它对任何大国在印度洋发挥影响都极为敏感。自近代以来，缅甸就曾发挥了进出中国的通道作用，殖民时期是英国进入中国西南的通道，抗日战争时期是日本计划从缅甸方向进攻中国大后方的路线，冷战时期是中国突破西方国家封锁的对外交流通道。为了阻止或者延迟中国在印度洋的影响力，印度一方面要从印度洋东面海路给中国制造障碍；另一方面就是陆路，也就是在缅甸为中国进入印度洋制造障碍。为了达到干扰中国在印度洋提升影响力的目的，印度采取的策略是加强与缅甸的军事安全合作，平衡中国在缅甸的军事安全影响。同时，加大东北印度洋地区安达曼－尼科巴司令部建设力度，从海路对中国的印度洋战略形成牵制。如果这些策略成功，印度就能在东印度洋及毗邻的陆地区域实现对中国进入印度洋海陆两个通道实施极大的牵制，进而发挥"印太"战略构想赋予其在印度洋围堵和遏制中国的战略设想。

莫迪政府对缅政策的变化，必将对中缅两国产生较大影响，特别是对在

① "Japan's Restrained Response to the Rohingya Issue", Bart Gaens, Japan Today, https://japantoday.com/category/features/opinions/japan%E2%80%99s－restrained－response－to－the－rohingya－issue.

建的“人字型”中缅经济走廊产生重要影响。

首先，在经济方面，印度加大对缅经济外交力度，一方面有利于各国共同推进该地区经济发展和加快区域一体化进程；另一方面无疑会加大中国在缅企业的竞争压力，增大中国对缅经济外交的成本。因此，中印双方虽然在缅甸经济外交中存在竞争的一面，但也有可能实现双赢的一面，因为中印两国任何一方与缅甸的经济合作都会在客观上推进该地区的区域经济整合与经济一体化发展，为各方提供更多的经济合作机会。如缅印两国推进的加拉丹项目，就可以作为孟中印缅经济走廊的重要组成部分，推进区域经济发展。2017 年 11 月由中国倡议、缅甸领导人积极认可的“人字型”中缅经济走廊更会成为区域发展的新动力和重要支柱。如果加上印缅泰高速公路建设形成的经济带、澜湄合作、湄公河－恒河经济合作组织、印度－湄公河区域经济走廊、环孟加拉湾多领域经济技术合作倡议等次区域合作框架，那么孟中印缅地区及相邻地区将从一个发展洼地变为亚太地区新的增长极。中印两国在缅甸及其周边地区将获得更多的商业机会。在经济全球化和区域经济一体化背景下，印度的“东向行动”政策与中国倡导的“一带一路”、孟中印缅经济走廊建设等也可以在缅甸找到结合点，缅甸可以成为中印合作的第三方平台，从而促进东亚、东南亚、南亚跨地区的区域一体化进程。①

其次，在军事和安全方面，印度加强与缅甸军事和安全方面的合作，拓展了缅甸在军事和安全方面选择的空间，弱化了中国对缅甸的影响力，削弱了中缅关系在军事和安全合作方面的某些基础。与国内众多学者期待中印应建立合作共生关系不同，印度学者对中印关系总体上不看好，对发展两国合作关系较为悲观。特别是 2017 年中印边境发生洞朗事件后，印度对华认知更为片面，态度更加强硬，手段更加激进。在国际层面，印度欢迎美国推出的“印太”战略，大力推动“东向行动”政策，向中国传递了明确的对抗

① 刘稚、黄德凯：《近年印缅关系的新发展及动因和影响》，《南亚研究季刊》2016 年第 3 期，第 31 页。

性信息[①]；在地区层面，印度加大与邻国的军事和安全合作，弱化中国在印度周边国家的影响。中印两国战略互信的缺失也直接影响了两国在缅甸的合作，中印两国在缅甸军事和安全方面的竞争更多地体现为零和博弈，都把对方在缅甸军事和安全方面的行为视为对自己的威胁，都通过努力改善与缅甸关系来削弱对方在缅甸的影响。无可否认，中国在缅甸军人执政时期，因奉行不干涉内政的原则，中缅两国在包括军事和安全方面的合作比印缅两国的合作更为宽广和深厚。为了平衡中国在缅的影响力，再加上缅甸成功实现民主转型，莫迪执政后加快了对缅军事和安全合作。例如，印度政府在海上安全能力建设方面加大对缅甸的帮助力度，包括向缅甸出售声呐和轻型鱼雷等海军技术以及联合培训；加强海军合作，签署海军合作协议[②]；进行印缅海军军事演习并把两国海军演习制度化，如2017年11月20日印缅两军在梅加拉亚邦训练中心举行了印缅双边军事演习（IMBAX－2017），2018年3月印度和缅甸海军在孟加拉湾进行了首次双边海军演习（IMNEX－18）。缅甸则将印度看成提升自身国家能力建设尤其是军事力量建设的重要伙伴，看成平衡其他国家尤其是中国对缅影响的“主选项”国家。[③] 与印缅关系改善同时发生的事情是，中缅两国在军事和安全方面交往出现的问题。自2009年以来，政府军与缅北民地武的武装冲突造成中国边民死伤，中国人民解放军不得不在中缅边境线附近举行军事演习。军事演习标志着中国利用胁迫外交手段对缅甸武装力量对缅甸军政府的行为施加影响的新升级。更重要的是，这些事态发展也暴露出两国军事和安全双边关系的恶化。虽然中缅两国关系不太可能爆发全面的边境战争，但内比都和北京之间的关系已经

---

① 叶海林：《中国崛起与次要战略方向挑战的应对——以洞朗事件后的中印关系为例》，《世界经济与政治》2018年第4期，第121页。

② Collin Koh, “How Myanmar is Benefiting from the China-India Rivalry”, December 2, 2017, https://www.scmp.com/news/china/diplomacy－defence/article/2122187/opinion－how－myanmar－benefiting－china－india－rivalry.

③ 吴兆礼：《缅甸政治改革以来印度与缅甸关系的进展与趋势》，《南亚研究季刊》2014年第3期，第25页。

下降到一定程度。[①] 缅甸与印度的经济、政治和军事关系的逐步发展是对中国与缅甸独特关系的威胁。[②] 2016 年 8 月，杜昂山素季访问中国后与总统吴廷觉对印度进行访问，舆论认为这是缅甸新政府出于地缘政治的考量，在中印两个大国间搞平衡。[③]

缅甸是中国推进“一带一路”从西南方向突破的关键节点国家，是“人字型”中缅经济走廊的合作方，是保障中国西南地缘安全和国家能源安全的重要国家，是“澜湄合作机制”“中国－中南半岛经济走廊”“孟中印缅经济走廊”“中国－东盟自贸区”等区域合作机制的重要成员国和参与方，更是中国打造周边命运共同体在南亚及东南亚地区落地生根、产生示范效应的样板。鉴于缅甸对不断崛起的社会主义中国的重要性，大国不断调整战略，拉拢缅甸，力图将缅甸打造成围堵中国崛起的节点国家，把缅甸打造成压缩中国在周边国家战略空间的重要一环。各大国大力调整对缅政策，积极拉拢缅甸和发展对缅关系，势必采取各种手段加大对缅战略投入，虽然不会从根本上颠覆中缅关系，但因缅甸对外政策的选择面扩大，势必增加中国发展对缅关系的成本，影响中缅关系的发展。缅甸也将继续利用其地缘战略影响力，强调其对主要大国的重要性，并从大国在缅竞争中获得最大利益。总体上民盟政府将继续以国家利益为出发点，以大国平衡的中立主义为外交理念，而不以意识形态划界倒向西方国家，不以政治理念和西方民主思想为纲与西方国家一道遏制中国。

事实上，缅甸把大国在其国内的竞争视为一个战略机遇，可以从中左右逢源，在争取更大的国家利益的同时，保持对外政策的自主性。在发展对华正常关系的过程中利用其他大国的力量牵制中国在缅影响，在发展中缅关系中向中国提出更高要求、更高要价，如在皎漂经济特区建设上附和西方国家提出的所谓“债务陷阱”论调，鼓噪中国在缅投资债务问题，迫使中国在皎

① Jürgen Haacke, “Myanmar and the United States: Prospects for a Limited Security Partnership”, United States Studies Centre of University of Sydney, November 2015, p. 10.

② Daniel Wagner, Giorgio Cafiero, “Can China and India Coexist in Myanmar?”, East-West Center, Asia Pacific Bulletin, Number 250, February 20, 2014, p. 4.

③ “Myanmar's Balancing Act between India and China”, *South Asia Monitor*, Aug. 26, 2016.

漂经济特区问题上让步。例如，2018 年 7 月初缅甸新任计划与财政部部长吴梭温表示，“为避免债务陷阱，缅甸将降低皎漂经济特区的规模”。8 月初，缅甸计划与财政部副部长吴瑟昂宣布皎漂经济特区项目从 73 亿美元降低到 13 亿美元，下降了 60 亿美元，原计划建造的油轮停靠泊位已从 10 个调整为 2 个。

三　中国的应对方案

在较长时期内，中国将是“印太”战略国家围堵和遏制的主要对象，缅甸将是“印太”战略国家拉拢以围堵和遏制中国的主要节点国家。为了化解“印太”战略国家阻挠中缅经济走廊战略的企图，中国在与缅甸建设中缅经济走廊的过程中，必须以深化中缅经济和安全共同体建设为重心，夯实中缅命运共同体基础。

中国的对外政策自改革开放以来经历了一个从被动适应国际环境到主动塑造新的国际环境的过程。苏联解体后较长一段时期内，在全球层面社会主义阵营处于弱势和守势，资本主义阵营处于强势和攻势。为了扭转社会主义中国面临的不利国际环境，中国提出“韬光养晦、有所作为”的外交思想和“冷静观察、稳住阵脚、沉着应付、有所作为”的战略方针。1997 年中共十五大提出要“坚持睦邻友好，对一时解决不了的，可以暂时搁置，求同存异”。2002 年中共十六大提出“继续加强睦邻友好，坚持与邻为善、以邻为伴”的方针，并把周边国家的交流与合作推向新水平。2007 年，随着中国国力的稳步提升，中国试图与周边国家共同营造周边环境，中共十七大在继续贯彻“与邻为善、以邻为伴”周边外交方针的同时，提出“加强同周边国家的睦邻友好和务实合作，积极开展区域合作，共同营造和平稳定、平等互信、合作共赢的地区环境”。[①] 2012 年中共十八大提出要“合作共赢，倡导人类命运共同体意识”，与之相对应的是在周边外交问题上，中国

① 卢光盛、冯立冰、别梦婕：《中印周边外交比较研究：思想渊源、当代实践及现实碰撞》，《南亚研究》2018 年第 3 期，第 4 页。

提出“努力使自身发展更好惠及周边国家”。从苏联解体到2012年中共十八大召开的这段时间，中国外交政策的调整是从被动适应国际环境到主动塑造新的国际环境的量变过程。随着中国国力的大幅提升以及国际环境发生巨大变化，中国对外政策进入了主动塑造国际环境的质变过程。习近平任中共中央总书记以来，把人类命运共同体从思想意识阶段推进到政策实践阶段，先后明确对外交往中要构建周边命运共同体、亚洲命运共同体及人类命运共同体。[①] 中共十九大全面系统地阐述了中国构建“人类命运共同体”的主张，并把它作为习近平新时代中国特色社会主义思想的重要内容，提升为中国对外工作的指导思想和行动方针，并强调中共始终把为人类做出新的贡献作为自己的使命，要“构建总体稳定、均衡发展的大国关系框架，按照亲诚惠容理念和与邻为善、以邻为伴周边外交方针深化同周边国家关系”。[②]

构建人类命运共同体是习近平新时代中国特色社会主义思想的重要组成部分，是中国贡献给世界构建新型国际关系的新理念和新思想，也是全球治理理念的新发展，它将在未来很长一段时间指导中国的对外政策。但人类命运共同体难以一蹴而就，必须循序渐进、由点及面、稳步前行，在这一过程中，经验的积累极为重要。[③] 无论是亚洲命运共同体的构建还是人类命运共同体的构建都需要一个从点到线再到面的过程，需要先从双边命运共同体再到多边命运共同体的渐进过程，这是一个逐渐积累经验、由浅及深、从易到难、从低到高的过程。在构建人类命运共同体的进程中，必将面对各种不同类型的国家，如何与那些与中国制度相异、发展程度不同、文化差异较大的国家共建人类命运共同体，理论和实践的探讨都必不可少。

在中国的周边国家中，缅甸可作为中国构建双边型命运共同体的试验地。缅甸是一个极为贫困，正在推进西式民主制度的佛教国家。中国虽然是

① 任晶晶：《构建人类命运共同体与当代中国外交的创新性发展》，《中国特色社会主义研究》2017年第6期。

② 张国祚：《习近平新时代中国特色社会主义思想的十一新》，《思想理论教育导刊》2017年第12期，第35页。

③ 江时学：《构建亚洲命运共同体的必要性、可行性及战略措施》，《亚太经济》2018年第3期，第5页。

一个发展中的社会主义国家，但众多经济指标在全球名列前茅，中国是世界第二大经济体、第一大贸易体、第一大制造国、第一大外汇储备国、全球经济增长的主要动力。中缅两国在政治制度、发展程度、宗教信仰等方面的差异巨大，且印度是中国的重要邻国。在差异如此巨大的中缅两国间构建命运共同体，其理论和实践经验必定极具价值。习近平主席在2016年5月会见杜昂山素季时曾指出，“中缅传统友谊历经风雨从未改变，各领域务实合作成果丰富，成为休戚与共的利益共同体和命运共同体”。[①] 尽管两国已成为休戚与共的利益共同体和命运共同体，但根据当前中缅两国的具体国情及国际环境，两国需要进一步深化经济、安全利益共同体建设，为中缅两国命运共同体的全面实现打下坚实的基础。

（一）以“人字型”中缅经济走廊为主轴，深化两国经济利益共同体建设

首先，要实现中缅两国经济发展的战略对接，提升经济相互依存。要将中缅经济走廊建设与缅甸基础设施建设有效结合，推动缅甸在公路、铁路、水路、航空及电信网络的连接和发展。要将中国的经济转型和缅甸的工业化建设结合起来。缅甸仍是一个农业人口占多数的国家，当前缅甸为了实现经济发展和出口创汇，鼓励农业发展和农产品出口创汇，但真正要实现经济发展和对外贸易盈余，必须走工业化道路，生产和出口更多高附加值的工业品。因此，从缅甸的长远发展来看，其推进工业化的进程必将启动，中国在加强与缅甸农业合作的同时，要有的放矢地推动中国经济的转型与缅甸工业化的战略对接。

其次，中缅两国经济合作要突出重点，重视两国在重大项目和重大发展方向的合作。中缅两国应以“人字型”中缅经济走廊建设为主轴，以基础设施建设和贸易便利化为两翼，以中缅油气管道、皎漂经济特区和跨境经济

① 《习近平会见昂山素季　望其引导民众公正理性看待中国和中缅》，新浪网，2015年6月11日，http：//news. sina. com. cn/c/2015 -06 -11/173231940363. shtml。

合作区建设为三大支柱，即通过推进“一轴两翼三大支柱”提升两国经济合作。中缅经济走廊符合中缅两国推动经济发展的共同利益，它的启动必将加快实现两国“一带一路”建设的战略对接。一方面，中缅经济走廊将重新整合缅甸的区域经济发展格局，推动缅甸的经济发展。地理上，中缅经济走廊的西线端点皎漂经济特区所在地若开邦是缅甸经济最贫困的省邦之一，中缅经济走廊的东线端点仰光是缅甸经济发展最活跃的地区。中缅经济走廊建设不仅能把缅甸最贫穷的地区和最发达的地区连接在一起，而且能把中缅两国的经济发展更好地联系在一起。中缅经济走廊既能促进缅甸的经济发展，又有助于缅甸创造更多解决各种社会矛盾和冲突的物质条件。另一方面，为了拉动中国中西部地区经济的发展，中国一直希望在若开邦建立皎漂经济特区，并沿中缅油气管道修建从若开邦海岸到昆明的陆上通道，从而完善“一带一路”倡议从西南方向进入印度洋的国际大通道。“人字型”中缅经济走廊这个主轴的建设既能连接起印度洋东海岸的皎漂经济特区和中缅边境的跨境合作区，又能保障中缅油气管道更安全地运行，同时还能推进缅甸基础设施和中缅跨境合作区的建设。反过来，缅甸基础设施的升级、中缅贸易便利化的提升、中缅油气管道的正常运行、皎漂经济特区和跨境经济合作区的推进，又会夯实和丰富中缅经济走廊建设的内容。

最后，中缅两国在经济发展上还需实现共享经济发展成果。作为历史上丝路文明的重要参与者和缔造者之一，作为中国南方丝绸之路重要组成部分的缅甸，身处“一带一路”交汇地带，是共建“一带一路”的天然合作伙伴。中缅经济合作发展，必须让缅甸能享受到两国经济合作带来的成果，让缅甸民众能体会到两国经济合作带来的实惠。对缅甸政府来说，短期看就是尽快缩小缅甸对华贸易逆差，增加缅甸农产品对华出口量；长期看就是融合中国发展，推进工业化进程；对普通民众来说就是中国在缅投资能保证其就业和收入的增长。

总之，中缅两国利益共同体的构建，就是中缅两国在经济合作中需要坚持合作共赢、共同发展，特别是作为经济大国的中国，要向缅甸提供更多的发展援助，要充分考虑到缅甸在两国合作中的相对收益和绝对收益，以“人字型”中缅经济走廊为主轴吸引缅甸积极参与利益共同体的构建。

（二）以总体安全观为框架，加强中缅两国安全共同体建设

对一国来说，国家的安全和生存永远是第一位的。历史上常出现的邻近大国与中小国家的矛盾、冲突乃至战争，总让中小国家对邻近大国存有疑惧。缅甸在奈温时期采取较为孤立的对外政策，以及缅甸独立以来长期坚持中立主义外交，其实就是担心国家的安全会受到大国威胁。中缅之间要发展和保持长久的正常且友好的关系，必须消除中国崛起会对邻国安全造成威胁的认知，消除中国崛起会威胁缅甸安全的担忧。同时，采取策略，用实际行动向缅甸证明，中国崛起不是缅甸的威胁，而是缅甸国家安全的重要屏障，更是缅甸兴衰相伴、荣辱与共的安全共同体。

首先，中国要用行动和政策向缅甸及周边国家表明，中国外交政策的宗旨是“高举和平、发展、合作、共赢的旗帜，恪守维护世界和平、促进共同发展”，中国倡导的新型国际关系是“各国的友好合作及相互尊重、公平正义、合作共赢”。[①] 中国将继续在与缅甸共同倡导的“和平共处五项原则”的基础上与缅甸发展和平友好的邻国关系，中国绝不恃强凌弱，绝不破坏缅甸领土的完整、侵犯缅甸主权、威胁缅甸民族团结及破坏缅甸联邦的统一。

其次，中缅两国内政都面临国际势力干涉、所在地区的和平与稳定受到威胁的局势，中缅两国应相互支持，共同反对国际势力对本国主权的干涉行径，共同反对国际势力破坏地区和平与稳定的行径，实现互利互惠、共同安全。中缅两国在国际政治舞台上互相倚仗，中国需要缅甸的支持，缅甸也需要中国的支持。中国在台湾、西藏、新疆问题上需要缅甸的政治支持，缅甸实现统一的多民族国家构建、反对西方的制裁也需要中国的支持。中缅两国在反对国际干涉势力破坏和平与稳定的问题上要相互支持。

---

① 习近平：《决胜全面建成小康社会　夺取新时代中国特色社会主义伟大胜利——在中国共产党第十九次全国代表大会上的报告》，新华网，2017 年 10 月 27 日。

最后，要在国家总体安全观的指导下，加强与缅甸在非传统安全方面的合作，拓宽中缅安全共同体的合作领域和层次。在非传统安全方面，两国可以在缅北民族冲突、难民危机、恐怖主义、跨国犯罪等方面开展全面合作，构建多元化、多领域、多层次的非传统安全问题的监测体系、合作机制及应急处理机制；加强中缅两国应对和处理非传统安全问题的能力建设，积极预防和应对非传统安全问题对两国关系的冲击。

中缅两国互为邻国，具有深厚的传统友谊，在经济发展上能高度互补、高度契合，在维护地区安全上命运相连，因此两国有条件建设共享安全、共同发展、命运与共的共同体。要构建中缅命运共同体，就需要中缅两国切实合作，推进中缅两国安全利益共同体、经济利益共同体方面的建设。在“共同、综合、合作、可持续”的安全观和“共建、共享、共赢”思想的指导下，加强经济和安全共同体建设，为构建命运相连、荣辱与共的中缅命运共同体夯实基础。只有这样，才能从更高层次保证中缅关系的健康、正常发展。

B.9

印度洋地区地缘环境与中国“一带一路”印度洋方向的地缘风险论析

冯传禄*

摘　要： 在地理区位和自然禀赋上，印度洋及其沿岸地区天然具有成为国际权势博弈舞台和利益角逐要区的基因。然而，今天的印度洋地区不仅正遭遇国际体系结构渐变的牵引，而且经历着印度洋和太平洋海洋秩序重构的洗礼。进入 21 世纪以来，印度洋地区的战略地位步入快速上升通道，但并未构成全球政治经济之“中心舞台”或者“战略重心”。近年来，中国在印度洋方向日益积极进取，但该方向仍只是中国地缘战略（海洋战略）的一个次要战略方向。对印度洋地区地缘环境与“一带一路”印度洋方向的地缘风险需有理性认识，“一带一路”建设在印度洋地区所面临的主要地缘风险并不是老生常谈的印度洋海上通道安全问题，而是另有其他二者：其一，国际体系层面大国结构性矛盾的地区化；其二，印度洋相关地区复杂和脆弱的地缘政治生态。从大国地缘战略调整来看，“印太”概念勃兴标志着印度洋上大国博弈日益复杂化，尤其是美国的“印太”战略将印度洋方向作为遏制中国的重要地缘方向之一，而印度的“海军学说”亦对中国“一带一路”建设加强了警戒，故而美印等大国在此的地缘政治博弈成为中国所面临的一项主要的挑战与地缘风险。从中观

* 冯传禄，云南财经大学印度洋地区研究中心讲师，博士，主要研究方向为南亚地缘政治、印度洋安全。

层面的区域地缘政治生态来看，破碎地带上的文明冲突、资源纷争、贫困动荡、领土争端、恐怖主义活动等问题，令环印度洋地区的地缘政治现实呈现得复杂而又脆弱，并且地区内的地缘政治风险和安全问题又有显著的外溢效应。相关地区局势动荡所造成的局部战乱、政治风险等，已成为“一带一路”建设在印度洋方向面临的另一个主要地缘风险。

关键词： 印度洋地缘环境　地缘风险　“印太”战略　“一带一路”

在“一带一路”印度洋方向的视角下，本报告分析了印度洋地区地缘环境，探讨了“印太”时代中国在印度洋地区所面临的真正的地缘风险。其中，分析印度洋地区地缘环境为本报告的切入点，而评估“一带一路”建设在印度洋方向所面临的地缘风险与探讨应对之道是本报告的最终落脚点。

本报告认为，“一带一路”建设在印度洋方向所面临的地缘风险与印度洋地区地缘战略环境、自身“经略印度洋之道”有密切关联，具体可归纳为以下四个方面。

第一，印度洋地区本身天然具有优越的地理位置和资源禀赋，从能源与交通、海权与陆权等诸多方面赋予了这片海洋公域以及沿岸地区非常重要的地缘政治意义和地缘经济特征，使其具备了吸引大国展开地缘战略竞争的内在物质性条件。然而，值得指出的是，印度洋海上通道安全问题并不是中国“一带一路”建设在印度洋方向所面临的主要地缘风险，中国“一带一路”建设也不能以争夺印度洋海权为目标。倘若中国要在这些敏感水域寻求制海权，或者意欲控制某战略要塞，对外界刺激过于强烈的话，就有可能适得其反，有可能带来“安全困境”，而这势必让“印度洋危险”的预言一语成谶。

第二，印度洋地区的发展与安全问题突出，其根源既与历史、宗教、民族有着密切关联，也与地理上本地区国家在环印度洋海岸线上呈现的“碎片化”的分散分布特征有关，还与其自身在世界经济与国际分工中的角色及外部大国力量的介入有关。从这个角度来看，印度洋地区战略地位步入上升通道是不争的事实，但截至目前，印度洋地区并不具备构成全球经济中心所需的经济体量规模，也不具备构成全球政治中心的国际权势基础，所以印度洋地区并未构成全球地缘政治经济的“中心舞台”，也非全球主要大国的地缘“战略重心”。对中国整体的地缘战略而言，印度洋方向有独特而重要的战略意义，但也只能定位为一个次要战略方向，否则中国地缘战略会有战略资源配置失当、在印度洋方向战略透支的风险。

第三，“印太”时代开启后，“印太”被视为一个整体的战略空间，美日等国“印太”战略的基本内涵是将印度洋方向作为遏制中国的又一重要方向，并将印度作为战略上需要拉拢的潜在盟友、可供利用平衡中国的战略资源。由此，国际体系层面体系主导国（美国）与崛起国（中国）、崛起国与其追赶者（印度）的结构性矛盾也映射到印度洋地区层面。所以，国际体系层面大国结构性矛盾的地区化亦自然而然地构成了中国“一带一路”建设在印度洋方向所面对的一项主要挑战与地缘风险。

第四，该地区内的众多行为体共同组成了整体性边界模糊、缺乏稳定性、难以一体化且无法自我封闭、被动对外开放的地缘政治体系，故而地区内的地缘政治风险和安全问题具有易发、多发等特点以及显著的外溢效应。“一带一路”在印度洋方向的建设与推进，事实上深入接触一个“复杂的地缘政治谜团”，该地区这种复杂而脆弱的地缘政治生态下的政治风险、局部动荡等也是中国面对的另一主要地缘风险；“一带一路”在印度洋方向的建设与推进，事实上也突破了不同文明的交界线，难以彻底回避异质文明间的一些差异乃至摩擦，但是相对于当前西方世界与伊斯兰世界的文明冲突，中国与伊斯兰世界在文明冲突方面的地缘风险相对要小得多。

以上几方面，既是本报告的核心观点，也体现了本报告的基本分析框架。

一　背景与问题

进入 21 世纪以来，一系列新、旧因素（诸如“印度洋海盗”“基地组织”“伊斯兰国”“颜色革命”“波斯湾能源”“印度洋战略通道安全”等问题）持续发酵，使印度洋地区[①]长期汇聚全球关注目光。不仅如此，进入21世纪以来，美国为护持霸权和境外反恐，几度在印度洋北岸发动军事打击，而中印则显现出各自崛起势头并双双增强在印度洋地区的存在，更令国际社会急于重新评估印度洋及其沿岸地区的全球地缘战略意义。例如，美国学者罗伯特·卡普兰（Robert Kaplan）在其颇受关注的《季风：印度洋与美国权力的未来》[②] 一书中指出，“美国版的世界地图总是将西半球置于中上方，而印度洋几乎消失殆尽，这间接反映了西半球在已经远去的20世纪是全球地缘政治中心的事实；然而到了21世纪，这一切将有翻天覆地的变化”。而在《21世纪的中心舞台》一文中，卡普兰着重强调“印度洋事关21世纪美国权力的未来”。[③] 除了卡普兰，在美国还有许多战略分析人士也认为20世纪地缘战略学者哈尔福德·麦金德（Halford John Mackinder）对欧亚大陆中心地带和边缘地带的经典区分无法再继续使用，21世纪“历史的地理轴心”将是位于西太平洋和印度洋的印太地区。在印度，2004年发布的首份带有海洋战略性质的关于国家海洋周边环境及如何应对挑战的官方分析报告《印度海洋学说》中也曾预测“世界海洋的焦点将从大西洋、太平洋转移到太平洋、印度洋地区”。而印度前国家安全顾问、新德里观察家研究基金会战略研究项目主管拉贾·莫汉（Raja Mohan）在其2012年所著的《中印海洋大战略》一书中指出，“中国和印度的大国崛起对近一个世纪以来构成国际话语秩序的多个传统地缘政治概念提出了重构的需要”“西太平洋和印度洋海域必须被看作一个统一的综合地缘政治舞台”。与拉贾·莫汉的观点类

---

① 在地缘政治视角下，印度洋地区是一个以印度洋为中心的区域，包括印度洋本身及其全部分支水域（波斯湾、红海、安达曼海和马六甲海峡等）38个沿岸国家（包括28个环印度洋国家以及10个红海、波斯湾沿岸国家）和13个入海通道指向印度洋的内陆国。参见石志宏、冯梁《印度洋地区安全态势与印度洋海军论坛》，《国际安全研究》2014年第5期，第105页。

② Robert D. Kaplan, *Monsoon: The Indian Ocean and the Future of American Power*, New York: Random House, 2010.

③ Robert D. Kaplan, “Center Stage for the Twenty-first Century”, *Foreign Affairs*, Vol. 88, No. 2, March / April 2009, pp. 16 – 32.

似，印度著名战略学者库拉纳（Khurana）等也着重强调印度需要将“印太地区”或“大印度洋地区”作为新的全球地缘政治参考框架。

随着那些有着全球视野的国家战略体关于印度洋地区战略价值的相关认知进一步被强化，“印太”概念①在近年来已然勃兴，美日印澳等国纷纷将印度洋地区视为全球范围内需要密切关注的地缘战略核心区域之一，相应的地缘战略布局调整和博弈性大国互动纷至沓来（诸如针对中国“一带一路”倡议的“印太”战略、“东进战略”、“季风计划”、“亚非增长走廊”等垮区域性的地缘战略规划纷纷出台），进而使印度洋地缘战略环境日益复杂化。

在当前这个新开启的“印太”时代，对于中国这个共建“21 世纪海上丝绸之路”的倡议者、日益扩大在印度洋地区存在的“外来者”、逐渐影响印度洋地区既有地缘政治格局与地缘经济格局的“后来者”，置身于此的地缘风险显然也正随着自身存在的日益扩大以及海外利益的日益增长总体上呈现相应的上升趋势。

那么，当前“一带一路”建设在印度洋地区所面临的主要地缘风险来源何在？是老生常谈的印度洋战略通道的安全问题吗？是印度洋海盗吗？是域内恐怖主义活动吗？抑或是其他地缘风险呢？

二 印度洋地区的地缘环境

中国学者张文木指出，“世界地缘中心与资源中心在印度洋合二为一”。②

① “印太”概念在国内学界也被广泛关注，其中具有代表性的成果如下。张力：《“印太”构想对亚太地区多边格局的影响》，《南亚研究季刊》2013 年第 4 期，第 1 ~ 7 页；赵青海：《“印太”概念及其对中国的含义》，《现代国际关系》2013 年第 7 期，第 14 ~ 22 页；韦宗友：《美国在印太地区的战略调整及其地缘战略影响》，《世界经济与政治》2013 年第 10 期，第 140 ~ 155 页；吴兆礼：《“印太”的缘起与多国战略博弈》，《太平洋学报》2014 年第 1 期，第 29 ~ 40 页；刘宗义：《冲突还是合作？——“印太”地区的地缘政治和地缘经济选择》，《印度洋经济体研究》2014 年第 4 期。

② 张文木：《印度洋是世界海权体系的中心——南亚次大陆及其周边区域的重大战略意义》，《学术前沿》2014 年第 19 期，第 6 页。

印度学者阿兰（Md. Mukhtar Alam）认为，众多地理因素与经济因素以及国家与非国家行为体利益交汇背景，暗示了印度洋地区的战略价值并且塑造出这里的地缘政治空间图景。[①]

（一）印度洋独特的地理构造

“大陆漂移”说[②]认为，距今两亿年至三亿年前“冈瓦纳古陆”分裂和海水注入，直接造成了今天的地理现实——印度洋被亚洲、非洲、南极洲、大洋洲所环抱的图景。除了“冈瓦纳古陆”在亿万年前的分裂外，几千万年前南亚次大陆漂移并与亚洲大陆碰撞，对印度洋的轮廓塑造亦十分重要。同时，在很大程度上，南亚次大陆的存在，又在印度洋地理连通性之上进一步增加了印度洋内在独特的地缘战略属性。南亚次大陆将印度投向大洋中心，印度洋东西两向船只往来动态，全都在印度人的眼皮底下，所以印度人将印度洋这片全球公域视为自家后院，倒也不难理解。正因为自身所在的印度半岛的地理位置，印度一直怀揣“印度洋是印度之洋”的先天意识又或者说心理暗示。此外，在南亚次大陆底端，与印度国土底端隔海相望的斯里兰卡岛、马尔代夫群岛、拉克沙群岛以及东部的安达曼-尼科巴群岛等，在印度洋中部破海而出。它们既可为横穿印度洋中部的海上航线提供航海补给或停靠休整，同时也存在被利用作为控制横穿北印度洋的海上航线的战略支点的可能性。由于印度洋独特的地理构造，历史上印度洋成为世界最早的航运中心，乃至在当代还被视为“世界海权体系的核心”。[③]

1. 世界最早的航运中心

印度洋地区大部分位于热带和亚热带，沿岸港口终年不冻，可四季通

---

① Md. Mukhtar Alam, *Ecomomic Development and Contemporary Geopolitics: The Indian Ocean Rim*, New Delhi, Om Publications, January 1, 2004.

② 德国地理学家魏格纳于1912年出版了《海陆的起源》一书，正式提出关于“大陆漂移”的科学假说。魏格纳从地图上海岸轮廓特征及其奇妙的对应现象中受到了深刻的启发，经过一系列艰苦细致的研究和考证，他认为现在地球表面各大陆的位置是经过复杂的分离和漂移过程以后才逐渐形成的。

③ 张文木：《印度洋是世界海权体系的中心——南亚次大陆及其周边区域的重大战略意义》，《学术前沿》2014年第19期，第6页。

航。同时，印度洋季风定期而起，被称为“信风”“贸易之风”。[①] 与季风的规律性相伴的，是印度洋洋流的稳定性。印度洋的南部洋流终年保持一个相对稳定的逆时针方向的环流；北部洋流随季节变化，冬季受东北季风影响成逆时针方向环流，夏季受西南季风影响成顺时针方向环流。[②] 终年不冻的港口以及有规律的季风、稳定的洋流等特点被古代印度洋周边的人们掌握后，印度洋上的远洋航行便变得便利和活跃起来，逐渐推动印度洋成为世界最早的航运中心。历史上中国人同样也很早便在印度洋留下了自身印记。中国人在印度洋留下自身印记，主要与南海起航线的海上丝绸之路有关，而东海起航线的海上丝绸之路，则主要与古代中国朝向朝鲜、日本的技术和文化传播有关。[③]“唐宋时期，广州成为中国第一大港，是世界著名的东方港市；由广州经南海、印度洋，到达波斯湾各国的航线，是当时世界上最长的远洋航线。”[④] 明朝，郑和七下西洋，更是中国历史上同印度洋地区深入交流的巅峰壮举。

2. 世界海权体系的核心

自地理大发现开始，海洋迄今仍然是全球经贸活动、大宗物资流通的天然纽带。美国能源信息部发布的 *World Oil Transit Chokepoints*[⑤] 报告强调，在全球海上石油运输主要贸易路线的七个要塞（Chokepoint）中，最重要的几个都分布在印度洋。印度洋主要航道与海峡分布见表 1。不难发现，倘若上述节点出问题，将导致这些重要路线中断，可能会影响全球石油的价格，而替代路线会延长海上交通航程，不仅会增加运输成本，而且会带来新的安全风险。

---

① 丛淑媛：《世界第三大洋的航运》，《航海》1981 年第 2 期，第 10 页。

② 胡娟：《印度的印度洋战略研究》，中国社会科学出版社，2015，第 16 页。

③ 比如周王朝时期中国的田蚕织作技术对朝鲜传播，西汉年间中国的罗织物和罗织技术已传到日本，公元 3 世纪中国的丝织提花技术和刻版印花技术传入日本，隋代中国的镂空版印花技术再次传到日本，隋唐时期中日使节和僧侣有频繁往来。

④《历史上的海上丝绸之路》，中国社会科学网，2014 年 11 月 20 日，http://www.cssn.cn/lsx/slcz/201411/t20141120_1409079_3.shtml。

⑤ EIA，“World Oil Transit Chokepoints”，Washington，D. C.：US EIA，2014.

表1　印度洋主要航道与海峡分布

类别	航道	海峡
沟通大洋的航道与海峡	太平洋—印度洋	马六甲海峡、巽他海峡、龙目海峡、巴斯海峡以及构想中的克拉地峡运河
印度洋内航道与海峡	印度洋—大西洋	苏伊士运河
	波斯湾—阿曼湾	霍尔木兹海峡
	红海—亚丁湾	曼德海峡
	非洲大陆—马达加斯加岛	莫桑比克海峡
	南亚次大陆—斯里兰卡岛	保克海峡

不少当代学者鉴于印度洋航道在全球海上通道（SLOCs）中的突出地位以及该地区的丰富能源而将这一地区定性为未来甚至当前国际战略格局的关键地域，即“印度洋是世界海权体系的核心”。[①] 罗伯特·卡普兰（Robert Kaplan）也论证过印度洋对全球海上通道具有决定性的意义。[②] 即便这些判断有相关值得讨论的地方，但印度洋拥有全球海上交通的枢纽地位是不容否认的。如果说在当今时代，和平时期印度洋的军事价值不应再被着重强调，因为军事征服有悖于人类社会发展的趋势，同时发动战争也已经难以确保战略利益实现，反而有可能令当事国成为全球之公敌。但是，以军事存在提升自身的影响力和行动力，提供安全威胁和提升贯彻相关战略意志的能力，仍然是重要选项——比如它既是美国这一世界霸主维护印度洋战略利益的重要手段，也是印度这样的地区大国积极谋求区域影响力的战略工具。

（二）域内得天独厚的资源禀赋

印度洋地区的战略价值并不仅仅局限于印度洋的海洋战略通道、海峡要塞，其影响力也不仅仅局限于久远的海洋文明。工业时代以来，国际政治在

① 张文木：《印度洋是世界海权体系的中心——南亚次大陆及其周边区域的重大战略意义》，《学术前沿》2014年第19期，第6页。

② 〔美〕罗伯特·卡普兰：《即将到来的地缘战争——无法回避的大国冲突及对地理宿命的抗争》，涵朴译，广东人民出版社，2013，第199～227页。

很大程度上已经打上了资源政治、能源政治的烙印，而印度洋地区更是因为其得天独厚的自然资源禀赋，尤其是西亚、北非一带，长期性地成为大国博弈的竞技场。

石油被喻为现代工业的血液，影响石油供给的相关态势，如中东地区局势、印度洋航线安全，都牵动着全世界的敏感神经。而在当今世界位列前8的石化资源储地中，印度洋地区独占3个——波斯湾及其沿岸地区、印度尼西亚沿海大陆架以及澳大利亚西北大陆架，三者储量合计占全球的70%以上。[①] 在经济全球化深入推进的当今时代，能源、资源因素在世界经济以及国际政治中占据不可动摇的重要地位。利益驱使下，区域内外的战略体显然都无法忽视印度洋地区基于资源富集性而带来的经济利益和战略价值，而这也构成该地区地缘政治博弈极其活跃的一大关键性的成因。

三 印度洋地区的战略地位

当21世纪进入第二个10年之际，在“印太”概念勃兴之下，印度洋区域的格局变化乃至地区性事务的国际意义都显著增强了，在大国博弈舞台上的战略地位也相应上升。不过，客观而言，尽管进入21世纪后印度洋地区的战略地位快速上升，但它并非已经构成全球地缘政治经济格局的“中心舞台”，也并非大国全球地缘战略布局的“战略重心”。

（一）印度洋地区战略地位步入上升通道

进入21世纪以来，印度洋构成所谓大国竞争“中心舞台”这样的话语逐渐流行起来，尤其是进入21世纪第二个10年以来，以“印太”概念勃兴为标志，印度洋地区的战略地位已然被提升到了一个空前的高度。21世纪，地缘政治回归国际舞台，经济全球化在曲折中深入推进，同时无法忽视

① 朱翠萍：《印度洋安全局势与中印面临的“合作困境”》，《南亚研究》2014年第3期，第4页。

相关战略体的实力对比变化和战略行为动态，这些事态成为域外大国纷纷优化自身在印度洋存在的最为根本的动因。

从地缘政治角度来看，中国和印度在“印太”战略空间里的双双崛起并不约而同地加强在印度洋的存在，进一步引发“印太”概念勃兴和美国全球地缘战略重心东移；而“印太”概念内在贯穿着将印度洋方向作为遏制中国的一个重要方向的地缘战略内涵，这一点构成了印度洋地区在21世纪在全球地缘中的战略地位得以步入快速上升通道的一大关键性的地缘政治推动因素。除此之外，自进入21世纪以来，推动印度洋地区在全球地缘中的战略地位得以步入快速上升通道，至少还有地缘安全方面的动因。从地缘安全的驱动因素来看，第一当属国际反恐因素。现在看来，随着萨达姆政权被推翻以及基地组织领袖本·拉登被击杀，美国至少在表面上赢得了在印度洋北岸的反恐胜利，但是美国撤军后不仅留下一个西亚乱局，而且给“伊斯兰国”（ISIS）极端组织异军突起提供了可乘之机。现在利比亚、叙利亚、伊拉克、阿富汗等地区的恐怖主义活动有增无减，并向全球范围肆意外溢，特别令欧洲（如法国）成为恐怖主义袭击的重灾区。第二则是印太海上交通线日益延长的重要性及面临的安全挑战。进入21世纪后，诸如索马里附近海域、马六甲海域等的海盗活动一度十分猖獗，这令国际社会关于印度洋海上通道重要性的认知日益强化，此后各国联合护航、打击印度洋海盗成为国际安全治理中的重要内容，印度洋也因此更为世界所关注。当然，相对于非传统安全问题，大国不断调整自身的印度洋战略、优化在印度洋的战略存在等大国博弈态势，才是印度洋战略地位提升的最为重要的方面。

（二）到目前为止印度洋并未构成全球政治经济之“中心舞台”或“战略重心”

随着“印太”概念勃兴，近年来印度洋构成21世纪“中心舞台”的论点不胫而走，更是被中国学者加以广泛援引用来证明印度洋的战略地位以及中国缔造自身“印度洋战略”的紧迫性。

然而，国人对印度洋地区在国际社会现实中的战略地位仍需要一些更深入的观察和思考，固然需要重视印度洋地区战略地位的提升，但也不能过分夸大印度洋的战略地位。其实，倘若印度洋地区已如此之重要，战略地位已经处于世界政治经济体系之重心，那么美国近年来的战略调整为何不干脆称为“重返印度洋”或“印度洋再平衡”，而要界定为“重返亚太”，大搞“亚太再平衡”？印度的地缘战略设计又为什么还要以“东向战略”剑指亚太？而俄罗斯显然也并没有对印度洋表现出十分积极的战略关切，固然可以解释说这是地理限制及其自身战略能力之缘故，但如果印度洋是全球政治经济的“中心舞台”，难道是俄罗斯这个有着全球视野的不容忽视的大国现在宁愿被边缘化？

固然，对印度洋区域的域外联结性和影响力在快速提升的事态必须承认和重视，然而认为印度洋地区已经处于全球政治格局和经济体系之核心地位则显得“激进”。国际社会的现实状况并不乏推翻印度洋已成为全球政治经济之“中心舞台”或者“地缘重心”这类论断的客观依据。不论是从经济层面、政治层面的现状分析还是未来展望看，印度洋地区都难以成为名副其实的“战略重心”或“全球政治经济重心”。

从经济层面来看，据国外学者 Christian Bouchard 和 William Crumplin 的统计数据，印度洋地区总面积为 102000000 平方公里（2/3 为海洋，1/3 为陆地），占全球面积的 20%；2009 年人口为 26.5 亿人，占世界人口的 39.1%。然而按购买力平价比计算的生产总值为 100813 亿美元，仅占世界的 15.4%；国际贸易总额为 45440 亿美元，仅占世界的 14.2%。[①] 分析这组数据很容易发现，虽说印度洋地区拥有近四成的世界人口，但是该地区的国际贸易总额不足世界的 1/7，显然它并不具备构成全球经济中心所需的经济体量规模。

再从政治状况来看，印度洋区域显然也并不具备构成全球政治中心的国

---

① Christian Bouchard and William Crumplin, “Neglected No Longer: The Indian Ocean at the Forefront of World Geopolitics and Global Geostrategy”, *Journal of the Indian Ocean Region*, Vol. 6, No. 1, June 2010, pp. 33 - 34.

际权势基础，对相关重大国际议题更没有什么话语权和主导议程的能力。其一，印度洋地区在地缘政治方面表现出“破碎地带”属性①；其二，域内区域及跨区域政治经济合作困难重重，缺乏有效机制，环印度洋区域合作更多只是“一张画饼”②；其三，印度洋地区常常也被认为是当今世界上问题丛生和相当危险的区域之一③，落后和混乱仍然是大部分印度洋地区的明显特征；其四，南亚和印度洋区域并未成为全球主要战略体地缘战略的重心。鉴于此，中国学者叶海林认为，“或许可以将南亚及印度洋区域描述为‘未来可能重要的区域’”④，言下之意强调了绝不是现在。

美国相关学者关于印度洋已成为或即将成为21世纪的“中心舞台”之论断，本质上只是其为“美国权力的未来”所预想的一种战略环境，或者说是卡普兰等人针对中印崛起带来的变化，为配合论述其战略主张的一种自圆其说。⑤ 卡普兰认定印度洋将成为21世纪全球竞争的“中心舞台”并判断印度洋关乎美国权力的未来——因为可以控制中东地区、牵制亚太局势、防范中国影响力扩散，所以对美国而言，控制印度洋或许可以构成战略制高点。但是，国外学者基于自身视野大谈特谈印度洋重要战略意义和严峻挑战时，中国学者需要以战略理性认清其立场和战略考量，并且对此类论断应有自己的学理辨识，而不是人云亦云。

---

① 即“印度洋沿岸的东南亚、中东和东非作为政治地理区域，由一些较小的国家组成，没有一股大的力量能把它统一为一个地缘政治实体”。参见刘新华《论中印关系中的印度洋问题》，《太平洋学报》2010年第1期。

② 叶海林：《南亚及印度洋地区战略态势评析》，载汪戎主编《印度洋地区发展报告(2014)》，社会科学文献出版社，2014，第39页。

③ 石志宏、冯梁：《印度洋地区安全态势与印度洋海军论坛》，《国际安全研究》2014年第5期，第103页。

④ 叶海林：《南亚及印度洋地区战略态势评析》，载汪戎主编《印度洋地区发展报告(2014)》，社会科学文献出版社，2014，第32页。

⑤ 比如卡普兰为英国《金融时报》撰写的《全球化：美国海军的角色》一文指出：“美国海军拥有346艘战舰还是拥有250艘战舰，是一种世界秩序与另一种世界秩序的差别，这种差别是一种天壤之别。”文中还指出，“一旦美国海空军丧失了其支配地位，中国、印度、俄罗斯、日本等国家的博弈将变得更加尖锐，因为这些国家的不安将比现在更加严重”。转引自胡娟《印度洋研究：议题与问题——基于对国内外印度洋研究文献的评介与思考》，《云南民族大学学报》（哲学社会科学版）2014年第2期，第5页。

四 “一带一路”在印度洋方向的地缘风险

从历史进程观察，今天的印度洋地区，进入了一个十分特殊而且微妙的历史发展阶段，不仅正遭遇国际体系结构渐变的牵引，而且经历着印度洋和太平洋海洋秩序重构的洗礼，加之域内固有的地缘政治经济特征，这种特殊时期的特殊地缘环境，也为“一带一路”的建设与推进带来了相关地缘风险。

（一）印度洋海上通道安全问题并不是主要的地缘风险

近年来，中国在印度洋呈现积极进取的战略新姿态，相关“中国与印度洋”课题研究在区域战略研究以及国家海洋战略研究中的地位不断提升，“经略印度洋”已成为当前中国国际战略的一个新注目点。然而，无论如何，首先需要明确的是，即便印度洋战略地位上升，中国在印度洋方向日益积极进取，印度洋方向也只是中国地缘战略的一个次要方向。当然，即便印度洋方向只是作为次要战略方向，“一带一路”在此的建设与推进也是具有其战略意义的。与此同时，有必要指出，印度洋海上通道安全问题不是“一带一路”建设在印度洋地区所面临的主要地缘风险。

长期以来，诸如“马六甲困境”、“海上生命线”风险、海外能源供应、运输安全等问题一直是国人关注印度洋的重要原因，也是许多学者研究的首要着眼点。在很大程度上，如何对此类问题出谋划策从而增进中国的战略利益，构成了相关学者研究的驱动力。在大部分讨论印度洋安全问题的国内文章中，对印度洋战略环境严峻、中国战略利益面临紧迫挑战的判定，确实颇具代表性。许多学者用以支撑上述观点主要基于两个方面的背景：第一，印度洋是世界重要咽喉水道相对集中汇聚之所在，也是世界油气资源最为富集地带之所在；第二，中国石油进口和海外贸易的一些重要运输线路需要通过印度洋。上述两种背景下，在一些论述中，“马六甲困境”似乎从来就是个不证自明的问题，海上交通线似乎亘古不变地处于制海权拥有者或占据战略要塞者的威胁之下，而中国能源供应被中断似乎就像关闭水龙头或者捏紧医疗输液管一样简单，针对中国的“袭商战”似乎就在眼前。

然而，第一，在当今社会，印度洋战略通道“危险论”是经不起逻辑推敲的。

首先，印度洋通道的重要性是毋庸置疑的，但是一个事物的重要性与不安全性是没有必然联系的。举例而言，银行把握着国家的经济命脉，十分重要，但一般而言，银行甚至是一国安全系数最高的地方。所以，在当代社会，战略通道重要但并不等同于战略通道必然危险。其次，印度洋通道的重要性与它能否构成战略手段也是没有必然联系的，战略通道重要并不等同于战略通道在实现中具有可以用之针对竞争对手的战略价值。换言之，一个事物的重要性与其能否构成战略手段也是没有必然联系的。

尤其是在当今国际社会，一种因素的重要性映射到其作为战略手段的战略价值，不仅需要客观条件，而且要符合国际法理。固然，在经典的海权理论或海战理论中，海上战略通道的战略价值向来被推崇。比如马汉的“海权论”以及朱利安·科贝特的《海军战略的若干原则》一书中都曾强调海权国在战时以制海权控制战略通道具有决定性意义①；而卡斯泰的《战略理论》② 则认为对于海权薄弱的国家而言，破坏海上交通线如“袭商战”具有

① 〔美〕阿尔弗雷德·塞耶·马汉：《海权对历史的影响：1660—1783》，一兵译，同心出版社，2012，第 1 ~ 10 页；Julian Corbett, *Some Principles of Maritime Strategy*, London: Longnians, Green & Co. 1911, p. 38.

② 法国海军战略家卡斯泰在世界范围内被公认为继马汉之后的伟大的海军战略家、理论家，在《战略理论》里，他将“传统海权理论”和法国“青年学派”的海权理论进行整合和创新，并在制海权和战略机动方面形成了自己的成熟主张，堪称近代海权弱势国家或大陆性国家海权运用的战略指导。他的战略理念对后世德国、苏联，以及拉美国家如阿根廷、巴西的海军军事思想都具有深远影响。Castex, Admiral Raoul (Frence Navy), *Strategic Theories*, Paris: Societe d'Editions Geographiques, Maritimes et Coloniales, Reprint, Translated and Abridged with an Introduction by Eugenia C. Kiesling, Annapolis, Md.: Naval Instutite Press, 1994.

重要战略价值。但是，在早已远离近代海洋战争场景的当代国际社会和平时期，在很大程度上，战略通道对于当代国家的战略价值，即使不是一个“悖论”①，也需要用新眼光去审视。在和平时期，印度洋战略通道的重要性并不能简单地被理解为战略通道具有可以用之针对竞争对手的战略价值。例如，我们承认美国基本上掌握了印度洋的制海权，但美国显然也还不能对战略通道这样的全球公域随心所欲，因为当代社会有足够的制约力量。再如，从日本到印度洋，需要经过邻近中国的大片海域，但如果不是战争爆发，在和平时期中国将阻止航线通行作为针对日本的战略手段同样是不可想象的。

在战争时代，对海洋通道的控制无疑是重要的，但是在和平时代，这已经不符合客观战略形势。对依赖印度洋航线的诸多国家而言，彼此的脆弱性并无太大差别。基于印度洋通道对中国的重要经济意义，现在有许多论述认为中国的印度洋航线处于危险之下，不过以这样的逻辑来判断，日本、韩国、印度等，哪一个国家的印度洋航线不处于危险之下呢？事实上，在这种状况下，印度洋战略通道的国际重要性和脆弱性反而有助于各方形成安全共识或者令任何一方不会轻举妄动。固然一个国家要想凭一己之力去控制漫长的印度洋航线很难，但是一个国家如果要实施报复的话则大有可能凭一己之力集于某一个点上而中断整条航线。在现实国际社会中，国家间相互依存而又互有威慑的复合型相互依存关系几乎为一种常态。如此，印度洋航线的重要性和表面显见的脆弱性反而会提升其自身安全系数。

所以，对当代中国而言，印度洋特殊的地理联通性以及印度洋区域所关联的能源供应，其战略意义和战略要求并不意味着中国必须发展出足以抗衡美国的海权力量，去争夺印度洋之制海权，又或者紧张于印度海军发展，为印度航母的下水而不安。正因为这些海上通道如此重要、水域要塞如此脆弱，那么中国只需有限存在于此，便足以产生威慑效果。实际上，印度洋危

---

① 叶海林指出，“所谓印度洋海上通道安全的战略价值实际上是一个悖论”。参见叶海林《南亚及印度洋地区战略态势评析》，载汪戎主编《印度洋地区发展报告（2014）》，社会科学文献出版社，2014，第30页。

险与否，不仅在于外界战略环境，而且与中国持有的战略理念、确立的战略目标以及具备的战略能力相关。中国以和平、合作的参与者身份进入印度洋，自身处境并不会那么危险。倘若中国要在这些敏感区域寻求制海权，或者去控制某战略要塞，对外界刺激过于强烈，就有可能适得其反，如果形成“安全困境”，势必让印度洋危险预言自我实现。

第二，对中国而言，印度洋战略通道“危险论”是经不起事实检验的。

印度洋战略通道“危险论”，不仅与中国建设“21 世纪海上丝绸之路”的立项事实不符，而且与中国的海外利益不断增长以及印度洋战略航线几十年来一直保持通畅的客观历史都是相悖的。

首先，过分强调印度洋危险，与中国的印度洋战略航线几十年来一直保持通畅的客观事实是相悖的。迄今，除了印度洋大海啸外，中国在印度洋航线并没有被任何势力人为恶意中断的先例。对中国而言，倘若印度洋如此危险，既有战略航线如此不安全，中国战略利益状态如此紧迫，而中国战略能力又相对不济，那么中国既有的巨大海外利益从何而来？又如何还能不断增长？

其次，当前国际社会最为瞩目的一个战略议题可能莫过于中国所倡导的共建“一带一路”，但倘若印度洋如此危险，既有战略航线如此不安全，中国战略利益状态如此紧迫，而中国战略能力又相对不济，那么当前中国以互联互通为基础的“一带一路”倡议又何以立论？不难推测，如果印度洋一直危机四伏，那么中国倡导的“互联互通”建设显然不具备安全前提，如果既有海陆通道已经处于巨大安全风险下，“一带一路”不啻为空中楼阁，而中国以及相关国家要为此投入巨量资金显然就是不负责任的儿戏。如果战略通道安全问题已如此紧迫，那么强调军事力量的运用和布局就显得极端重要，而期望主要依靠经济手段促进共同发展和互利共赢就显得临渊羡鱼或是南辕北辙。

认为中国主要是因印度洋危险而进入印度洋的因果判断，也不符合趋利避害的基本逻辑，因为如果印度洋区域内处处枪林弹雨而安全环境全面失控，中国要做的其实不是进入印度洋，而是要尽快撤离其间，即使进入也只应是维和部队的行动，比如近年来利比亚以及也门局势动荡，在现实地区威胁面前，中国选择主动撤侨——这是避害的逻辑。

卡普兰说，“美国权力的未来在于印度洋”，如果说中国权力的未来也在于印度洋，可能并不会让人信服，而一些学者希望中国在地缘政治经济意义上“成为一个印度洋国家”[①] 恐怕也很难实现。

（二）“一带一路”印度洋方向的两大主要地缘风险

在印度洋地区，一方面，全球主要大国在印度洋地区都有各自不同的战略利益或经济利益，它们围绕相关战略目的，纷纷在此纵横捭阖，优化自身在印度洋的存在，塑造有利于自己的战略态势；另一方面，域内动荡混乱、贫富分化、矛盾众多、传统安全与非传统安全问题交织成为本地区的一大明显特征。上述两个方面在印度洋地区并行不悖，故而地区事务复杂而域外大国积极介入也成为显而易见的常态。而这种常态，构成中国“一带一路”印度洋方向具体的地缘风险的主要来源。换言之，大国深度介入地区事务并将印度洋方向作为遏制中国影响力的重要方向之一，使国际体系层面大国结构性矛盾地区化。与此同时，区域内地缘政治生态复杂而脆弱，必然带来不稳定性和多发、突发的地缘政治事件。正是这两者构成了中国“一带一路”印度洋方向所面对的最主要的地缘风险。

1. 相关地缘风险案例回顾

在展开分析之前，不妨回顾一下相关地缘风险案例。2009 年 12 月，由中国电力投资集团承建的密松水电站项目正式开工建设。2011 年 9 月 30 日，缅甸突然单方面宣布搁置密松水电站项目，而事件背后是以美国为首的西方国家的煽动。[②] 2011 年，利比亚国内局势恶化，中国海军护航编队赴利比亚海域执行了第一次撤侨任务。2015 年 3 月，也门动荡，中国海军护卫

---

① 陈迎春：《论印度洋与中国海洋安全》，《中国石油大学学报》（社会科学版）2012 年第 6 期，第 42 页。

② WikiLeaks Cables，“Americans Funded Groups that Stalled Burma Dam Project”，http：//www.theguardian.com/world/2011/sep/30/us - embassy - cables - burma - myitsone - dam.

舰停靠也门港口亚丁，开展第二次撤侨行动。利比亚、也门形势动荡，与国内政治势力斗争及域外大国的介入有直接关联。虽然中国海外公民的人身安全因撤侨行动而得到保护，但中方企业仍然在这些突发局势中蒙受损失且难以挽回。

2015 年 1 月，在斯里兰卡总统大选中被认为“亲华”的拉贾帕克萨“意外”落败，而西里塞纳新政府上台伊始首访印度，同时叫停由中国交通建设集团参与投资的科伦坡港口城项目，此背后印度因素的影响已经昭然若揭。

2015 年 1 月 14 日，缅北局势因武装冲突在平静了两年后再次紧张。[①] 现在，不少分析认为，国人对缅甸成为中国开拓印度洋的出海大通道的期望或许很难成真——一方面是缅甸这种反复动荡的形势使然；另一方面是美印等国针对缅甸的特殊战略位置纷纷调整与缅关系，也扩大了缅甸外交选择的空间。

事实上，近年来印度加大了与缅甸各方面的合作力度，如在缅甸的实兑港开发工作，又如在缅甸的民生方面提供低息贷款，早在 2011 年印度便宣布“向缅甸提供 5 亿美元贷款，帮助其发展灌溉工程等项目”。2017 年莫迪总理访问缅甸内比都期间，宣布印度对缅甸公民提供免签服务，印方表示要致力于扩大与缅甸的空中、陆地和海上航线，以加强与缅甸的贸易联系并建立印度至缅甸的天然气管道。在罗兴伽难民危机爆发之际，印度总理莫迪于 2017 年 9 月高调访缅，印媒宣扬“印度才是缅甸真正的朋友”，并毫不避讳地称印度发展印缅关系是为“制衡中国影响”。[②] 2018 年 12 月，印度宣布将向缅甸赠送 6 架教练机及派遣技术人员赴缅，以最大限度地帮助缅甸发展，被视为两国友好关系的见证。[③] 诸如此类的事态，应该引起中国重视。

---

① 殷浩：《当今印度洋的新形势及对中国印度洋战略的思考》，《安徽行政学院学报》2015 年第 5 期，第 57 页。

② 《BBC：印度与中国同为缅甸邻国，谁与缅甸关系更近?》，搜狐网，2017 年 9 月 16 日，https：//www. sohu. com/a/192343278_ 402008。

③ 《印度老旧教练机型刚发生坠机事故，现在转手送给缅甸 6 架》，《环球时报》2018 年 12 月 3 日。

这些地缘风险背后有两条主线：一是国际体系层面大国结构性矛盾的地区化；二是地区本身以及大国介入共同造就的地区内复杂而脆弱的地缘政治生态。

2. 国际体系层面大国结构性矛盾的地区化

事实上，在地缘政治强势回归以及经济全球化深入推进的当今时代，那些具有全球视野的战略体显然无法忽视印度洋地区基于地理联通性和资源富集性而带来的经济利益与战略价值，也无法忽视印度洋区域内战略力量盛衰起伏所带来的机遇或风险。现实中，相关大国不断更新对印度洋的战略认知，调整自身的印度洋战略，优化在印度洋的战略存在；域外大国将印度洋方向作为遏制中国的重要方向之一，由此国际体系层面大国结构性矛盾——包括国际体系层面体系主导国（美国）与崛起国（中国）的结构性矛盾，以及崛起国的追赶者（印度）与崛起国（中国）的结构性矛盾——映射到地区层面。

在已经开启的“印太”时代，印度洋具有战略价值，主要还是因为其同亚太地区战略态势联系在一起。确切地讲，印度洋的战略意义，已经同防范中国崛起联系在一起，这成为“印太”概念勃兴的主要战略着眼点。2013 年，澳大利亚印度研究所（Australia India Institute）推出长篇报告《印度洋地区：21 世纪的安全、稳定和可持续性》①，认为美国、印度、澳大利亚以及中国等战略体是影响印太地区均势变换的主要因素，但其提出的建立在海洋地区主义（Maritime Regionalism）基础之上培育印度洋集体安全的新模式，将中国排除在外并成为事实上的针对对象。而本身对中国在印度洋存在充满戒备的印度，在特朗普政府“印太”概念的激励下，不仅强化了与美国合作制衡中国的信念，近年来与美国的防务合作也取得了历史性突破。因此，确切地讲，中国在印度洋方向面临的大国博弈所带来的战略风险主要来自美国因素和印度因素。

---

① Dennis Rumley, eds., “The Indian Ocean Region: Security, Stability and Sustainability in the 21st Century”, Melbourne, Australia India Institute, March 2013.

其一，美国“印太”战略对中国“一带一路”建设在印度洋方向构成强大战略牵制——体系主导国与崛起国结构性矛盾的地区化。

2017年1月20日，特朗普宣誓就职，美国正式开启“特朗普时代”。特朗普执政以来，在表面凌乱的外交风格的掩盖下，实则延续了奥巴马“亚太再平衡”所开启的“印太”战略视角以及将印度作为“印太”战略资源的重要增量来打造“亚洲北约”的战略思路。在接受并翻炒“印太”概念之上，特朗普的“印太”战略在2017年末已逐渐浮出水面。

借亚洲之行热推“印太”愿景。2017年末至2018年初，特朗普首份全球战略性文件《国家安全战略报告》①、美国国防部新版《国防战略报告》②以及《核态势审议报告》③ 接连密集发布，而其中的“印太”叙事的核心要义乃强调中国不仅已成为对美国带来权力挑战的主要战略竞争者，而且已构成威胁印太地区和平稳定与经济秩序的修正主义因素。作为应对，美国需要联合盟友及新伙伴，通过权力制衡与制度约束双管齐下，将中国崛起既规制在由美国主导的安全秩序下，也规制在由美国主导的国际机制与制度框架内，从而维护和拓展美国的地缘政治与地缘经济利益，并护持其全球霸权。

随着《国家安全战略报告》《国防战略报告》《核态势审议报告》等重要文件的出台，特朗普政府基本上完成了战略缔造的关键内容。这些关键内容包括对核心国家利益再定义、对战略环境重新评估、对战略对手重新界定、对战略目标重新设立、对同盟治理提出新思路以及明确美国军事改革相关规划等，由此，特朗普政府“印太”战略的整体框架和主要内涵基本上明晰。

2017年12月18日特朗普提交的首份《国家安全战略报告》围绕美国

① White House, “National Security Strategy of the United States of America”, December 2017, http://www.informationclearinghouse.info/article2320.htm.

② U.S. Department of Defense, “National Defense Strategy”, https://www.defense.gov/Portals/1/Documents/pubs/2018 – National – Defense – Strategy – Summary.pdf.

③ U.S. Department of Defense, “The Nuclear Posture Review Report”, https://www.defense.gov/Portals/1/features/defenseReviews/NPR/2010_ Nuclear_ Posture_ Review_ Report.pdf.

的安全、繁荣以及在世界上的地位这一核心议题，定义了美国的“四个核心国家利益”：保护美国人民和国土安全、促进美国繁荣、以力量求和平以及扩大美国影响力。报告将中俄、伊朝以及国际恐怖主义列为美国面临的三大主要挑战，称中国和俄罗斯为主要的战略竞争者，伊朗和朝鲜是“流氓政权”，它们与企图对美国发动攻击的国际恐怖组织共同构成美国安全所面临的三大威胁来源。[①] 紧随其后，《国防战略报告》[②] 指出，“国家间的战略竞争现在是美国国家安全的首要问题，而非恐怖主义”，并专门提及“中国作为战略对手，以掠夺式的经济活动胁迫其邻国，同时在南海实施岛礁军事化”。[③]

不难发现，特朗普对奥巴马外交遗产有所扬弃，但对印太地区的战略关切、对华事务的基本立场、对印度战略角色的基本设定、对“离岸平衡手”战略传统的继承，以及对伙伴关系管理与安全责任分担的强调，都有相对确定的趋势。在整个“印太”空间内，“印太”战略尤其强调军事力量的绝对优势以及提升战略威慑的有效性，事实上正在激发大国间的军备竞赛和制造安全困境；而强化同盟体系，美国不是在打造一个自由开放的“印太”，而是在构建一个分裂与对抗的“印太”，其剑指中国，对中国“一带一路”在印度洋方向的建设与推进也构成强大战略牵制。

其二，印度积极寻求防范与反制中国在印度洋的存在——体系崛起国与其追赶者的结构性矛盾的地区化。

正如有学者所指出的，“中印均由海洋大国崛起为海洋强国，海洋利益和力量同步延展，在印度洋－太平洋海域出现互动。这种互动既有维护通道安全、打击海上非传统安全威胁等共同利益，也有因战略互信缺失而引发的

① “National Security Strategy of the United Statesof America”, December 2017, http://nssarchive.us/wp-content/uploads/2017/12/2017.pdf.

② U.S. Department of Defense, “National Defense Strategy”, https://www.defense.gov/Portals/1/Documents/pubs/2018-National-Defense-Strategy-Summary.pdf.

③ *National Defense Strategy*, p.1.

海上安全竞争，中印在印度洋－太平洋的‘海上竞争弧’隐现”。[①] 尽管中国并未将印度树立为战略对手，南亚地区甚至仍是中国周边外交的一块洼地，印度洋方向也只是中国的一个次要战略方向。但是，当前一个不可否认的事实是，中印两国的地缘战略布局正在陆地和海洋两大地理方向同时展开，呈现陆海交叠、迎头相撞的态势。

当前中国地缘战略布局主要是围绕“一带一路”而展开陆海统筹的全方位对外开放新布局，而印度地缘战略布局则是以南亚为中心，辐射印度洋，主要面向东、西两大战略方向拓展的综合性布局。就“一带一路”图景与印度地缘战略布局来看，两者已然不期而遇。

随着“一带一路”倡议的全面推进，中国因素已经并将继续对南亚乃至环印度洋相关国家和地区形成强大吸引和推动。而在印度的一系列地缘战略布局中，包括经营南亚周边的“邻国第一”睦邻政策、联通中南半岛与密切同东南亚国家的“东进战略”，以及打造联通非洲“亚非增长走廊”、经略印度洋的“季风计划”“海洋花环计划”“蓝色经济计划”等，都隐含希望稀释或阻止中国地缘影响力扩张的战略逻辑。事实上，正如前文所提及的，在印度看来，如何应对中国的“一带一路”，不是一个简单的外交表态问题或者一项纯粹的经济决策，而是一个事关地缘战略及大国博弈的问题。基于认为中国新一届领导人的外交努力和“一带一路”倡议布局看上去或将不可避免地稀释印度的地区优势，印度地缘战略布局即便不是全部针对中国，也有较多对冲中国影响力扩散的用意。

中印在陆地方向的战略相遇，主要体现为中国主导的丝路经济带在陆上向西而进，包括中巴经济走廊、孟中印缅经济走廊等平台及其构件，都与印度的势力范围和周边战略在地理区域有相关交叠。现在，不仅是中国促进同南亚区域合作的诸多外交努力正与印度政府强化自身在南亚地区主导地位的“邻国第一”周边政策迎头相撞，在边界问题、巴基斯坦问题上，以及在涉

① 楼春豪：《印太视域下的中印海上安全关系》，《边界与海洋研究》2018 年第 5 期，第 61 页。

不丹、尼泊尔、孟加拉国等国的基础设施建设、经贸合作等相关事物上，中印之间已经有了诸多带有博弈色彩的内容。

中印海洋方向的战略相遇，主要体现为“21 世纪海上丝绸之路”与印度的海洋安全战略存在战略竞争。在海洋方向，“21 世纪海上丝绸之路”可视为中国海洋战略的“生长点”，“一带一路”建设可视为中国地缘战略的“再平衡”，作为中国和平崛起的“谋势举措”和“博弈先手”，其将为“中国梦”的实现提供助力。[①] 但是，伴随中印两国对海洋利益以及发展海上力量的日益重视，在“印太”空间，彼此在对方“利益攸关”“安全攸关”海域的存在都明显增强，加之中印关系中固有的历史恩怨、领土争端、巴基斯坦因素等，印度的对华战略互疑自然延伸到了海洋战略空间。中国在瓜达尔港、科伦坡港、汉班托塔港的项目建设，中国潜艇在印度洋的活动，中国在吉布提的后勤保障基地建设，以及巴基斯坦向中国购买潜艇，此类事态都激发了印方的强烈焦虑。

在战略认知上，印度认为中国正在西太平洋 - 印度洋关键位置建设有关战略支点，谋求权力投射。不少印度学者以及政府官员认为中国以“珍珠链”而增强印度洋海权，所以在现实对华海洋战略反制层面，2014 年莫迪政府上台后，印度海洋安全战略出现较大幅度调整，并集中体现在 2015 年版的《确保安全海洋：印度海洋安全战略》中。[②] 此外，近年来，一方面，印度通过“东进战略”扩大同东盟国家的经济联系，为印度经济发展谋求东向空间；同时在积极互动中拉近同美日的战略关系，并借机加大了与越南、印度尼西亚等国的军事交流与合作力度，通过对外借力和布局调整以平衡中国在“亚太”空间的影响力。另一方面，在印度洋方向，印度积极提升自己的战略能力和影响力，旨在确保自身在印度洋的优势地位。

---

① 冯传禄：《“战略透支”抑或“战略生长”——对中国“西进”印度洋的定性分析》，《印度洋经济体研究》2017 年第 5 期，第 23 页。

② 楼春豪：《战略认知转变与莫迪政府的海洋安全战略》，《外交评论》2018 年第 5 期，第 101 页。

3. 地区内复杂而脆弱的地缘政治生态

在国家层面，印度洋地区长期存在极易诱发社会与政治紧张情势的当地因素，诸如国家普遍贫穷和民生艰难、政府治理能力薄弱或缺乏民主、社会中激进主义思想与恐怖主义行为盛行、地区间的资源争夺、人口众多以及生态环境恶化等。与此同时，在族群层面，不仅在民族组成和宗教信仰方面极具多样性，而且往往深受相关历史遗留问题影响，令不同族群对异质文化不宽容。这些因素的共同作用使环印度洋地区国家的国内矛盾呈现得异常复杂，而社会关系结构比较脆弱。除此之外，历史上大国的多次介入也导致出现了一大批所谓的“失败国家”。

“一带一路”在印度洋方向的建设与推进，事实上正深入接触这个“复杂的谜团”，而印度洋地区这种复杂而脆弱的地缘政治生态，对“一带一路”建设带来了地缘政治方面和地缘经济方面的风险。

第一，“全球地缘政治的破碎地带”成为地缘政治风险的重要来源地。

近年来，印度洋地区研究逐步成为区域战略研究以及海洋战略研究的热点问题之一。然而，迄今印度洋地区是否构成国际问题研究中的一个地区概念，以及到底包括哪些国家，国内外学界尚有争议。关于哪些国家属于印度洋地区至少有 5 个不同的版本，即 36 个、38 个、51 个、52 个、54 个国家与地区的不同界定。[①] 换言之，在不同学者看来，有些国家如约旦、以色列以及 13 个内陆国家，是否应该归入印度洋地区，尚有不同的处理方式。

总的看来，印度洋地区内大部分国家“集中分布在环印度洋的地理弧带”上，这条地理弧带贯穿东非、中东、南亚、东南亚几大次区域，然而这些次区域地区，无论是政治生态还是社会生态均有显著差异，使其难以成为一个统一政治地理整体。同时，诸如南亚、西亚、北非和东非地区的内部国家都相对弱小，它们在政治、人口、文化、经济和环境方面存在巨大的多样性——在这种由众多较小的国家共同体现出来的多样性和差异性之下，一

① 刘鹏：《印度洋地区研究的文献综述》，《南亚研究》2015 年第 2 期，第 140 页。

个对应结果就是所在地区的一体化程度十分低下，区域内的经济发展和安全合作都严重滞后于世界其他地区。在这里，复杂的国家关系和国家内部争斗，以及脆弱的社会关系结构不仅带来了国家混乱与族群危机，而且便利了外部势力的介入。

从大多数地区国家的现状来看，环印度洋国家在经济层面有着不同的发展水平，整体上相对落后，不少地区存在大面积的贫困，发展问题在目前及未来长时期内对地区国家而言是至关紧要的问题。这体现在整个区域的一些经济数据上，该地区以全球近四成的人口数量，贡献了约 1/7 的全球产值和约 1/7 的贸易量，其中大部分还是石油领域贡献的产值和贸易额，这些统计数据无论如何都令人担忧。发展问题在目前及未来长时期内对地区国家而言至关紧要（在很大程度上，也正是这一点决定了大多数印度洋地区国家对中国“一带一路”建设整体上是持欢迎态度的）。根据联合国开发计划署（UNDP）发布的“人类发展指数”（Human Developing Index，HDI）报告，2017 年在印度洋地区国家中，除了澳大利亚（HDI 为 0.939）在世界 189 个国家和地区中排名位于挪威、瑞士之后居第 3 位外，阿拉伯联合酋长国（HDI 为 0.863）排名第 34 位，卡塔尔（HDI 为 0.856）排名第 37 位，沙特阿拉伯（HDI 为 0.853）排名第 39 位，其余再没有进入排名前 50 位的印度洋地区国家。超出世界平均人类发展指数的，也仅有阿曼、马来西亚、毛里求斯、塞舌尔、斯里兰卡等国，其余国家的指数都在世界平均人类发展指数之下，如巴基斯坦的 HDI 为 0.562，列第 150 位。[①] 而在排名最后的 30 个国家中，除了非洲内陆国家，几乎全是印度洋非洲沿岸国家。由此可见，该地区国家间社会发展、经济水平极为分化，仅有少数国家十分富裕，大多数国家普遍存在贫穷落后和就业不足问题。

在上述背景下，随着中国日益扩大在印度洋地区存在，本身就越发容易陷入伊斯兰世界的内部冲突、地区纷争之中。同时，地区内政权更迭、势力

---

① United Nations Development Programme, “Human Development Data (1990 – 2017)”, http://hdr.undp.org/en/data.

争夺及族群矛盾，也会诱使各种势力对中国因素加以正反利用；而地区形势又容易受到外来干扰及内部变动的影响，也极易波及中国在此的相关投资和项目建设。因此，在印度洋地区，中国如何同地区国家深入发展互信关系与战略合作，同时避免陷入地区内历史恩怨与现实矛盾交织的泥潭，是中国所面对的一项重大挑战。印度洋地区内部复杂而脆弱的地缘政治生态是中国“一带一路”建设势必将长期面对的一项地缘风险。

第二，地缘经济方面所面临的相关挑战和风险。

环印度洋地区内经济环境有三种值得重视的变化，给“一带一路”建设带来了挑战。其一，地区国家对国际合作的政策变化。其二，大国在此的经济竞争较以前更加激烈，而中国的项目合作、投资活动受到一定挤压。其三，基于以前的经验总结，美国等域外大国开始在人权、民主等意识形态方面减少道德指责，并务实性地转为经济利益诉求，积极参与对地区国家的投资竞争、项目招标竞争，乃至炮制出“债务陷阱”“新殖民主义”等话语来污蔑作为竞争对手的中国的国际形象，对“一带一路”项目给出不符合实际的负面评估。不少美国智库机构，如战略与国际研究中心（CSIS），都是以美国的国家利益为出发点来看待“一带一路”倡议实施以来的成就与问题的。即便是对外政策方面的主张已经变得比以前温和，CSIS 在 2018 年 7 月 25 日发布的“重新连接亚洲项目”报告也认为，“‘一带一路’倡议主观上是服务中国的经济利益，客观上也确实使中国受益匪浅，主要是增强了中国与‘一带一路’伙伴国的联系，收获了不少政治红利；对美国而言，真正值得担忧的地方在于这一由中国开启的新型全球化运动，将在很大程度上采取不同于西方制定的全球化规则，导致对美国主导下的全球经济体系进行重构，致使美国丧失现有的权势”。①

缘于印度洋地区国家经济基础的差异性，存在相关的投资和贸易壁垒。同时，中国与印度洋不少国家还缺少投资和贸易的相关保护协定，由此带来

① CSIS，“China's Belt and Road Initiative：Five Years Late”，January 25，2018，https：//www.csis. or. id/publication/chinas－belt－and－road－initiative－five－years－later/.

了地缘经济方面的三种相关风险。首先是投资方面的挑战和风险。印度洋地区不少国家经济增长缓慢或者市场发展不成熟，市场潜力理论上巨大，但现实中仍比较有限，带来相关投资风险。第一，投资回报不足的风险；第二，一些国家的债务无法偿还风险；第三，既有投资形成了“人质效应”，需要源源不断地增加投资，而撤资则意味着前功尽弃。其次是国际贸易方面的挑战和风险。中国同印度洋地区国家有着普遍的贸易失衡。贸易失衡体现在地域、贸易结构、国际收支等方面。最后是项目合作方面的挑战和风险。环印度洋地区主要依靠资源产业，其他工业相对落后。除了沙特阿拉伯、卡塔尔、阿拉伯联合酋长国这类富裕的石油国家，多数印度洋地区国家的基础设施建设十分落后，这就限制了相关项目落地和推动合作进程。而且基础设施的投资需要大量资本，建设周期一般也较长，较难在短期内有很大改观，所以中国也不宜铺面太广。此外，达成意向的项目投资和项目建设，如果不能较快改善就业和民生，又或者出现生态问题、环境问题、产品市场竞争，当地民众往往迁怒、归咎于中国企业，而不是反思本国政府、职能部门的组织不利和治理缺失。

第三，中国在印度洋地区面临的文明冲突方面的地缘风险相对较小。

从印度洋地区内大规模的文化特征来看，环印度洋沿岸“几乎涵盖了整个伊斯兰世界（即便是作为世俗国家的印度，也拥有占人口总数11.4%的穆斯林），所以这是一条伊斯兰之弧（Arc of Islam）”。① 这里的伊斯兰世界涵盖从东非海岸至东北非、整个中东和南亚及东南亚的大片区域，穆斯林文化构成了印度洋地区最大规模的文化特征。与这种大规模文化特征共存的是，“这里拥有成千上万的种族群体、部族以及千差万别的语言和宗教（派别），由此产生的冲突成为许多国家政治生活中的一个常见现象”。②

需要承认的是，“一带一路”在印度洋方向的建设与推进，事实上突破

---

① 宋德星、白俊：《“21世纪之洋”——地缘战略视角下的印度洋》，《南亚研究》2009年第3期，第34页。

② 石志宏、冯梁：《印度洋地区安全态势与印度洋海军论坛》，《国际安全研究》2014年第5期，第106页。

了不同文明的交界线，同时中国在与伊斯兰文明进行交流与互鉴时，也难以彻底回避异质文明间的一些差异乃至摩擦。但是，需要指出的是，中国面临的文明冲突方面的地缘风险相对较小，而当前伊斯兰世界与西方世界的文明冲突才是真正的文明冲突。

五　结论

在中国崛起的全局中，就战略利益轻重缓急的排序而言，印度洋方向仍需要定位为次要战略方向，太平洋方向乃是中国真正的核心利益区和地缘战略重心。对“一带一路”在印度洋方向的建设与推进而言，一方面，印度洋地区地缘环境是不得不察、不得不面对之客体；另一方面，从“一带一路”图景设计涵盖印度洋地区伊始，中国自身已经是印度洋地区整体地缘战略环境的一部分了。换言之，外部环境与自身行为策略，共同决定中国在此到底安不安全。

未雨绸缪，未来“一带一路”在印度洋方向的建设与推进所面临的风险与挑战比较可能来自两大层面，即国际体系层面大国结构性矛盾的地区化以及地区层面域内复杂而脆弱的地缘政治生态。首先，若中国太急于强化在印度洋的海权，有可能激化崛起国与体系主导国之间爆发冲突，即所谓“修昔底德陷阱”首先在一个次要战略方向出现。中国在海洋方向上的崛起势头已经引起了现有海洋安全秩序主导国和相关沿岸海洋国家的警惕，担心中国海权的发展与布局实施会导致海洋秩序混乱，于是倾向于遏制中国在海洋方向的崛起势头，而印度洋方向也在其中。同时，中国扩大在印度洋地区存在，也可能激化域内印度洋安全利益攸关者对自身的战略制衡。基于传统“国强必霸”的地缘政治认知以及避免“受制于人”的战略思维，印度洋沿岸一些国家仍旧会倾向于把“一带一路”看作中国的区域扩张计划，或担心自己的地缘政治空间因此受到挤压，又或担心国家经济遭受重大冲击而陷于“依附论”。尤其对于印度而言，虽然所谓中国的“珍珠链战略”并不存在，然而时至今日，这一判断在印度仍有国内市场。印度政府对“21 世纪海上丝绸之路”仍然保持警戒的姿态，对“中巴经济走廊”更是直接公开抗议，对“孟中印缅经济走廊”消极搁置，并出台和推进自身与相关国家的互联互通项目。此外，“一带一路”的建设与推进，还需面对来自印度洋地区中小国家的相关挑战。这些分布在“破碎地带”上的国家，在发展程度、治理模式、民族关系等方面所表现出来的高度复杂性，又容易受到美国“印太”战略、印度地缘政治经济力量的影响，加之相关国家民粹主义浪潮下往往把自身的发展挫折归咎于中国因素，在上述共同因素的作用下，中国欲与它们共建、维护“21 世纪海上丝绸之路”，扩大在印度洋地区存在，必然要付出相关战略成本和更多外交努力。

B.10
澳大利亚印度洋战略的新发展

段皓文*

摘　要： 尽管拥有地区内最长的海岸线和法理上最为广阔的水域管辖权，但对于印度洋地区来说，澳大利亚长期以来并不是一个主要的力量存在，这与其以太平洋方向为重心的海洋战略和外交传统有关。然而，随着美国的“印太”战略、中国的“一带一路”倡议以及印度的大国雄心进一步在这个区域交汇，同时也伴随着澳大利亚自身与该地区经济联系的加深，澳大利亚正在向印度洋地区投入更多的战略资源与关注，从而将对该地区的安全形势与战略格局产生复杂的影响。从体系与单位两个层面看，澳大利亚既有需求也有必要重新审视其与地区内国家以及主要域外大国在印度洋方向的互动方式。在体系层面，澳大利亚注意到美国权势相对下降带来的印度洋地区战略竞争性的提升乃至某种意义上的“权力真空”，以及与此相关的其西部海岸所面临的传统威胁与非传统威胁；在单位层面，澳大利亚国内资源开发与出口向西部转移以及印度洋地区的经济机会也给其带来了重大的机会与效益。当然，澳大利亚对印度洋方面采取的具体政策以及政策落实力度在一定程度上还取决于其复杂的国内政治生态演变，但可以肯定的是，澳大利亚正在并且将持续对印度洋地区的政治、经济和安全形势产生不可忽视的影响，同时也将对中澳关系

* 段皓文，云南财经大学印度洋地区研究中心讲师，博士。

的发展提出新的要求。

关键词： 澳大利亚国家战略　印度洋地区秩序　大国关系

从地缘政治经济理论上讲，澳大利亚无疑是印度洋地区的主要国家之一，它拥有该地区最长的海岸线以及法理上面积最大的专属经济区。澳大利亚的经济发展也在不同程度上依赖于印度洋方向，事实上，澳大利亚的大多数海上贸易，无论是出口还是进口，其线路都需经过印度洋。

尽管其经济和战略利益很大，但澳大利亚往往只是把印度洋视为次要战略区域。作为盎格鲁－撒克逊民族最后建立的国家，澳大利亚一向以太平洋国家（后来是“亚太国家”）作为第一身份认同，这与其历史和人口构成相符。在过去的数十年里，澳大利亚为亚太地区制定了成熟且成功的国家战略，巧妙利用双边和多边平台，支持建立了亚太区域规范和机构。此外，澳大利亚甚至还制定了针对南部海域和南极洲的综合战略，但正如几年前其国内战略学界所明确指出的那样，澳大利亚从未针对印度洋制定过全面的战略，以及安全和经济政策。

然而目前这一形势正在发生微妙的变化。变化的动因首先是体系层面的政治压力，其中最直接的影响因素可能来自美国的政策变化，自特朗普上任以来，一方面开始了美国在全球范围内军事存在的战术收缩，另一方面高调炒作“印太”概念，把身为传统盟友的澳大利亚拉入所谓美日印澳四国安全机制中，使其承担起在印度洋地区的更多安全与经济责任，如此一来，澳大利亚之前放心追随美国的“惰性”政策迅速失灵，必须靠自己拿出一套行之有效的新战略与政策。与此同时，印度的进一步发展和政治雄心的逐渐显现，以及中国方面“一带一路”建设的稳步推进，都使印度洋地区正在甚至已经成为全球大国战略竞争与合作的关键舞台。

从单位层面讲，印度洋地区的经济快速增长，转向该区域自然而然地成为澳大利亚多年来一直奉行的“脱欧入亚”国家方针的下一个战略规划步骤。在过去的近半个世纪里，澳大利亚一直专注于推动与东亚的经济一体化，其目的在于依托东亚（或称亚太）经济飞跃的大势实现自身经济的增长，而今天以印度为主导的一系列南亚沿海国家正在经历经济高增长的阶段或显现出巨大的、潜在的持续增长动力，于是同样的国家经济发展命题又摆到了澳大利亚面前。能否成功融入印度洋地区经济中将在很大程度上影响未来较长时期澳大利亚的经济发展。此外，今天的澳大利亚国家安全还面临来自西海岸方向愈加明显的非传统安全威胁，包括极端主义扩散、非法移民以及印度洋地区国家政治不稳定造成的各类潜在冲击等。

在体系和单位层面动力的交互作用下，对这一区域内的重要国家澳大利亚而言，向印度洋地区投入更多的战略资源和关注已经显得刻不容缓。从澳大利亚当前的一些言行上我们不难看出，这样一种着力于印度洋方向的战略规划和政策转变已经悄然发生。

一　澳大利亚在印度洋地区的客观存在及相关利益

印度洋在很大程度上是澳大利亚的天然战略空间。澳大利亚在地理上是印度洋地区最大的国家，到目前为止，澳大利亚拥有最长的印度洋海岸线（根据国际定义，超过 14000 公里）。澳大利亚的海洋管辖范围仅在印度洋就有约 590 万平方公里，包括一个 388 万平方公里的专属经济区和一个 202 万平方公里的大陆架延伸区。①

从地缘上看，澳大利亚大陆与其在印度洋地区各国之间的距离缓解了澳大利亚对针对本土大陆常规军事威胁的许多担忧。也正因如此，澳大利亚在印度洋的安全主要涉及贸易和其他经济利益的安全以及跨国安全威胁。

澳大利亚的很大一部分财富来自大陆的西部，然后通过印度洋方向出口。在过去的 20 年中，西澳大利亚州已成为澳大利亚经济的重要推动力，

① Bateman & Bergin，“Our Western Front：Australia and the Indian Ocean”，https：//www.mysciencework.com/publication/show/our - western - front - australia - and - the - indian - ocean.

2017年该州矿产和石油的销售总额约为1050亿美元。总体而言，澳大利亚约42%的商品出口（包括铁矿石、黄金、石油、天然气、小麦和铜矿）来自西澳大利亚州。2016年，澳大利亚铁矿石（几乎全部来自西澳大利亚州）出口量达到8.08亿吨，约占全球的41%，出口额为530亿美元。澳大利亚也是世界上最大的氧化铝和铝土矿出口国，出口额约为100亿美元，其出口产品也主要来自西澳大利亚州。近年来澳大利亚能源产业发展最好的是液化天然气（LNG）。据乐观估计，到2020年，澳大利亚将超过卡塔尔成为世界上最大的液化天然气出口国。而其大部分天然气是从西澳大利亚州的西北大陆架开采出来的。截至2017年9月，西澳大利亚州承诺或正在建设的新液化天然气项目价值约为900亿美元。① 澳大利亚西部大部分自然资源的位置意味着其出口的很大一部分要穿越印度洋，主要通过东南亚群岛，其中包括马六甲海峡、巽他海峡和龙目海峡等海上咽喉要道，这使印度洋海上贸易通道的安全事宜成为澳大利亚的核心国家利益之一。

尽管印度洋海上贸易对澳大利亚如此关键，但当前的事实是除了东南亚国家以外，澳大利亚的出口贸易只有相对较小的一部分最终流向印度洋地区国家。2016年，澳大利亚海运出口仅有5%的总吨位量和9%的总额通向印度洋的南亚、中东或非洲沿岸各国。② 不仅是贸易，澳大利亚与海洋产业相关的海洋经济（或称蓝色经济）在印度洋方向的活跃程度也相对有限。除了在西北大陆架的石油和天然气开采外，其在印度洋的经济活动无论是产量还是总额都远远低于在太平洋的经济活动。

当然，从另一角度出发，这也意味着澳大利亚在印度洋的海洋经济增长空间相对较大，尤其是澳大利亚在印度洋地区海洋经济的一些重要领域也拥有某种意义上的"天然"优势。

---

① Anthony Richardson, "Australia Imports almost All of Its Oil, and There are Pitfalls All Over the Globe", *The Conversation*, 24 May, 2018; Rupert Herbert-Burns, "Petroleum Trade Security in the Indo-Pacific Region: An Assessment of Australia's Crude Oil and Refined Product Import Security and Supply Resilience", *Soundings*, No. 7, Sea Power Centre—Australia, August 2015.

② Western Australian Department of Mines and Petroleum, "Statistics Digest, 2015 - 2016", http://www.dmp.wa.gov.au/Minerals/Minerals-223.aspx.

例如，澳大利亚在海洋水产养殖方面的技术优势就能成为其进一步融入和影响印度洋地区经济的重要切入点。从大趋势上看，世界各国和地区都越来越依赖海洋作为食物来源。据联合国粮农组织估计，海鲜是约 30 亿人口的主要蛋白质来源。而在印度洋地区，孟加拉国、科摩罗、印度尼西亚、马尔代夫和斯里兰卡的人口从鱼类中摄取的动物蛋白质占一半以上。[①] 而随着野生鱼类捕获量的下降，水产养殖的比例将越来越大，鉴于当前全球供需状况，澳大利亚完全能够成为印度洋地区该产业最大的产品和服务供给商。[②] 其在水产养殖方面具有非常大的竞争优势，包括世界领先的技术和技能、易于获得低成本和可持续的原料，以及在发展纵向一体化的清洁绿色食品工业方面的丰富经验。当前，澳大利亚已经在西澳大利亚州建立了两个水产养殖开发区，但从技术上看还有很大的提升空间。澳大利亚的水产养殖产品有助于满足许多印度洋地区国家的巨大需求，特别是在当前该地区（尤其是孟加拉湾地区）野生渔业可能面临生态崩溃的情况下更是“雪中送炭”。

澳大利亚也是许多与海洋经济直接或间接相关的服务的领先提供商，这为其拓展印度洋方向的存在提供了大量机遇。澳大利亚是在陆上资源开采以及海上石油和天然气开采领域提供相关服务的全球领导者。例如，其开发的大型浮式液化天然气设施便是海上开采行业的一项重大突破，这些设施可以远距离提取、生产和出口液化天然气，避免了陆上 LNG 生产设施的许多基础设施成本和环境问题。[③] 2018 年底，澳大利亚主持建设的世界上第一个可运营的浮式液化天然气设施 Prelude 投产，年产能为 350 万吨，距离西澳大利亚海岸约 200 公里，在澳大利亚本土运营。此外，澳大利亚在港口设计和运营等领域也具有专业知识，特别是在减轻不利环境影响方面独树一帜。鉴

① FAO Data, Office of the Director of National Intelligence, “The Future of Indian Ocean and South China Sea Fisheries: Implications for the United States”, http://www.fao.org/state-of-food-security-nutrition/en/.

② Lyndon E. Llewellyn, Susan English, Sharon Barnwell, “A Roadmap to a Sustainable Indian Ocean Blue Economy”, *Journal of the Indian Ocean Region*, 2016, 12 (1), pp. 52-66.

③ Department of Agriculture and Water Resources, “Australian Fisheries and Aquaculture Statistics 2016”, December 2017.

于此，澳大利亚已经开始参与印度洋地区由日本或中国赞助的港口开发项目。从某种程度上讲，相较于中国“一带一路”在印度洋的相关部署而言，由于政治原因以及澳大利亚人可以提供的实质技能，一些东道国对澳大利亚在印度洋地区扮演更加积极的角色的期待并不一定亚于中国。

值得进一步关注的是，虽然客观上澳大利亚在印度洋存在巨大的海洋经济利益，但从政府能力方面讲，要快速扭转长期以来不重视印度洋地区的局面对澳大利亚而言也不是一件易事。虽然澳大利亚制订了国家海洋科学计划，但并没有一个全面的政策框架来实现其海洋经济的可持续增长。从历史上看，澳大利亚海事管辖范围内的经济活动是在多部门职能重叠、领域交叉的基础上进行管理的，各部门和监管机构之间的协调有限，而对可持续发展的海洋经济进行基于生态系统的监管和运营，需要更加综合的管理体系。部门间政治协调的缺失可能在一定程度上影响澳大利亚在印度洋地区进一步发展经济的能力。

二　澳大利亚在印度洋地区的国际关系互动及其新动向

自澳大利亚开始认真思考区域战略环境以来，印度洋地区就一直处于某种尴尬境地。虽然澳大利亚在印度洋地区拥有至关重要的利益，但该地区从未在国家政策中得到优先考虑。这是因为在其现代历史的大部分时间里，澳大利亚都有幸依赖于其大国盟友（如英国、美国等）在印度洋地区的统治性战略地位。虽然这些盟友使澳大利亚大大受益，但其带来的结果之一是将澳大利亚与其他印度洋国家的接触放在战略和政策意义上的次级位置。从某种意义上讲，这也使澳大利亚在没有制定全面区域战略的情况下在印度洋地区国际交往互动中的战略动作显得杂乱无章。

在之前的很长一段时间里，战略的模糊、混乱或缺失并没有给澳大利亚造成困扰。澳大利亚可以完全依靠其盟友保护自身的海上安全，而且几乎没有感受到来自该地区的直接安全威胁。事实上，直到 20 世纪 80 年代后期，澳大利亚皇家海军（RAN）都没有向澳大利亚西部海域输送过任何主要战舰。① 当然，长期以来，该地区的经济机会对澳大利亚来说也显得比较有限。可以说，直到近年来澳大利亚才真正意识到与其他印度洋地区国家建立强有力的安全或经济伙伴关系的紧急性与必要性。在过去，澳大利亚对印度洋的态度与其在太平洋的经验形成鲜明对比。该国长期以来一直是亚太地区的积极安全参与方，而自20世纪70年代推广所谓“脱欧入亚”以来，澳大利亚在东亚地区的经济发展中也占据了相当大的分量。这促使澳大利亚政府首先带头推广将“亚太地区”作为一个战略整体区域的想法，以此作为一种将自身与东亚经济紧密联系在一起并帮助其在更繁荣的地区寻求战略安全的方式。

这一情势在今天正在悄然发生变化，其中的原因包括地区内美国力量的相对下降、区域内（海上）安全威胁性质的演变以及印度洋地区不可忽视的经济增长机会等。长期缺乏在印度洋地区制定全面战略的情势，对当前的澳大利亚而言已经变得在主观上难以容忍、客观上无以为继。而在这一大战略调整的背景下，除了转变战略思路以外，澳大利亚所面临的首要问题就是重新规划与区域内活跃国家的接触与互动方式。

（一）总体互动原则：融合“印太”概念的印度洋地区战略思维

虽然全球范围内“印太”概念被热炒是最近两年才出现的事实，但对于澳大利亚人而言，“印太”被纳入国家战略和政治政策思考过程并非新的提法。从澳大利亚政府发布的《2009年国防白皮书》到2012年发布的《亚洲世纪中的澳大利亚》白皮书中我们不难看出，澳大利亚战略和政策界事实上几乎在10年前就已经开始接受并广泛使用“印太”概念。② 即便在过去“十年七相”的国内政治生态紊乱的局面下，这套战略思维仍然得到了历届政府的认可。“印太”战略思维在很大程度上说明了澳大利亚对其所处的更广阔区域的看法，即印度洋和太平洋被视为一个日益相互依存的战略和经济空间。

① Hensel, Howard M., and Amit Gupta, eds., *Naval Powers in the Indian Ocean and the Western Pacific*, Routledge, 2018, p. 36.

② 吴兆礼：《“印太”的缘起与多国战略博弈》，《太平洋学报》2014年第1期。

在澳大利亚的战略传统上，太平洋和印度洋更多的是被视为相对独立的战略领域。东亚和太平洋地区拥有一套经济、政治和安全动态，南亚和印度洋则拥有另一套。两个经济系统和政治体系之间的互动相对有限。但随着中国和日本等国家的经济利益和安全利益扩大到印度洋以及印度在太平洋地区的作用越来越大，这种情况正在发生变化。虽然这一新变化最早可以追溯到日本首相安倍晋三在 2007 年向印度议会发表的演讲，但澳大利亚的政策制定者是该地区首批认识到需要以整体方式理解和解决这些变化的人之一。他们很敏锐地认识到已经不能将太平洋和印度洋分割在相互独立的场景中来理解各自的区域内权力与经济实力变化（特别是在海洋领域），澳大利亚需要对其地区有更统一的看法。

更广泛地融入“印太”思维，对澳大利亚在印度洋地区的态度转变具有重要意义。较为明显的事例是，“印太”概念为其与印度的战略关系提供了良好有效的框架。近年来澳大利亚与印度关系的发展不仅反映了两国在印度洋地区共同利益的认可，而且更广泛地反映了两国在“印太”思维上的共同价值与身份认同。澳大利亚在印度洋所关心的一些其他重要问题，如跨越北部海域的重要海上交通线的安全问题，也需要通过理解整个亚洲沿海地区范围内“印太”大国之间的动态来解决。

在实际操作层面，澳大利亚对印太地区做了具有现实意义的划分。在澳大利亚的战略和政策界看来，印太地区和亚太、南太以及印度洋地区必须有具备战略实操性的区别，即便它们从单纯的地理意义上讲有很多重合之处。若非如此，则各方向上的战略考虑就会变得过于复杂，尤其是所对应的关系互动也会出现混乱。这其中的含义主要是指印太地区并不单纯地指代整个太平洋和印度洋地区的总和。澳大利亚《2017 外交政策白皮书》将“印太”定义为基本上包括印度洋和太平洋的东北象限。[①] 从澳大利亚的角度来看，整个太平洋和印度洋的合并不具备科学的战略意义（如把秘鲁和马达加斯加等区域加入进来），反而可能在现实交往或政策考量上起到

---

① Australian Government, *2017 Foreign Policy White Paper*, Canberra, 2017, p. 64.

反作用。

对澳大利亚来说，“印太”的地理概念并不是重点，重点在于这一战略思维所提供的功能性框架。从这个角度看，无论是东亚和印度洋之间不断增长的战略和经济互动还是中美等区域内大国的影响，澳大利亚的“印太”战略观对于其理解亚洲沿海地区主要大国之间的战略互动及其对该地区各国跨洋互动的影响都具有特殊价值。

例如，“印太”概念已经在协调澳大利亚海事安全战略中不同考量要素的一致性。“印太”概念需要一个系统的澳大利亚海上安全战略，即通过连接澳大利亚最重要的两个海域，将澳大利亚的海洋利益同时与印度洋和太平洋地区的海上安全结合起来。通过未来几年将澳大利亚大部分新型潜艇舰队以及新型空战驱逐舰进行前沿部署，澳大利亚西部舰队基地和西部的澳大利亚舰队将获得新的发展，而这一平衡并不仅仅以澳大利亚在印度洋的战略需求来衡量。从融合“印太”的角度出发，澳大利亚提升以珀斯（西澳大利亚州首府）为基点、在太平洋和印度洋之间快速调度海军资源以应对危机的能力具有相当大的意义。对于澳大利亚及其合作伙伴来说，快速将资源部署到整个地区的能力将变得越来越重要。

当然，澳大利亚的印度洋地区战略在整个国家战略大框架中需要与其“印太”战略保持一致，但它又不能仅仅是“印太”战略的一个子集。从地理上来讲，印度洋战略需要覆盖的范围更广。印度洋的面积比澳大利亚的“印太”概念范围要广得多，包括西北印度洋、东非和印度洋南部。此外，作为“印太”战略重点的大国博弈问题也没有考虑到印度洋的众多次级战略威胁，其中一些非传统安全威胁（如人口走私）对澳大利亚的重要性非常显著。

“印太”概念的意义主要体现于为澳大利亚与印度洋方向的优先事项提供了一些重要指标。换句话说，就是澳大利亚优先考虑的是在印度洋东部的交往拓展。很明显，如果澳大利亚不加区分地追求全印度洋的参与，印度洋的巨大规模就会造成其有限资源过于分散的战略危险。“印太”战略引导澳大利亚特别关注该地区东半部的国家，如印度、斯里兰卡、孟加拉国、缅甸、泰国、马来西亚、新加坡、印度尼西亚和东帝汶①，对澳大利亚而言，其中一些国家可能带来重大的安全风险（如暴力极端主义、政治不稳定或大规模无管制的人口流动）以及重大的经济机会。

（二）体系压力变更：澳美同盟的再定义

在其现代历史的大部分时间里，澳大利亚将其“伟大而强大的盟友”作为在印度洋方向的主要安全提供者。从 19 世纪初开始，英国皇家海军在印度洋和大部分太平洋地区的主导地位为澳大利亚的小规模人口提供了保护伞，进而在很大程度上避免了外部干预。大约从 20 世纪 70 年代开始，美国及其海军力量或多或少地取代了英国在该地区的安全角色，让澳大利亚在印度洋只需投入有限的防御资源。直到 20 世纪 80 年代，澳大利亚在该大陆的西部海域几乎没有永久性的海军存在。当然，基于同盟义务和支持全球自由秩序的利益关切，澳大利亚长期以来一直保持对西印度洋，即中东的安全关注和投入，其中包括自 1990 年以来在该海域几乎持续不断的海军存在。这是由伊拉克和波斯湾的一系列冲突以及近年来对暴力极端主义、海上毒品和武器走私的关注驱动的。这些行动除了服务于美国同盟关系的需求外，也为澳大利亚皇家海军提供了宝贵经验。

但是当前印度洋的战略环境正在发生变化，并且这种变化对澳大利亚的印度洋方向而言可能更多地意味着不确定性，尤其是几个大国和中等强国在澳大利亚西部海域的竞争态势愈加激烈的情况下，这种不确定性带来的安全焦虑逐渐显现。正如其《2016 年国防白皮书》所指出的那样，印度洋近年来已成为澳大利亚战略政策的重点。这既是因为澳大利亚与其许多重要的经济伙伴的能源路线都经过印度洋，也是因为印度洋地区正在成为大国竞合的热点区域，中美印以及其他次区域中等强国都在增加在该地区的活动。实际上，印度洋未来的战略秩序可能比历史上任何时候都更加多极化，但即将到

① David Brewster, “New Maritime Governance and Cooperation Arrangements in the Eastern Indian Ocean: Challenges and Prospects”, In Jivanta Schoettli, *Maritime Governance in South Asia and the Indian Ocean*, World Scientific, Singapore, 2017.

来的这种印度洋地区权力转移并不太可能像20世纪70年代从英国移交给美国那样顺利。这一情势也是澳大利亚不得不面对的现实。

然而，对澳大利亚印度洋方向战略冲击最大的现实恐怕还是美国角色的转变，即美国从地区内完全主导性海洋力量“退居二线”后，澳大利亚不得不直面一个日益激荡且多极化的印度洋新态势。当然应当承认，美国一直而且仍然是印度洋的主要力量，即使相对优势减弱，它仍然可能是未来10年左右最强大的力量。但当前的关键在于美国在该地区的作用存在很多不确定因素，而这很可能不仅仅是特朗普政府的“特立独行”引起的不确定性。归根结底，华盛顿在印度洋的战略重点一直就是以波斯湾为中心的西北印度洋，该地区的其余部分只是次要利益。美国对印度洋的最高优先级关注就在于将其作为向波斯湾地区投放力量的关键通道，即便近年来美国对中国“一带一路”在该地区的影响有所警惕，但中美关系的主要交锋点还是在亚太地区。从这个角度出发，我们便不难理解美国在某种意义上并没有太大兴趣在印度洋发挥具有实际意义的、有助于推动地区稳定和完善国际规范的建设性作用，其“印太”战略中向澳大利亚和印度的战略摊派其实也是这样一套总体战略思想的体现。从本届美国政府的一些言行上看，华盛顿可能更倾向于让印度（在美国的扶持下）在印度洋地区作为公共产品的主要提供者。

美国有意缩减对印度洋方向的直接投入自然有其复杂动机。从客观上来讲，波斯湾有可能在未来几年保持其对美国的重要性，但如果天然气和石油开采的技术进步继续削减美国对进口能源的依赖度，那么印度洋在美国眼中的战略地位将可能呈现某种程度的下降。在过去10年中，北美的石油和天然气产量大幅增加，美国进口的石油中只有16%来自波斯湾（远低于1990年的24.5%），这一比例的下降趋势非常明显。[①] 同样重要的是，美国总体能源进口占其需求的比例正在下降。国际能源署预测，到2020年，美国将成为天然气净出口国[②]，而未来增加使用非碳氢化合物能源可能会进一步促

① “The Weekly Focus: A Market and Economic Update”, Standard Life, 8 October, 2018, p. 17.

② International Energy Agency, “Energy Policies of IEA Countries: The United States, 2014 Review”, OECD, Paris, 2014, p. 55.

进美国对能源进口依赖程度的降低。美国对通过波斯湾的石油的依赖程度大幅下降，这可能会从某种意义上改变美国对印度洋的承诺。华盛顿将有更加灵活的战略选择，对地区内威胁的感知和采取行动的意愿都会发生变化。在不久的将来，美国政府可能不再有责任和意愿提供印度洋海上安全这一重要公共产品，以保护出口到亚太地区（包括澳大利亚）的能源，其中还包括重新审视美国在这一地区的存在形式，即重新评估美国海军在西印度洋地区的主导地位可能带来的任何（主要是无法量化的）战略利益是否值得其付出相应的巨大（并且是可衡量的）财政负担和政治风险。如果美国最终决定在印度洋西部减少投入（至少是战术层面的军事介入），那么它就没有理由进入东印度洋（东南亚以外）。美国区域防御存在的性质也可能因其“印太”战略的动态变化而改变，其中两个海洋被视为相互依存的战略空间可能会导致美国国防战略发生重大变化。美国采取一种主要依托盟友、自己在太平洋和印度洋之间灵活调整其海军及其他防御资源以应对危机的策略其实更务实，这可以减轻其在东亚和波斯湾维持大规模前沿部署的负担。此外，特朗普政府我行我素的外交风格对区域内有利益相关的盟友们也造成了美国这种大范围“撂挑子”行为随时可能（如果不是已经）发生的印象。

美国力量投射的存在减弱或美国声誉的下降，或两者兼而有之，必然会引发一系列战略竞争，因为像中印这样的利益攸关方和其他次区域强国正在努力填补任何被感知到的权力真空，其方式可以是现实主义式的强权政治（如印度在南亚次大陆的作为），也可以是制度自由主义式的合作框架重塑（如中国的“一带一路”）。这可能会在整个印度洋产生连锁反应，使该地区战略重组发生的速度比想象得要快，正如英国在 20 世纪 60 年代后期从苏伊士东部匆匆撤出其军队时的情况那样。

美国在印度洋地区角色的改变对于澳大利亚而言是一个影响深刻、涉及战略根本的冲击。这一现实使澳大利亚自 1901 年独立以来，首次不得不面对一个没有统治性地位盟友存在的印度洋。可以明确的是，澳大利亚长期以来完全依靠美国提供印度洋方向海上安全这一公共产品的做法已经无以为继，即使美国无意于短期内在印度洋进行大规模收缩，对澳大利亚而言，美国也将成为一个更加苛刻的盟友，期望澳方在印度洋承担更大的公共产品供给份额。至少在印度洋地区，澳美同盟曾经的“主导－跟随”模式已经显示出疲态，澳大利亚在这一区域不得不发展出属于自己的战略和政策取向。而这又使澳大利亚面临如何协调自身印度洋战略与美国立场的关系问题。可以预见，未来在印度洋地区澳美同盟即便仍能保持高度一致的立场，但两个盟国之间的互动方式以及责任分担比重都会出现较大程度的改变。

与此同时，美国收缩所造成的权力真空也使澳大利亚面临不得不加大印度洋方向投入的体系层面的结构性压力，澳大利亚无法接受一个自己没有话语权的未来印度洋国际体系，而这份权力目前看来更多地还得需要自己去主动争取，最简单的原因就是地区内经济呈上升态势的大国与澳大利亚都不是高度互信的盟友，任何由它们所主导塑造的新秩序都不需要最大限度地反映澳大利亚的利益诉求。如此一来，澳大利亚采取愈加进取的印度洋地区战略也就不难理解了。

（三）“印太”四方机制下的新伙伴：与印度、日本的关系发展

应当承认，印度已经成为印度洋地区经济和军事力量最为突出的域内大国，并且其相对力量的增长潜力仍十分巨大，这也使其在整个地区乃至全球范围内变得更加自信。印度长期以来一直怀有成为印度洋地区主要大国的野心，并且已经在该地区承担特殊的安全责任，其中既包括在南亚次大陆传统安全领域的统治性地位，也包括在美国“印太”战略中的责任分担与“制华”作用。自 1947 年以来，印度一直表现出对印度洋其他主要大国存在的强烈反感，但之前印度并没有力量对此采取任何行动。这些担忧曾经针对美国，但现在的关注点落到了中国身上，印度和中国之间的战略竞争正在成为影响该地区安全局势与战略动态的一个越来越重要的因素。鉴于印度客观上的实力以及主观上的进取，澳大利亚在印度洋面临的最重要的外交任务将是与印度建立全面而富有弹性的伙伴关系。

根据澳大利亚《2017 外交政策白皮书》，印度目前处于澳大利亚发展国际合作伙伴关系的优先级地位，在维持印度洋的稳定和开放上，印度和澳大

利亚的利益最为接近。[①] 在这一点上，澳大利亚表现出比以往任何时候都更多的耐心和关注。过去，在许多方面，澳大利亚和印度的关系可以说是略显尴尬。几十年来，不同的地缘政治观点、意识形态差异和薄弱的经济联系使双边关系变成某种似乎可有可无的存在，尽管这两个国家有着共同的语言、类似的机构和对板球的热爱。然而，历史的机遇正在把两国黏合起来，这种机遇包括印度的经济发展、美国的战略引导以及中国崛起的现实。事实上在过去10年中，澳大利亚一直寻求与印度建立全面的经济和安全关系。在实践中，这类努力主要集中在安全上，而经济关系则进展缓慢。当前澳大利亚对印度的态度与其对"印太"的重新定位有关，"两洋联动"的思维转变以及对共同的"中国威胁"的认知都提升了印度作为澳方合作伙伴的重要性。澳大利亚和印度的战略观点普遍趋同，尤其表现在对中国给印度洋地区秩序带来的挑战的共同担忧。尽管两国对国际规范的处理方式存在差异（如核不扩散），但印度的利益通常与澳大利亚在维护本地区"航行自由原则"方面保持一致。

然而，目前双方在双边关系发展方面仍有些不冷不热。首先，虽然观点正在发生变化，但印度政策界的主流还没有将发展与澳大利亚的关系视为优先事项，堪培拉的一些人也认为印度在外交上总显得言过其实，自吹自擂大于实际的政策执行力与专注度，无法成为可靠的合作伙伴。简言之，两国都还在优先考虑发展与该地区其他主要力量之间的关系。其次，战略自主性仍然是印度的核心目标，而澳大利亚方面认为尽可能地服务于与美国的联盟关系仍然是其安全关注的根本。可以说，如果战略自治是印度国家DNA的一部分，那么战略合作就是澳大利亚国家DNA的一部分。印度与俄罗斯有着长期的国防安全合作关系，也时常采取不同的方式处理与中国的关系，这与其本身的地理、历史和经济状况紧密相关。最近一段时期，当莫迪政府转为缓解与中国的战略竞争时，莫里森政府仍一直表示担心外国（实际上是指中国）干涉其内政，两国间这样的不协调确实很难被忽略。最后，在价值

① Australian Government, *2017 Foreign Policy White Paper*, Canberra, 2017, p. 42.

观方面，关于等级和地位的不同观点也加剧了两国间的差异。与澳大利亚相对温和的平等世界观相反，印度往往对等级问题高度敏感，并倾向于要求其他人承认其特权地位，在国内社会和对外关系上也是如此。

尽管如此，澳印关系的进展也并非无迹可寻。澳大利亚外交部部长马里斯·佩恩在2019年1月发表的有关澳大利亚对印度洋局势变化看法的演讲在新德里受到高度欢迎，表明双方在地区政治博弈中的短期立场确实存在相当程度的一致。两国在建立防务关系方面也取得了进展，包括澳大利亚和印度海军之间的定期演习，虽然印度对此仍然持谨慎态度。[①] 澳大利亚正在考虑可以采取哪些措施来鼓励印度以符合澳方利益的方式在该地区承担更多的安全责任。这可能包括与印度合作以增加海洋安全信息分享的机会，比如通过开放选定澳大利亚军事设施（如在科科斯群岛和达尔文市）以供印度使用，这可以使双方的海上监视范围越过马六甲海峡以及印度尼西亚群岛的战略节点。同样，共同使用类似的海上空中监视平台（如P-8波塞冬海上巡逻机）也可能带来双方在物流或维修等功能性服务方面的进一步合作。

日本长期以来都保持在印度洋地区的高度存在，尤其是它将孟加拉湾（和南中国海）视为连接印度洋和太平洋的关键。这也是为什么日本国际协力机构（JICA）10多年来一直在推动该地区的基础设施项目，同时还对外宣称是为中国的“一带一路”项目提供更经济可行和透明的替代性方案。

日本与其主要区域合作伙伴印度可谓合作密切，包括在连接印度洋入口与马六甲海峡的安达曼-尼科巴群岛建设基础设施。日本也是该地区其他地方的大型基础设施提供商。在缅甸，日本正在为仰光附近一个新的集装箱港口（2亿美元）以及大威的新港口和经济特区（8亿美元）提供资金。在孟加拉国，还为Matarbari的港口和发电站（37亿美元）提供资金。这些项目作为海上安全计划的补充，将使日本成为重要的安全参与者。自2000年以来，日本海岸警卫队一直常驻在孟加拉湾，与印度海岸警卫队进行定期演

① Marise Payne, “Address to the Raisina Dialogue”, 9 January, 2019, https://foreignminister.gov.au/speeches/Pages/2019/mp_sp_190109.aspx.

习，现在该演习还纳入了斯里兰卡和马尔代夫并将其作为观察员。在斯里兰卡，自2008年以来日本海军和海岸警卫队的船只已经访问过70次，这使日本成为仅次于印度的第二大海军访问者，远远超过中国海军的访问量。[①] 由于斯里兰卡当前成为战略竞争的焦点，包括对其南部汉班托塔港控制权的担忧，东京方面还在加强这种参与。

在过去，澳大利亚和日本都强烈依赖与美国的安全关系，作为所谓的"中心－辐条"联盟系统的一部分。然而，我们看到澳大利亚和日本等美国联盟伙伴之间的关系日益密切，基本上直接连接了美国联盟体系中的"辐条"。近年来，澳大利亚、印度和日本已经开展了外交秘书级的定期三边对话。这是一个制度化程度较高的政策工具，三方可以就印度洋、太平洋共同关心的问题交换意见，并日益成为协调印度洋地区三国共同战略愿景的机制，包括共同（基本上是针对中国的）的海上安全能力建设。

与印度、日本的双边或三边合作不断发展，表明澳大利亚正在美国同盟体系内外进行积极探索，试图在美国相对力量下降之后保证自己在印度洋方向的利益诉求得到充分表达和保护。

三　澳大利亚在印度洋地区的非传统安全利益关切

澳大利亚在印度洋地区同其他国家的传统安全互动，可以说更多的是基于体系层面的压力，而同时也有单位层面的内生性动因，当然也是体系－单位互动的结果，其西部海域的非传统安全关注度也在明显上升。

印度洋是世界上海事管辖力度最小的海洋空间之一。许多印度洋国家的海上执法能力薄弱，因而海盗、贩卖人口、走私毒品和武器，以及非法捕鱼等安全威胁不断累积。气候变化、人口增长和邻国暴力极端主义蔓延等情势的未来发展可能会加剧这些威胁或创造新威胁。21 世纪初索马里政府的崩

---

① Chotani, Vindu Mai, "BIMSTEC and Japan: Exploring Prospects for Renewed Cooperation", *Issue Brief*, 2018, p. 236.

溃导致一个影响全世界各国的海盗问题，这从一个侧面说明海上安全威胁（尤其是在印度洋）经常相互关联。例如，未能解决非法捕鱼问题，可能导致跨国犯罪网络的增加，而这些犯罪网络可能也涉及其他活动，如贩卖人口、走私毒品和武器。

此外，未来的威胁可能会因该地区的发展而有所放大，如气候变化、暴力极端主义和人口增长。澳大利亚参议院关于气候变化对澳大利亚国家安全影响的报告称，气候变化是“威胁倍增器”和“负担倍增器”[①]，其对澳大利亚造成的主要后果可能包括更大的国防支出与政策投入、人道主义和救灾负担加重以及大规模人口流入。而孟加拉国和缅甸等东印度洋国家的暴力极端主义日益严重，也可能对澳大利亚造成一系列潜在的海上威胁。

澳大利亚拥有较大的海洋管辖范围和相对较少的人口，因此不得不寻求解决海上安全威胁的创新方法。当前澳大利亚民用海事安全模式是多年演变的结果。它采用一种针对民事海上安全威胁的混合“整体政府”方法，这反映了在资源有限的大型海域应对安全挑战的需要。澳大利亚这一模式的最大特色在于其复杂的所谓“海域感知”（MDA）系统。与其他国家不同，澳大利亚的这一系统由一个文职政府机构运营，汇集了澳大利亚各机构可用的所有相关数据，以创建一个各部门“共管共建”、帮助政府研判情报和分析潜在海事风险的组织机构。

自2001年以来，澳大利亚在印度洋的海上安全重点一直是边境保护，特别是澳大利亚水域的非法海上入境，由此带动了其对海上监视和执法能力的大量投资。对澳大利亚来说，非正常移民问题绝大多数来自印度洋地区。尽管存在不少争议，但至少目前澳大利亚政府制定的旨在阻止非法入境者在澳大利亚乘船抵达的政策似乎已基本实现了其目标。然而推动印度洋移民的因素将继续存在，而且其作用很可能在未来会增强。气候变化是导致大量人口流离失所的一个因素。全球气候变化军事咨询委员会将流离失所问题确定

---

① Senate Foreign Affairs, Defence and Trade References Committee, “Implications of Climate Change for Australia's National Security”, Canberra, 2018.

为南亚气候变化的主要安全威胁之一。根据孟加拉国政府估计，该国约有2000万人因气候变化而流离失所，而其他研究估计的这一数据则多达3500万人。这可能对孟加拉国及其邻国的政治和社会稳定造成严重影响，并导致重大的国际移民。虽然气候变化与移民之间的关系可能是“非线性的、复杂的和不可预测的”，但这种气候变化可能会对澳大利亚在印度洋的安全产生重大影响。

这些担忧对澳大利亚造成了不小的战略思维冲击，使其不仅要关注自身的海上边界，而且要成为稳定该地区秩序的积极参与者，包括协助增强东印度洋主要国家的海上安全保护能力。澳大利亚向斯里兰卡提供了为数不少的巡逻船并与斯里兰卡当局合作瞄准人口走私行动，这些合作在很大程度上切断了非正常移民的流动。

在澳大利亚看来，区域合作的关键领域是加强MDA。澳大利亚《2016年国防白皮书》和《2017外交政策白皮书》都表明，区域MDA合作应该是得到优先考虑的区域海事安全战略。澳大利亚促进印度洋区域MDA合作的目标包括扩大MDA系统的范围（如接收能够及早发现感兴趣的船只的情报）和增强印度洋合作伙伴的海上安全能力。这两个目标都可以通过信息共享与能力提升相结合来实现。目前，澳大利亚正在与选定的合作伙伴加强双边信息共享安排，这最终可能扩大到其他合作伙伴。2017年，印度和澳大利亚签署了一项协议，以分享所谓的“白色航运”信息。德里希望将双边信息共享安排演变为更加综合性的多边安排。澳大利亚还与斯里兰卡和印度尼西亚等印度洋合作伙伴签订了其他双边信息共享协议。

四　澳大利亚在印度洋地区的新发展与中澳关系

最近在澳大利亚各媒体平台上莫名出现了一个热词，叫作“拥抱熊猫者”（Panda-hugger），指的就是澳大利亚国内的亲华派，甚至只是在理性辩论当中为中国说了句公道话的人，他们被贴上这一标签后在社交网络上基本就等同于“澳奸”，澳大利亚大部分国内媒体及很多民众的对华态度由此可见一斑。应当承认，近年来中澳关系的波折与矛盾主要还是集中在太平洋（包括南中国海）方向，但随着澳大利亚在印度洋地区新战略的逐步成熟和展开，这些龃龉的确有可能波及中澳在印度洋的互动。

在笔者写作之时，澳大利亚正在经历很可能是转折性的一次联邦大选，其结果无疑会对澳大利亚外交政策，尤其是与中国的互动产生一定影响。在此次大选前后，中澳关系可能呈现以下几个方面的特点。

首先，在内外交互方面，澳大利亚特色的“中国渗透论”（始于2017年黄向墨案）可谓再也找不到比大选更好的炒作平台了，很可能重整旗鼓甚至愈演愈烈。同时，正如之前事实所表明的那样，其在南太平洋（各岛国）方向的安全与经济投入也将加大。当然，鉴于未来一段时间国内大选事宜的优先级，这一类投入不一定会以实质性行动表现出来，更可能停留在口头或立法动议方面。在行动上，至少在太平洋方向，未来一段时期内澳大利亚仍然会积极响应美国的南海巡航与寻衅行动，因为这既符合美澳同盟的共同关切，也满足了澳大利亚“海洋强国”定位的威望展示，而且该行动在绥靖了国内反华情绪的同时，还满足了澳大利亚长期以来以所谓“多边原则”拥护者自居的意识形态虚荣心，可谓一举四得。需要注意的是，尽管工党在过去很长一段时间内对南海问题持中立态度，但“严格遵守国际法及相关多边原则”是其一再强调的纲领，也因此在2016年南海仲裁结果出台后工党对此予以高度评价，故而即便是相对温和甚至亲华的工党在未来大选中获胜，中澳在“自由航行”问题上的摩擦也很可能持续存在下去。

其次，在政经联动方面，中国有可能成为澳大利亚国内诸多大选议题的替罪羊。例如，在产业政策上，目前澳大利亚国内的保护主义情绪明显抬头，而现政府也反复承诺要振兴本国的中端民用品制造业，这对于以机电、纺织为主要对澳出口商品的中国来说的确不能算是利好，对华为禁入很可能只是未来中澳经贸摩擦的一个开始。由此，尽管澳大利亚事实上享受着中澳双边自由贸易的顺差，但由于其本国内的财富再分配目前问题较大，中国这一澳大利亚最大的贸易伙伴很容易便成为国内市场经济“输家”谴责的对象。当然，目前这一谬论已经被澳大利亚国内部分媒体提出，至于各党如何回应还有待观察。

最后，澳大利亚对华政策的自相矛盾情势也可能持续发酵。可以肯定的是，澳大利亚方面并无意于全面破坏对华关系，毕竟中澳双方在经贸、人文交流方面已经十分密切，之所以当前中澳关系不稳定，更多的是因为近年来中澳关系中的不稳定因素被炒作放大了，同时中澳的权力结构（同时在太平洋和印度洋）发生了双方都没来得及适应的转变。同样需要注意的是，澳大利亚的民粹主义在拥有反华派的同时也存在反美派，这一点在工党方面表现得更为明显，此次胜选的大热门比尔·肖顿就曾直呼特朗普为“疯狗”，可见完全追随特朗普政府的反华政策也并非澳大利亚主流民意所愿。由此可见，未来一段时期澳大利亚仍然倾向于在对华政策方面执行类似“斗而不破”的矛盾言行。而如果工党顺利当选，则美澳关系反而可能出现较大转折。

附　录

Appendices

B.11

2018年印度洋地区大事记

胡文远 *

1月

2 日　巴基斯坦国家银行（央行）发表声明，批准贸易商在与中国的双边贸易中使用人民币作为结算货币。

4 日　缅甸庆祝独立 70 周年。

23 日　斯里兰卡和新加坡在科伦坡正式签署两国之间的自由贸易协定。

25 日　为纪念印度与东盟建立对话伙伴关系 25 周年，印度邀请东盟 10 国领导人前往新德里参加印度 - 东盟峰会。

26 日　印度在首都新德里举行阅兵式，庆祝第 69 个共和国日。

---

* 大事记由胡文远整理。胡文远，云南财经大学印度洋地区研究中心助理研究员，世界经济方向在读博士研究生。

31 日 印度自行建造的第三艘“鲉鱼”级潜艇“卡兰杰”号在孟买海军基地下水。

2月

1 日 巴基斯坦瓜达尔港自由区开园仪式暨首届瓜达尔国际商品展销会开幕。这标志着瓜达尔港建设进入新阶段，中巴经济走廊通往印度洋的门户已经开启。

4 日 斯里兰卡在首都科伦坡举行阅兵式，庆祝独立 70 周年。

5 日 马尔代夫总统亚明宣布进入为期 15 天的紧急状态后，前总统加尧姆 6 日凌晨被马尔代夫特警队以腐败和蓄谋推翻政府的名义逮捕。同时，警方以涉嫌腐败逮捕了马尔代夫最高法院首席大法官阿卜杜拉·赛义德和法官阿里·哈米德。

6～7 日 印度成功试射“烈火－1”型改进型弹道导弹和“大地－2”型地对地短程弹道导弹。

10 日 巴勒斯坦总统阿巴斯与印度总理莫迪在约旦河西岸城市拉姆安拉的巴勒斯坦总统府内举行了双边会议。这是历史上印度总理首次访问巴勒斯坦。

13 日 据统计，中国首次超越印度尼西亚，成为新加坡最大的游客来源国。

14 日 南非总统雅各布·祖马发表全国电视讲话，宣布立即辞职。

15 日 南非国民议会选举南非非洲人国民大会主席、代总统西里尔·拉马福萨为南非新总统。

17 日 印度总理纳伦德拉·莫迪与到访的伊朗总统哈桑·鲁哈尼会谈，并见证两国官员签订多项协议。

3月

6 日 斯里兰卡总统西里塞纳宣布斯里兰卡进入为期一周的全国紧急状态。

7日 澳大利亚与东帝汶签署《东帝汶海海上边界条约》，为多年争端画上了句号。签署仪式在纽约联合国总部举行。

9~12日 法国总统马克龙就任以来首次访问印度。2018年是法印建立战略合作伙伴关系20周年，双方将进一步在经贸、气候和安全等领域深化合作。

10~16日 斯里兰卡总统西里塞纳连续访问印度和日本。

13日 国家主席习近平分别致电孟加拉国总统哈米德、尼泊尔总统班达里，就孟加拉国客机在尼泊尔失事表示慰问。

19日 二十国集团（G20）财政部部长和中央银行行长会议在阿根廷首都布宜诺斯艾利斯开幕，与会代表将就基础设施投资、未来就业形势、加密货币等议题展开讨论与磋商。

21日 缅甸总统吴廷觉辞去总统职务。

28日 缅甸举行总统选举，温敏当选新任总统。

4月

8日 国务院总理李克强同新加坡总理李显龙举行会谈。

10日 “博鳌亚洲论坛2018年年会”在海南省博鳌开幕。国家主席习近平出席开幕式并发表题为“开放共创繁荣　创新引领未来”的主旨演讲。

20日 印度总理莫迪访问德国。

25日 第三十二届东盟峰会在新加坡举行。会议围绕2018年东盟主题“韧性与创新”重点就东盟共同体建设和国际地区问题进行讨论。

26日 印度和巴基斯坦加入上海合作组织，上海合作组织已成为人口最多、地域最广、潜力巨大的综合性区域组织，将在地区和国际事务中发挥更加积极的作用。

27~28日 国家主席习近平在武汉东湖宾馆同印度总理莫迪举行非正式会晤。

5月

7日 国务院总理李克强在茂物总统府同印度尼西亚总统佐科举行会谈。

10日 马来西亚第十四届大选结束，92岁高龄的马哈蒂尔成为世界上最年长的政府首脑。

14~16日 联合国亚太经社会第七十四届年会在泰国曼谷举行。

18日 首趟昆明至新加坡铁海联运班列顺利开行。

19日 中国-东盟博览会首次在缅甸办展。

22日 第七十次中老缅泰湄公河联合巡逻执法正式启动。

29日 印度总理莫迪赴印度尼西亚、马来西亚和新加坡进行访问。

6月

9~10日 上海合作组织成员国元首理事会第十八次会议在山东省青岛市举行。青岛峰会是上海合作组织扩员后召开的首次峰会，也是2018年中国第二场重大主场外交活动。国家主席习近平发表重要讲话强调，要进一步弘扬“上海精神”，构建上海合作组织命运共同体。

14日 缅甸总统温敏正式开启对泰国的友好访问，这是他上任以来首次出访外国，恰逢泰国与缅甸建交70周年。

7月

1日 中国对原产于孟加拉国、印度、老挝、韩国、斯里兰卡的进口货物适用《〈亚洲-太平洋贸易协定〉第二修正案》协定税率，共涉及8549个税目，其中2323个税目商品税率进一步降低。

10日 中阿合作论坛第八届部长级会议在人民大会堂开幕。国家主席习近平出席开幕式并发表题为“携手推进新时代中阿战略伙伴关系”的重要讲话。

11～16日 缅甸第三届21世纪彬龙会议暨联邦和平大会在内比都召开。

12日 新加坡总理李显龙与到访的韩国总统文在寅共同出席了双方多份谅解备忘录的交换仪式。

19日 联合国粮食及农业组织（FAO）发布报告称，孟加拉国成为世界第三大淡水鱼生产国，列中国和印度之后。

26日 国家主席习近平参加金砖国家领导人第十次会晤并发表题为“让美好愿景变为现实”的重要讲话。

8月

4日 东盟与中日韩“10+3”外长会在新加坡举行，国务委员兼外交部部长王毅出席会议。

16日 孟加拉国中央银行出台新政，允许相关银行开设人民币结算账户与央行进行结算。

17日 国务院总理李克强致电伊姆兰·汗，祝贺他当选巴基斯坦伊斯兰共和国总理。

20日 国家主席习近平在钓鱼台国宾馆会见马来西亚总理马哈蒂尔。

30日 马尔代夫在首都马累举行盛大仪式庆祝被称为马尔代夫工程、中马“一带一路”合作标志性项目的中马友谊大桥正式通车。

30～31日 《区域全面经济伙伴关系协定》（RCEP）部长级会议在新加坡举行，东盟10国、中国、日本、韩国、澳大利亚、新西兰、印度16方经贸部部长或代表就货物贸易、服务贸易、投资、规则领域的相关问题进行了深入讨论。

9月

2日 我国与毛里求斯结束中毛自由贸易协定谈判，这一协定是我国与非洲国家商签的首个自贸协定。

4日 国家主席习近平致电阿里夫·阿尔维，祝贺他当选巴基斯坦伊斯兰共和国总统。

27日 孟加拉国与印度签署全面经济伙伴关系协定。

28日 印尼中苏拉威西省发生7.7级地震并引发海啸。

10月

8日 驻东盟使团举办“中国－东盟建立战略伙伴关系15周年纪念日”庆祝招待会。

12日 国务院总理李克强在塔吉克斯坦首都杜尚别国宾馆出席上海合作组织成员国政府首脑（总理）理事会第十七次会议。

15日 中印首次联合培训阿富汗外交官项目在印度首都新德里正式启动。该项目是落实2018年中印领导人武汉非正式会晤重要成果的举措，也是“中印＋”合作模式首次落地。

19日 新加坡亚太交易所正式推出离岸人民币汇率期货合约。

20日 第五届东盟防长扩大会在新加坡举行。国务委员兼国防部部长魏凤和出席会议。

23日 中国至巴基斯坦首都伊斯兰堡南亚公铁联运国际货运班列从兰州东川铁路物流中心始发。

29日 印度尼西亚狮子航空公司一架载有189人的国内航班从雅加达起飞后坠海。

11月

1日 巴基斯坦新任总理伊姆兰·汗开启任内首次访华之旅。

5～10日 首届中国国际进口博览会在上海举行。国家主席习近平出席开幕式并发表题为“共建创新包容的开放型世界经济”的主旨演讲。

8日 中缅双方代表在缅甸商务部签署了皎漂深水港项目框架协议。

14日 国务院总理李克强在新加坡会展中心出席第21次中国－东盟（10+1）领导人会议暨庆祝中国－东盟建立战略伙伴关系15周年纪念峰会。

17日 国家主席习近平应邀出席在巴布亚新几内亚莫尔兹比港举行的亚太经合组织工商领导人峰会并发表题为“同舟共济创造美好未来”的主旨演讲。

17日 马尔代夫新任总统萨利赫在首都马累宣誓就职，印度总理莫迪作为唯一一位外国领导人出席仪式。

20日 巴基斯坦总理伊姆兰·汗对马来西亚进行正式访问。

30日 二十国集团领导人第十三次峰会在阿根廷布宜诺斯艾利斯举行。国家主席习近平出席第一阶段会议并发表题为“登高望远，牢牢把握世界经济正确方向”的重要讲话，强调二十国集团要坚持开放合作、伙伴精神、创新引领、普惠共赢，以负责任态度把握世界经济大方向。

30日 金砖国家领导人非正式会晤在阿根廷布宜诺斯艾利斯举行。国家主席习近平、南非总统拉马福萨、巴西总统特梅尔、俄罗斯总统普京、印度总理莫迪出席会晤。五国领导人围绕世界经济形势、应对当前挑战和金砖国家合作等议题深入交换意见，达成广泛共识。

12月

7日 缅甸总统府发布通告，宣布成立实施“一带一路”指导委员会，委员会由国务资政昂山素季任主席。

8日 亚洲基础设施投资银行（亚投行）表示，该行新近批准了一项针对印度安得拉邦的贷款项目。至此，印度获批的亚投行贷款项目达到9个，贷款额总计超过20亿美元。

10日 美国向澳大利亚空军首次交付使用两架F－35战斗机。

19日 亚洲基础设施投资银行在北京宣布其理事会已批准新一批6个

意向成员加入，成员总数扩大到93个。此次新增的6个成员包括阿尔及利亚、加纳、利比亚、摩洛哥、塞尔维亚和多哥。

22日　印度尼西亚巽他海峡发生海啸。

28日　2018年印度获得外国直接投资总额达377.6亿美元，为历史最高水平。

B.12
2019年1 ~4月印度洋地区大事记

胡文远*

1月

6日 马来西亚国家元首穆罕默德五世宣布辞职，这是马来西亚首位在任内宣布辞职的国家元首。

24日 阿卜杜拉·苏丹艾哈迈德·沙阿当选马来西亚第16任国家元首。

30日 缅甸中央银行发布通告，宣布增加人民币和日元为官方结算货币。缅甸先前批准的官方结算货币包括欧元、美元和新加坡元。

2月

15日 印度取消对巴基斯坦的最惠国待遇。

18日 缅甸实施“一带一路”指导委员会召开首次会议，委员会主席、国务资政昂山素季在会上表示，“一带一路”建设对缅甸乃至整个地区都有益。

26日 国家主席习近平在人民大会堂会见斯里兰卡总统西里塞纳。

27日 巴基斯坦三军新闻局称，巴空军当天清晨在巴基斯坦领空击落两架通过克什米尔印巴实际控制线侵入的印度空军战机，并抓获了一名落在巴控克什米尔地区的印度空军飞行员。

---

* 大事记由胡文远整理。胡文远，云南财经大学印度洋地区研究中心助理研究员，世界经济方向在读博士研究生。

3月

27日 印度试射一枚反卫星导弹，击落一颗近地轨道卫星。印度总理莫迪称，这项试验是印度在太空领域的“重大突破”。

28日 国务院总理李克强在海南博鳌出席博鳌亚洲论坛2019年年会开幕式，并发表题为“携手应对挑战 实现共同发展”的主旨演讲。

4月

1日 隶属印度内政部的“印藏边境警察部队”将指挥部正式从昌迪加尔前移至中印边境的列城并投入使用，“以应对中国在该地区不断强化的军事建设”。

9日 中巴自贸协定第二阶段谈判第十一次会议在北京举行。

12日 中国－中东欧国家合作机制在克罗地亚迎来了新成员希腊的加入，从“16＋1”扩容到“17＋1”，希腊在2018年成为首个与中国签署共建“一带一路”合作谅解备忘录的欧盟成员国。

21日 斯里兰卡接连发生8起爆炸，地点包括首都科伦坡等地的4家酒店、3处教堂和1处住宅区。爆炸袭击造成250多人遇难。

22日 亚洲基础设施投资银行（亚投行）宣布，批准科特迪瓦、几内亚、突尼斯和乌拉圭为新一批成员。至此，亚投行成员达到97个。

26日 国家主席习近平在北京国家会议中心出席第二届“一带一路”国际合作高峰论坛开幕式，并发表题为“齐心开创共建‘一带一路’美好未来”的主旨演讲。

Abstract

It's a well-known fact that in today's international system, the geostrategy of any country is bound to be influenced by the environment in its system. Generally speaking, the motivation of a country to formulate its foreign strategy or adjust its external strategy depends mainly on the needs of its own national interests, and how to adjust is more subject to the size of its own capabilities and the impact of changes in the international environment. In fact, China's Indian Ocean strategy is not only driven by internal factors, but also depends on its own strategic demands; it is also driven by external forces, that is, actively responding to the world situation and the opportunities and challenges brought about by the changes in the Indian Ocean's international environment.

Since entering into the 21st century, the understanding of the importance of the Indian Ocean has been increasing. On the one hand, the strategists represented by Robert Kaplan in the West have predicted that the Indian Ocean will become the center of strategic game in the world, and on the other hand, countries like US and Japan intend to use India, the big country of the Indian Ocean region, to hinder China's rising influence, thereby resulting the key stakeholders to take into account the Indian Ocean when deploying their Ocean Strategy. Since China launched the "Belt and Road Initiative" initiative in 2013, the international community has responded strongly. Although it harvest actively supports from a large number of participants, there are also exist some suspected waiters even a little negative resisters like India. At the same time, the United States continues to publicize the "China threat theory" and actively promotes the "Indo-Pacific strategy" dominated by the United States, it not only adds uncertainty to the relationship between China and its neighboring countries, but also intensifies strategic competition among great powers, as well as making the international environment in the Indian Ocean region complicated. The Indian Ocean is an important region of the "21st Century Maritime Silk Road" . The changes of the international environment in this region are not only closely related to the security and stability of China's periphery, but will also affect the speed and effectiveness of the "One Road" construction along the Indian Ocean.

From the perspective of the current international environment in the Indian Ocean, there are exist four new changes and characteristics. First, the turmoil in the security situation in the Indian Ocean has not been eased, but also showed signs of deterioration. Second, the strategic competition of the major powers in the Indian Ocean region has been exacerbated; third, the United States will remain the largest contributing variable in the international environment of the Indian Ocean in the future; Fourth, India, a biggest country in the region, is becoming a major variable affecting the international environmental change in the Indian Ocean. In addition, it should not be overlooked that under the background of the intensified strategic game of great powers, the dilemma of small and medium-sized countries in this region will inevitably have opportunistic behavior in the trilateral strategic game between China, the United States and India, which increase the uncertainty and repeatability of international relations in this region. Of course, from the perspective of China's international environment in the Indian Ocean, China's political environment in the Indian Ocean is still acceptable. At present, there are at least no obvious signs that are not conducive to China. China are facing a better economic environment in the Indian Ocean, especially the potentials of economic cooperation between China and countries along the Indian Ocean is huge; But China's security environment in the Indian Ocean is not optimistic and needs to actively shape a safe environment in order to safeguard the Chinese economy. China and the major countries of the Indian Ocean have common considerable economic interests, but there is a certain inconsistency in security interests and political interests. In contrast, China and the United States have inconsistencies in political, economic and security interests, and the bilateral relation has the possibility of transforming from the current economic conflicts to strategic confrontation. India and the United States have common interests in politics and security. In particular, the consistency of security interests has been increased in recent years, and there is still a trend of further strengthening. As a whole, the international environment in the Indian Ocean region is beneficial to China, but there are inevitably exist some certain challenges.

Although China is not an Indian Ocean country, it needs an Indian Ocean strategy. First, it is the need to safeguard China's economic and security interests in the Indian Ocean. Maintaining the security of the Indian Ocean channel and safeguarding China's rising overseas interests requires the Indian Ocean strategy, which is also the main goal of the ocean strategy; Second, China's assistance to countries along the Indian Ocean to enhance capacity building is a need to promote long-term cooperation and regional prosperity. For marine countries along the Indian Ocean and Indian Ocean island countries, there is no doubt that port infrastructure construction is an important approach to enhance the development capacity of maritime countries; Third, China needs to gradually provide the public goods which can match its capabilities and responsibilities, and play a constructive role in the security governance in the Indian Ocean. If the United States gradually reduces the presence of power in the Indian Ocean, the Indian Ocean will have a certain degree of "power vacuum", which will inevitably lead to a certain "responsibility vacuum" in the security of this region. China does not have the subjective desires and capabilities to fill the "power vacuum" that the United States has released in the Indian Ocean, but it needs to inject the power to fill the "responsibility vacuum" which matches its own capabilities. It is particularly worth noting that although China is not an Indian Ocean country, China is a near-Indian Ocean country. The South China Sea is close to the East Indian Ocean, especially the Bay of Bengal of the Northeast Indian Ocean belongs to China's neighboring areas. There is an inevitable and indispensable relationship between the East Indian Ocean and China's national core interests, which means its strategic significance to China is self-evident. China needs capacity building to ensure the safety of the transportation line and safeguard the safety of overseas economic interests in the Indian Ocean. It is necessary to pay attention to the Indian Ocean strategically, especially from the importance of the impact of the Bay of Bengal on China's surrounding security. With the increasing investment in China's economic benefits such as Myanmar, Pakistan, Sri Lanka and the expansion of overseas markets in the future, the Indian Ocean region will inevitably become a strategic interest area which China needs to pay attention to it.

Just as president Xi Jinping said, "today the world is experiencing great changes that have not occurred in a century". Since it is a "big change", there must be some opportunities in the risks and challenges. A basic fact is that the increasing trade volume between China and the countries along the Indian Ocean will promote the formation of the Indian Ocean maritime trade network, which will link the southern coastal areas of China to the ports of the Middle East as well as Africa via the Straits of Malacca. The Indian Ocean trade will reshape unprecedented vitality in the 14th and 15th centuries, this trend is currently irreversible and is China's greatest opportunity in the Indian Ocean.

Judging from the development trend of the future world pattern, it seems that the multi-polarization of the world is unstoppable, and in which no hegemony in it. The Indian Ocean will not only become a center of conflict, but will also gradually become the center of prosperity. In the short term, a constant trend is that the United States will always be a hegemony in the Indian Ocean, and India will continue to exclude China's growing economic influence in the Indian Ocean. Regardless of whether it is within or outside this region, to some extent, it is the common expectation of all major stakeholders to assume the security responsibilities and share the prosperity and peace of the Indian Ocean. In the long run, it should be possible and expected that the Indian Ocean order will be gradually transforming from the American hegemony to the emergence of jointly governance including United States, China and India.

Keywords: Indian Ocean; International Environment; BRI; "Indo-Pacific" Strategy

Contents

I General Reports

Abstract: China's attitudes and positions on Indian Ocean affairs have always been passive or. It is because that China is not an Indian Ocean country, and the Indian Ocean is not the main area of China's foreign relations. Moreover, Western countries have rendered China's economic activities in the Indian Ocean region a "pearl chain strategy", which has created obstacles to China's deepening economic cooperation with countries along the Indian Ocean. In order to avoid causing more misunderstandings and concerns in neighboring countries, China's consideration in the direction of the Indian Ocean presents a certain strategic inertia. In recent years, the United States and the European Union-dominated Western countries have implemented trade protectionist policies, especially the Trump administration has rewritten trade rules based on "US priority", but China's foreign trade and investment will accelerated toward the Indian Ocean. China will gradually become an important economic and security stakeholder in the Indian Ocean region. In the future, the United States will remain the biggest variable affecting the international environment of the Indian Ocean, and India, the great power in this region, will also become a major variable affecting the international environment of the Indian Ocean. In the changing Indian Ocean international environment, China's security needs in the Indian Ocean have been risen sharply, which helping China to incorporate the Indian Ocean into its strategic vision to adapt to the rising

order to deal with the US-Japan-India-Australian mechanism. However, it should pay close attention to India's understanding for the signal which China released as well as the impact of India's domestic political changes on India's diplomatic line and behavior. On this basis, we discuss the impact of the India's election on the domestic political situation and further analyze the possible policy trends, especially the development trend of attitude toward China.

Keywords: Quad; American "Indo-Pacific" Cognition; Strategic Cognition

Ⅱ Sub-reports

B. 3 Indian Ocean Security Environmental Assessment

Zhang Jiadong / 063

Abstract: The Indian Ocean region faces threats from traditional security and non-traditional security areas. In the traditional security field, the Indian Ocean region is in the US-led model, but is slowly transitioning to a multilateral equilibrium model. The US's efforts to maintain its traditional hegemonic status, India's impulse to establish a new dominant structure, and the maintenance of its own freedom of navigation and economic security by countries such as China have placed strong pressure on the security structure of the Indian Ocean region. However, in the foreseeable future, the pattern of US-led and multi-country participation in the Indian Ocean region will not change significantly, and the traditional security pattern and order will remain stable. In the field of non-traditional security issues, the security situation in the Indian Ocean region has been significantly eased, but there are also hidden concerns. he threat of terrorism and piracy have dropped significantly, but there is a possibility of a rebound. Climate change and natural disasters, threats to the Indian Ocean region still exist and there is a possibility of further deterioration.

Keywords: Traditional Security; Non-traditional Security; Indian Ocean Security Environment

Abstract: India, that has been wary of alliances from very beginning and adopted a nonalignment policy, not only stayed away from alliances but sought to influence India Ocean Rim to also stay nonaligned. India's efforts at building Asian Relations Conferences, Afro-Asian and Non-Aligned Movement or Commonwealth were all grounded in this networks approach. Networks have now come to be very effective formats for redressing maritime security challenge especially the rise of piracy in Indian Ocean. Working together in these networks has gradually encouraged familiarization and joint operations amongst regional navies of India, China, Russia, Japan. These networks have indeed produced better coordination amongst these navies and seen them working together in multilateral networks like Indian Ocean Regional Association. These are also likely to play equally fruitful role in evolving Indo-Pacific discourse where India remains committed to bring both Russia and China to its deliberations. In case of Indian Ocean, the Gulf of Aden has seen launching of three NATO, EU and US networks followed by their 26-nation Shared Awareness and Deconfliction (SHADE) initiative. In 2011, as part of these networks, Indian navy was involved in rescuing a Panamanian-flagged Chinese owned bulk carrier MV Full City. Later, on 8 April 2017, this networks approach produced a joint operation of Chinese and India navies in rescuing OS-35. Thus increasing focus on network building should bring India great traction to participate in multilateral efforts in addressing India's maritime security challenges.

Keywords: Indian Ocean; Security Challenges; Strategic Structure; India

Abstract: Indian Ocean Region (IOR) is easily neglected by scholars in

China due to its geographical in contiguity with China and insignificant of international institutions in this region. With the proposal of "Belt and Road Initiative" (BRI), the importance of IOR for China has increased as two of five main paths of BRI is directed or related with IOR. International Institutions in IOR is far from consistency and effectiveness, while they still have remedy effects on risks and challenges of BRI, and they can alleviate the political and security risks and reduce the cognitive suspicion of BRI.

Keywords: Indian Ocean Region; IORA; BRI

Abstract: The Indian Ocean region has a high degree of diversity in the political institutions, economic development stages and culture. The international environment it faces is highly complex, and it is extremely difficult to achieve economic integration within the region. Although the countries of the Indian Ocean region have made great efforts, the economic integration situation remain underdeveloped; intra-domain markets and intra-regional economies are geographically restricted. The economic relations among the sub-regions are not relatively weak, and the level of internal economic integration in each sub-region is generally low. The international economic cooperation mechanism in the Indian Ocean region shows low density, fragmentation, lack of effectiveness and limited development, and the existing mechanisms have no sufficient capacity to promote economic cooperation and regional economic integration. This is because the Indian Ocean economies have similar trade structures and lack of complementarity despite the different degrees of economic development. The manufacturing base of the entire region is weak and it is difficult to develop production networks within the region. At the same time, the supply and demand of regional economic cooperation systems in the Indian Ocean region are at lower level, and the overall institutional framework has been difficult to establish. At present, the Indian Ocean region is also facing the impact of the intervention of big powers, which poses new challenges to the regional economic integration and economic cooperation mechanism in the Indian Ocean region.

Keywords: Regional Integration; Economic Integration; International Mechanism; International Institutional Arrangement

Abstract: This paper mainly evaluates the economic and trade development level and related development indicators of Indian Ocean island states. The specific analysis steps are as follows: Firstly, use the relevant concepts to determine the number of island states in this study (48), and divide the four sea areas and eight sub-sea areas to which the global island states belong according to geographical and geo-standards; Secondly, a comparative analysis of vertical and horizontal economic and trade developments is carried out separately at three levels: global island states, the three island groups of the Indian Ocean and all island states of the Indian Ocean. Among them, the comparison at the global island states level is mainly concentrated in the north Atlantic and Mediterranean island states in Europe. Pacific island states and Caribbean island states; Thirdly, 40 comprehensive assessment indexes are selected to construct the sustainable development assessment system, and the regional and national analysis is carried out separately on the economic, political, security, institutional, social and ecological factors affecting the economic and trade development of Indian Ocean island states. The main conclusions are as follows: First, the contribution of global island countries to world economic and trade development cannot be ignored. Second, the overall development level of Indian Ocean island states is more prominent among island states in various regions of the world. Third, the level of economic and trade development of island states in the Indian Ocean is very different. The East Indian Ocean island states have absolute advantages in terms of basic economic indicators and capital technology intensity of trade products. Fourth, the economic and trade development indicators of the Indian Ocean island states are both different and common. Based on the analysis of business environment, political stability, institutional construction and human development indicators, the development foundations of the Indian Ocean island states are far apart, but based on the analysis of intra-domain dynamics, geopolitical conflicts and ecological environment, the Indian Ocean island states are all facing similar development constraints.

Keywords: Indian Ocean; Island States; Economic and Trade Level; Sustainability Assessment

B. 8 International Security Environment Assessment of China-Myanmar Economic Corridor under the Policy Adjustment of "Indo-Pacific" Strategy Countries *Liu Wu* / 222

Abstract: With the rise of China's national power, the United States and China's neighboring powers have seen China as a challenger to the international system and regional strategic pattern, and formed the "Indo-Pacific" strategic group to try to curb China's rise. As an important part of the "One Belt and One Road" economic corridor, the China-Myanmar Economic Corridor is a major economic and trade channel for China to enter the Indian Ocean from the land, with obvious strategic significance. "Indo-Pacific" Strategy Countries do not like to see the Sino-Myanmar economic corridor construction of China's rising influence in the region, they will adjust to the country's foreign policy, international security environment deterioration in economic corridor construction, hysteresis in economic corridor smoothly, so as to achieve the aim of from the southwest to contain China.

Keywords: "Indo-Pacific" Strategy; China-Myanmar Economic Corridor; International Security Environment

Abstract: In terms of geographical location and natural endowment, the Indian Ocean and its coastal areas naturally have the genes to become a stage of the power game between the international stakeholders and an interest—contest area. Since the beginning of the 21st century, the strategic position of the Indian Ocean region has entered a fast-rising channel. However, by now, the Indian Ocean region has not formed the "central stage" or "geographical focus" of the global political economy. In recent years, China has presented a proactive posture in the Indian Ocean, but the direction of the Indian Ocean is still only a secondary strategic direction of China's geostrategic strategy (marine strategy) . And the security problem of the Indian Ocean maritime channel is not the main geo-risk facing China in the Indian Ocean region. Judging from the adjustment of the geopolitical strategy of the great powers, the concept of "Indo-Pacific" symbolizes the increasingly complicated game in the Indian Ocean. In particular, the "Indo-Pacific strategy" of the United States regards the direction of the Indian Ocean as one of the important geopolitical directions to contain China. And India has also strengthened its vigilance against China's expansion in the Indian Ocean region. Therefore, the regionalization of structural contradictions among major powers has become a major geographical risk facing China. At the same time, Judging from the perspective of regional geopolitical ecology, civilization conflicts, resource disputes, poverty and turmoil and territorial disputes in "the broken zone" have made the geopolitical reality complex and fragile; and the geopolitical risks and security issues in the region have significant spillover effects. Therefore, the local wars and political risks caused by the turmoil in the relevant regions, in other words, the complex and fragile geopolitical ecology of the relevant regions of the Indian Ocean , has become another major geo-risk facing China. The adverse effects of the two on the maintenance and expansion of China's strategic interests in the Indian Ocean region , far exceed the Indian Ocean strategic channel security issues and non-traditional security threats such as Indian Ocean pirates and regional terrorism.

Keywords: Indian Ocean Geoenvironment; Geopolitical Risk; "India-Pacific" Strategy; BRI

Abstract: Despite having the longest coastline and the broadest jurisdiction of waters in the region, Australia has not been a major force in the Indian Ocean region for a long time, which is related to its maritime strategy and diplomatic tradition focusing on the Pacific Ocean. However, as the United States' "Indo-Pacific" strategy, China's BRI projects and India's big ambition further in this area, along with Australia's economic ties with the region, Australia is putting more attention and resource to the Indian Ocean region, stirring up security situation of this region and complicating strategic competition. From both structural pressure and unit-level incentive, it is highly necessary for Australia to re-examine the way it interacts with countries within the region and major external powers on the Indian Ocean. In terms of system pressure, Australia is noticing the strategic competitiveness escalating and even a "power vacuum" in the Indian Ocean region brought by the relative decline of American power, as well as the traditional and non-traditional threats to its western coast. At the reductive level, the transfer of domestic resources development and export to the west front of Australia, with the economic opportunities presenting in the Indian Ocean region also enable it to recognize those significant opportunities and benefits. Of course, as to specific policies and policy implementation of Australia on the Indian Ocean still, to some extent, depends on the evolution of its complex domestic politics, but what is certain is that Australia will continue to boost its influence on the political, economic and security situation of the Indian Ocean region, which might puts forward new challenges on the dynamic of Sino Australian relations

Keywords: Australian National Strategy; Indian Ocean Regional Order; Major Power Relations

Ⅲ Appendices

皮书起源

“皮书”起源于十七、十八世纪的英国，主要指官方或社会组织正式发表的重要文件或报告，多以“白皮书”命名。在中国，“皮书”这一概念被社会广泛接受，并被成功运作、发展成为一种全新的出版形态，则源于中国社会科学院社会科学文献出版社。

皮书定义

皮书是对中国与世界发展状况和热点问题进行年度监测，以专业的角度、专家的视野和实证研究方法，针对某一领域或区域现状与发展态势展开分析和预测，具备原创性、实证性、专业性、连续性、前沿性、时效性等特点的公开出版物，由一系列权威研究报告组成。

皮书作者

皮书系列的作者以中国社会科学院、著名高校、地方社会科学院的研究人员为主，多为国内一流研究机构的权威专家学者，他们的看法和观点代表了学界对中国与世界的现实和未来最高水平的解读与分析。

皮书荣誉

皮书系列已成为社会科学文献出版社的著名图书品牌和中国社会科学院的知名学术品牌。2016 年，皮书系列正式列入“十三五”国家重点出版规划项目；2013~2019 年，重点皮书列入中国社会科学院承担的国家哲学社会科学创新工程项目；2019 年，64 种院外皮书使用“中国社会科学院创新工程学术出版项目”标识。

中国皮书网

（网址：www.pishu.cn）

发布皮书研创资讯，传播皮书精彩内容

引领皮书出版潮流，打造皮书服务平台

栏目设置

关于皮书：何谓皮书、皮书分类、皮书大事记、皮书荣誉、皮书出版第一人、皮书编辑部

最新资讯：通知公告、新闻动态、媒体聚焦、网站专题、视频直播、下载专区

皮书研创：皮书规范、皮书选题、皮书出版、皮书研究、研创团队

皮书评奖评价：指标体系、皮书评价、皮书评奖

互动专区：皮书说、社科数托邦、皮书微博、留言板

所获荣誉

2008 年、2011 年，中国皮书网均在全国新闻出版业网站荣誉评选中获得“最具商业价值网站”称号；

2012 年，获得“出版业网站百强”称号。

网库合一

2014 年，中国皮书网与皮书数据库端口合一，实现资源共享。

权威报告·一手数据·特色资源

皮书数据库

ANNUAL REPORT(YEARBOOK) DATABASE

当代中国经济与社会发展高端智库平台

所获荣誉

- 2016年，入选“‘十三五’国家重点电子出版物出版规划骨干工程”
- 2015年，荣获“搜索中国正能量 点赞2015”“创新中国科技创新奖”
- 2013年，荣获“中国出版政府奖·网络出版物奖”提名奖
- 连续多年荣获中国数字出版博览会“数字出版·优秀品牌”奖

WWW.PISHU.COM.CN

成为会员

通过网址www.pishu.com.cn访问皮书数据库网站或下载皮书数据库APP，进行手机号码验证或邮箱验证即可成为皮书数据库会员。

会员福利

- 已注册用户购书后可免费获赠100元皮书数据库充值卡。刮开充值卡涂层获取充值密码，登录并进入“会员中心”—“在线充值”—“充值卡充值”，充值成功即可购买和查看数据库内容。
- 会员福利最终解释权归社会科学文献出版社所有。

社会科学文献出版社 SOCIAL SCIENCES ACADEMIC PRESS (CHINA) 皮书系列

卡号：647823935549

密码：

数据库服务热线：400-008-6695

数据库服务QQ：2475522410

数据库服务邮箱：database@ssap.cn

图书销售热线：010-59367070/7028

图书服务QQ：1265056568

图书服务邮箱：duzhe@ssap.cn

S 基本子库
UB DATABASE

中国社会发展数据库（下设 12 个子库）

全面整合国内外中国社会发展研究成果，汇聚独家统计数据、深度分析报告，涉及社会、人口、政治、教育、法律等 12 个领域，为了解中国社会发展动态、跟踪社会核心热点、分析社会发展趋势提供一站式资源搜索和数据分析与挖掘服务。

中国经济发展数据库（下设 12 个子库）

基于"皮书系列"中涉及中国经济发展的研究资料构建，内容涵盖宏观经济、农业经济、工业经济、产业经济等 12 个重点经济领域，为实时掌控经济运行态势、把握经济发展规律、洞察经济形势、进行经济决策提供参考和依据。

中国行业发展数据库（下设 17 个子库）

以中国国民经济行业分类为依据，覆盖金融业、旅游、医疗卫生、交通运输、能源矿产等 100 多个行业，跟踪分析国民经济相关行业市场运行状况和政策导向，汇集行业发展前沿资讯，为投资、从业及各种经济决策提供理论基础和实践指导。

中国区域发展数据库（下设 6 个子库）

对中国特定区域内的经济、社会、文化等领域现状与发展情况进行深度分析和预测，研究层级至县及县以下行政区，涉及地区、区域经济体、城市、农村等不同维度。为地方经济社会宏观态势研究、发展经验研究、案例分析提供数据服务。

中国文化传媒数据库（下设 18 个子库）

汇聚文化传媒领域专家观点、热点资讯，梳理国内外中国文化发展相关学术研究成果、一手统计数据，涵盖文化产业、新闻传播、电影娱乐、文学艺术、群众文化等 18 个重点研究领域。为文化传媒研究提供相关数据、研究报告和综合分析服务。

世界经济与国际关系数据库（下设 6 个子库）

立足"皮书系列"世界经济、国际关系相关学术资源，整合世界经济、国际政治、世界文化与科技、全球性问题、国际组织与国际法、区域研究 6 大领域研究成果，为世界经济与国际关系研究提供全方位数据分析，为决策和形势研判提供参考。

法律声明